陶行知教育思想与新时代教育改革创新
丛书主编 张策华

新时代小先生制创新实践研究

于涛 著

华东师范大学出版社
·上海·

图书在版编目(CIP)数据

新时代小先生制创新实践研究/于涛著.—上海:
华东师范大学出版社,2024.—(陶行知教育思想与新时
代教育改革创新).—ISBN 978-7-5760-5473-6
Ⅰ.G40-03
中国国家版本馆 CIP 数据核字第 2024ZZ5179 号

陶行知教育思想与新时代教育改革创新
新时代小先生制创新实践研究

著　　者　于　涛
责任编辑　彭呈军
特约审读　刘靖宜
责任校对　李琳琳
装帧设计　郝　钰

出版发行　华东师范大学出版社
社　　址　上海市中山北路3663号　邮编 200062
网　　址　www.ecnupress.com.cn
电　　话　021-60821666　行政传真 021-62572105
客服电话　021-62865537　门市(邮购)电话 021-62869887
地　　址　上海市中山北路3663号华东师范大学校内先锋路口
网　　店　http://hdsdcbs.tmall.com

印 刷 者　上海龙腾印务有限公司
开　　本　787毫米×1092毫米　1/16
印　　张　15.5
字　　数　264千字
版　　次　2025年1月第1版
印　　次　2025年1月第1次
书　　号　ISBN 978-7-5760-5473-6
定　　价　68.00元

出版人　王　焰

(如发现本版图书有印订质量问题,请寄回本社客服中心调换或电话 021-62865537 联系)

江苏高校哲学社会科学重点研究基地——
"新时代乡村基础教育发展研究中心"成果之一

"十四五"市级哲学社会科学重点研究基地——
新时代师德教育研究中心成果之一

序

新年伊始,我深感晓庄事业蒸蒸日上,学陶师陶研陶再结硕果。由我校陶研专家牵头编著的"陶行知教育思想与新时代教育改革创新丛书"即将付梓面世,为传承弘扬陶行知教育家精神助力,为中国式教育现代化献智,我谨致以学术上的诚挚祝贺!

南京晓庄学院前身是伟大的人民教育家陶行知先生1927年创办的"晓庄试验乡村师范",是我国乡村师范教育发祥地,是近代中国教育家精神策源地。晓庄是中国乡村教育运动的试验场,是陶行知"生活教育"理论的发源地,也是当今学陶师陶研陶的重要学术阵地。建校97年来,为社会培养输送了约20万名基础教育师资和各类专门人才,涌现出以"全国教书育人楷模"杨瑞清、吴邵萍等杰出校友为代表的数万名中小学幼儿园特级教师、教学名师和教育管理者,被誉为"中小学教师的摇篮"。

学校获批硕士学位授予单位以来,大力推进"学术晓庄"建设。记得去年十月,我陪同全国政协副主席、民进中央常务副主席、中国陶行知研究会会长朱永新教授共同发布《教师教育蓝皮书:中国教师教育发展报告(2024)》,得到高度肯定和亲切勉励。我们连续三年发布中国教师教育发展蓝皮书,为我国教师教育的高质量发展贡献力量。学校推进新师范、新工科、新文科建设,近年来新增国家级科研项目60余项,省市哲学社会科学、科学技术优秀成果奖100余项,建有省级科研平台13个、"十四五"省市级重点学科17个,获批省级产学研项目100余项。学校邀请中国科学院院士、南京大学校长谈哲敏,中共中央宣传部原副部长、第十三届全国政协文化文史和学习委员会副主任王世明,联合国前中文组组长、纽约大学兼职教授何勇,教育部长江学者特聘教授侯怀银等嘉宾做客"晓庄讲堂"。学校作为中国陶行知研究会秘书处办公室所在地,中陶会会刊《生活教育》杂志编辑部所在地,始终在陶行知教育思想研究、行知教育、行知文化等方面走在前、做示范。

探索、研究陶行知及其弟子的教育实践是传承弘扬陶行知教育思想精髓的重要方向。作为新时代教师教育特色鲜明的高校,学校长期坚持以"大力弘扬陶行知教育思想、传承'培养百万乡村教师'宏愿"为己任,形成了以"教学做合一"为校训、以"教人求真,学做真人"为校风的特色教育文化,建构了以培育创新意识和实践能力为目标、以"教学做合一"为特征的"以陶育人"的"晓庄模式"。学校开发了以"拜谒一次陶墓、参观一次陶馆、阅读一本陶著、观看一部陶行知影视剧、聆听一次关于陶行知的学术讲座、抒写一篇学陶师陶心得"为主要内容的系列师德教育课程,探索形成了以"坚定理想信念、厚植爱国情怀、传承大爱精神、铸造高尚师魂"为价值追求的教师教育模式。

赓续、弘扬陶行知教育思想、关注教育改革创新是陶行知教育思想当代价值创新发展的重要路径。"陶行知是一个很有创造力的教育家",毛泽东称他为"伟大的人民教育家",董必武称他为"当今一圣人",宋庆龄赞其为"万世师表"。习近平总书记关于教育的重要论述多次提及陶行知的教育名言。要继承发扬老一辈教育工作者"捧着一颗心来,不带半根草去"的精神,以赤诚之心、奉献之心、仁爱之心投身于教育事业;"教师是'千教万教,教人求真',学生是'千学万学,学做真人'",勉励全国教育工作者办好人民满意的教育。学界对此从不同视角就如何学习陶行知,做新时代"大先生"展开热烈讨论。陶行知教育思想历久弥新,晓庄通过凝练研究方向、汇聚研究队伍、搭建研究平台等举措,进一步总结梳理新时代学陶师陶研陶的新经验。

"陶行知教育思想与新时代教育改革创新丛书"应时而作、应运而生。本丛书旨在深入梳理陶行知教育思想的核心内容,探讨其思想在新时代教育改革中的传承与实践价值。通过聚焦陶行知及其弟子的教育实践与理论创新,结合当代教育发展的新趋势和面临的新挑战,力求从多维视角提出具有创新性和现实意义的理论与实践路径,助力新时代教育事业的发展与乡村社会的现代化建设。丛书分为多个专题,包括《重寻陶行知历程:陶行知生平与思想再认识》(王文岭)、《陶行知教育思想传承:陶行知与晓庄弟子张宗麟》(杨冰)、《陶行知教育思想传承:陶行知与晓庄弟子方与严——基于即时史学的考察》(徐莹晖)、《再造乡村社会:近代知识分子与中国乡村现代化》(董美英)、《陶行知师范教育与新时代乡村教师教育研究》(徐清秀)、《新时代小先生制创新实践研究》(于涛)。这些专题既涵盖了陶行知教育思想的经典主题,也结合了当前教育改革的重点领域,力求在理论与实践之间架起桥梁,为广大教育工作者提供有益的启示与参考。

教育强国号角声声,面对人民群众对教育工作的新期待,面对新时代教师教育高质量发展的新需求,面对教育科技人才一体化赋能新质生产力发展的新指引,我们要传承弘扬陶行知教育家精神,坚持用改革精神和创新引领深化陶行知教育思想的当代价值,努力做学生"为学""为人""为事"的"大先生",努力开创学术领域新境界,持续推动学校特色发展,不断书写教育改革创新篇章。

我谨向所有为本丛书付出辛勤努力的编者和作者表示衷心的感谢!望各位学者矢志不渝、笃行不怠,与国内外陶研界专家更多协作交流,在陶行知研究领域不断拓展新视野、深耕新领域、取得新成果、达到新高度。

张策华

南京晓庄学院党委书记、江苏省政府督学

二〇二五年一月六日于金陵方山

前　言

习近平总书记多次强调："阅读是人类获取知识、启智增慧、培养道德的重要途径，可以让人得到思想启发，树立崇高理想，涵养浩然之气。"是的，"读书，若不是读死书的话，即是追求真实学问的工作，所谓真实学问，即是活的真理，真的知识。而真理或知识即是对于实在或真实事物的理智的了解，思想的把握。"陶行知的"小先生制"不仅教人识字读书，使学生从被动接受变为主动探究，不断激发学生的学习兴趣，还促进了学生对中华优秀传统文化的理解，加深学生对生活教育思想的体悟，加强学生的团队协作和沟通能力，培养学生创新精神和动手能力。鉴于此，本书的内容主要包括五章，以学理厚度—现实之需—实践支撑为行文逻辑，逐步展开。

第一章，"小先生制"的界定与发展。在教育的时代潮流中，"小先生制"以其独特的理念和方法引领着育人的发展方向。通过挖掘"小先生制"与"艺友制"的关系，揭示"小先生制"在培养学生综合素养和个性发展等方面的独特价值，这将帮助读者深刻理解"小先生制"的核心概念。

第二章，"小先生制"的育人基旨、成效与体现。"小先生制"的育人基旨、成效与体现，承继并深化了"小先生制"的界定与发展。如，通过呈现"小孩能教小孩之铁证"和"小孩能教大人之铁证"，看到"小先生制"在实践中所取得的具体成效，这为"小先生制"的概念界定提供支持。再如，通过基于教学方法伦理的理解，揭示"小先生制"在教学实践中如何贯彻科学、道德与修养的统一，为读者呈现这一理念在教学方法上的具体应用。

第三章，践行"小先生制"的重要育人教材。通过对《平民千字课》的选材、德育和哲理等方面进行研究，不仅提升了小先生的语文素养，更关键的是培养了小先生的品德和价值观，延伸了关于"小先生制"育人基旨、成效与体现的讨论。如在第二章中提到"小先生制"的育人基旨,包括教人过积极向上的生活、普及大众教育、重视小孩子的力量等方面,第三章则通过对《平民千字课》的道德教育、哲理教育等方面的分析,展示了这一教材是如何在德育方面培养小先生积极向上的生活态度的,通过普及大众教育来推动社会的进步,并特别注重挖掘和发展小先生的潜能,让其在学习过程中充分展示创造力。

第四章,新时代"小先生"人格省辨与形塑——一种结合《伪君子篇》与《诗》的思维拓展。新时代塑造"小先生"人格的关键在于深刻省辨并有效地进行各种优秀德育资源的借鉴与创新。通过结合陶行知《伪君子篇》与《诗》的思维拓展,能够培养小先生在道德情感、人生理想、价值观等方面取得育人成效。《伪君子篇》深刻揭示人性之伪,通过对这些现象的审慎思考,使小先生们能够在复杂的社会环境中做出符合本性的良善选择,保持真实而坚定的人格。作为中华"元典"的《诗》,其中蕴含了丰富的情性之思、君子之维、处世之道等内容,小先生们将接触到丰富而深刻的人生智慧。《诗》中"君子"不仅体现了高尚的道德品质和崇高的道德标准,更是对理想人格的一种现实追求,通过把《伪君子篇》的君子之"伪"与《诗》中的君子之"真"做对比,旨在让小先生们能够更清晰地认识到优良道德的真正内涵与实际价值,让小先生们更好地践履"真人"品格。深刻理解中西美德伦理有助于解读《平民千字课》中的德育主题、核心道德品质和化育特征。新时代小先生在学习《平民千字课》的过程中要理性看待中西美德伦理异同,以便更好地融贯这一育人教材,实现全面而深刻的人格塑造。第四章明确了新时代小先生的人格省辨与形塑的理念,强调了伪君子与真君子的区别,以及通过廉洁教育和对《诗》的追溯来塑造真实、优秀的小先生。

第五章,新时代"小先生制"创新实践探索。第四章中提到的以"自尊自律""自信自立""自强自愿"等来塑造新时代小先生的"真人"品格,在第五章中则进一步延展为培养小先生个性发展、自主学习能力、社会责任感和创新能力等方面的具体措施。这种承继关系不仅在理论层面上进行了延伸,更在实践层面上进行了深入的挖掘和探讨。再如,第五章通过对陶行知师德师风建设调研、中学语文课堂的实地调研、教学案例的分析等多个维度的剖析,回应了第四章所提到的"理念需要置于教育实践的具体背景中"这一主旨,探讨了理论与实践的交融关系。这一关系使得第四章中的理念在第五章得以贴切地呈现,验证了这些理念在实际教育中的可行性和实用性。

总之,时代的发展是一部不断演进的历史长卷,而教育作为社会进步的引领者,也在不断地变革与创新。在新时代的浪潮中,培养学生的创新能力被赋予了更为重要的使命。我们期待未来的小先生们能够不仅拥有丰富的知识储备,更能胸怀创意、勇攀知识高峰,成为能够引领社会进步的领军人才。与此同时,《新时代小先生制创新实践研究》作为一部研究小先生培养的专著,希望它能够为广大教育工作者、学生家长以及对教育事业充满热情的读者们提供深度思考。书中所探讨的理念和实践经验,不仅是对小先生培养理念的进一步挖掘,更是对新时代教育改革的积极响应。期望本书能够成为推动"小先生制"在新时代教育中不断创新发展的催化剂,为我国培养更多富有文化底蕴、具有创新能力的小先生作出积极贡献。

目 录

第一章 "小先生制"的界定与发展 1
  第一节 "小先生制"与"艺友制" 1
    一、小先生制 2
    二、艺友制 7
    三、小先生制与艺友制之比较 10
  第二节 如何指导小先生——以学会"用书"为切入点 16
    一、告知小先生世上有"三种人的生活" 17
    二、区分"读书人与吃饭人""吃书与用书" 17
    三、知晓"书不可尽信"之理 18
  第三节 如何做好小先生——基于教学方法伦理的再理解 21
    一、教学方法中体现科学与道德 22
    二、教学方法中彰显道德原则 23
    三、教学方法中融渗道德修养 25

第二章 "小先生制"的育人基旨、成效与体现 30
  第一节 "小先生制"的育人基旨 30
    一、教人过积极向上的生活 30
    二、普及大众教育 32
    三、重视小孩子的力量 33
  第二节 "小先生制"的化育成效 34
    一、"小孩能教小孩之铁证" 34

　　　　二、"小孩能教大人之铁证"　　　　　　　　　　　　　　　36
　　第三节　"小先生制"在学前教育思想中的体现　　　　　　　41
　　　　一、陶行知学前教育思想形成历程　　　　　　　　　　41
　　　　二、学前教育思想的特征及其体系　　　　　　　　　　45
　　　　三、"小先生制"在学前教育思想中的体现　　　　　　48
　　　　四、价值与意义　　　　　　　　　　　　　　　　　　51

第三章　践行"小先生制"的重要育人教材　　　　　　　　　　　55
　　第一节　何为《平民千字课》　　　　　　　　　　　　　　55
　　　　一、《平民千字课》之选材　　　　　　　　　　　　　56
　　　　二、《平民千字课》之德育　　　　　　　　　　　　　56
　　　　三、《平民千字课》之哲理　　　　　　　　　　　　　57
　　第二节　何需《平民千字课》　　　　　　　　　　　　　　59
　　　　一、何为有味　　　　　　　　　　　　　　　　　　　59
　　　　二、何为合乎卫生　　　　　　　　　　　　　　　　　59
　　　　三、何为吃得刚好，不多不少　　　　　　　　　　　　60
　　第三节　如何学习《平民千字课》　　　　　　　　　　　　63
　　　　一、《平民千字课》的德育主题　　　　　　　　　　　63
　　　　二、《平民千字课》的核心道德品质　　　　　　　　　66
　　　　三、《平民千字课》的化育特征　　　　　　　　　　　69
　　　　四、陶行知、朱经农版《平民千字课》识字总数　　　　69
　　　　五、晏阳初版《平民千字课》识字总数　　　　　　　　71
　　第四节　"小先生制"与平民读书处、工学团　　　　　　　73
　　　　一、平民读书处是开展"小先生制"的重要场域　　　　73
　　　　二、平民读书处的得与失　　　　　　　　　　　　　　74
　　　　三、工学团　　　　　　　　　　　　　　　　　　　　76

第四章　新时代"小先生"人格省辨与形塑——一种结合《伪君子篇》与《诗》的
　　　　思维拓展　　　　　　　　　　　　　　　　　　　　　80
　　第一节　"伪君子"的伦理审思　　　　　　　　　　　　　80

一、知名懂利　　81
　　二、去伪存真　　82
第二节 "伪君子"的蜕变主因：缺乏廉洁教育　　83
　　一、廉洁教育内涵与意蕴　　83
　　二、廉洁教育化育旨归　　85
　　三、廉洁教育模式建构　　87
　　四、廉洁教育模式建构的价值启思　　90
第三节 真"君子"的应然之态：以《诗》为据的追溯　　91
　　一、《诗经》"君子"诗　　92
　　二、"君子"人格内涵　　97
　　三、孔子对《诗经》"君子"人格的发展　　101
第四节 新时代小先生"真人"品格的形塑路径　　103
　　一、自尊自律：小先生要学会了解一个人　　104
　　二、自信自立：小先生要学做一个人　　105
　　三、自强自愿：小先生要成就一个人　　106
第五节 新时代小先生真人品格的"情性"滋育　　107
　　一、"性""情"在《诗经》中的显现　　108
　　二、《卷阿》《宛丘》之"性""情"内涵　　110
　　三、"善养浩然之气"　　114
　　四、"善致良知"　　115
　　五、笃学"赋比兴"有助于真人"情性"养成　　116
第六节 新时代小先生须回溯传统汲取智慧——以提升人文素质为中心　　118
　　一、《诗》与温柔敦厚　　118
　　二、诗教的伦理内涵　　121
　　三、诗教对当代人文素质提升的启思　　126
第七节 深识中、西美德伦理为新时代小先生人格形塑赋能　　130
　　一、中国美德伦理思想的核心理念与价值旨趣　　130
　　二、西方美德伦理学的核心理念与价值旨趣　　136
　　三、新时代小先生应理性看待中、西美德伦理异同　　148

第五章　新时代"小先生制"创新实践探索　154
第一节　以新时代继续推动文化传承为"小先生制"的育人定位　154
一、注重小先生个性发展　154
二、加强小先生自主学习能力　156
三、提升小先生社会责任感　156
四、培育小先生创新能力　157
五、激发小先生创新意识　158
六、淬炼小先生成己成他品行　159
第二节　以新时代陶行知师德师风建设调研为探索基调　159
一、背景分析　160
二、调研情况　161
三、对策建议　174
四、结语　176
第三节　以新时代"小先生制"在中学语文课堂的调研情状为研究方向　177
一、学生问卷分析　177
二、教师问卷分析　186
第四节　以新时代中学课堂教学案例为"小先生"的效仿对象　192
一、《孙权劝学》教案　192
二、《范进中举》教案　198
第五节　以新时代教师课堂指导为"小先生制"的切入锚点　202
一、课前助力"小先生"备课　202
二、课堂引导"小先生"授课　203
三、课后促成"小先生"反思　204
第六节　以新时代创新实践为"小先生制"的发展走向　205
一、会教，爱学，能评　205
二、以教促学，以评促学　206
三、互教互学，互评互译　207
第七节　以多元目标融通为"小先生制"的创新实践动力　208
一、以伦理责任与价值观引领为动力　208
二、以奉献精神与全面发展为动力　209

三、以教育公平与师德师风建设为动力 210

结语 213
参考文献 215
附录 A 218
附录 B 224
附录 C 226

第一章 "小先生制"的界定与发展

陶行知认为采用"小先生制"可以"攻破先生关",有效解决当时普及教育的问题。陶行知的"小先生制"旨在普及大众教育,让一个个小先生把刚学完的各类知识,及时地传输给尚未入校求学的孩子,尤其是穷孩子群体中去,以改变他们落后的现状。"小先生制"的实践发展可追溯到18世纪末19世纪初英国的"导生制"[①]。

第一节 "小先生制"与"艺友制"

"小先生制"在中国的发展经历了四个阶段,即萌芽期(1917—1933)、发展期(1934—1945)、批判期(1946—1977)以及重启期(1978至今)。对"小先生制"的理解,要以陶行知相关经典文论为切口,进行文献整理,以便于我们对这一普及教育的制度、方案加以理解。

何谓"小先生制"?陶行知认为:"生是生活。先过那一种生活的便是那一种生活的先生,后过那一种生活的便是那一种生活的后生。学生便是学过生活的人。先生的职务是教人过生活……小孩子先过了这种生活,又肯教导前辈或同辈的人去过同样的生活,是一位名实相符的小先生了。"[②]所谓"小先生",并非传统意义上的"长者为师",而是知者为师、能者为师,以知识和能力掌握的先后为标准,而与年龄的先后没有必然联系,即使是只学习过几个月的人,只要学到了知识就应当把他学到的教给别人就可

[①] "导生制",形成于18世纪末19世纪初的英国,它是由贝尔和兰卡斯特所开创,又称"贝尔-兰卡斯特制"。其教学方式是教师选择班级中年龄较大或较优秀的学生辅助教师进行教学。19世纪40年代随着各国开始建立初等教育制度,"导生制"被逐渐取代。
[②] 华中师范学院教育科学研究所主编.陶行知全集(第二卷)[M].长沙:湖南教育出版社,1984:691.

当"小先生"。为了在当时师资极其匮乏的情况下帮助孩子们继续读书,陶先生指导晓庄小学的孩子自己组织起来自己当小先生,自己办学校,创立了中国第一个"儿童自动学校"。从校长、教师到后勤工作都由孩子自己担任。这是陶行知先生在全国推广普及教育运动中,实行小先生制的一个成功范例,是普及教育中的一个创举。通过对"小先生制"与"艺友制"的比较研究,有助于厘清"小先生制"原貌,认识"小先生制"的独特育人内涵及其化育实效。

一、小先生制

了解陶行知小先生制,可从主旨文论、制度提案、来往书信中加以研究。各方面对小先生制的探讨均有不同,对其整理有助于理解不同时期的小先生制义理。

(一)小先生制的体现形式

陶行知的小先生制,首先体现在撰写的文论中,择取若干讨论之。

1. 主旨文论

由表1-1可知,陶行知对小先生制作了系统阐释,包括概念界定、义理探究、运行机制、小先生在民众教育、民主解放运动中的重要地位等。陶行知希望小先生作为"新民",发挥更大社会效用。

表1-1 关于小先生制的主旨文论

时间	篇名	主旨内容
1934.2	《小先生》	小孩能教小孩;小孩能教大人。
1934.4	《怎样指导小先生》	坚持"即知即传"原则。
1934.6	《上海公共租界之小先生》	一年级的小学生能做,已经是铁打的事实,不可怀疑。
1934.8	《小先生解》	学生便是学过生活的人。
1934.10	《教育的新生》	小先生能解决普及女子初步教育的困难;小先生能叫中华民族返老还童;小先生实行"即知即传人"是粉碎了知识私有,以树起"天下为公"万古不拔的基础。
1934.12	《小先生与民众教育》	小孩子最好的先生,不是我,也不是你,是小孩子自己队伍里最进步的小孩子。
1935.3	《怎样做小先生——对汉口市立第三小学小先生的讲话》	普及教育运动,只有靠小先生。
1935.11	《怎样做小先生》	"小先生团"等十五个方面。
1936.6	《民主解放中小先生之使命》	每一个小先生应该同负新使命。

2. 制度提案

由表1-2可知,陶行知把小先生制落实在草案、大纲、意见、规范等层面。积极鼓励小孩子加入小先生的队伍,扩大小先生的学习范围,把小先生制与各类工学团紧密结合,加快小先生的培养和教育传播力度。

表1-2 关于小先生制的制度提案

时间	篇名	主旨内容
1934.2	《保山县试办乡村儿童自动工学团组织大纲草案》	在组织中设小先生若干名;小先生教人识字须以电子团员所写的文字按期交给导师考核。
1934.3	《宝山县观澜义务教育急成方案》	每一个有知识技术的人都要号召来做先生与工师,每一个粗识字义或有一技之长的小孩都要号召来做小先生或小工师;识字成人或学生对其负责而不识字之亲友不肯施教者,罚守知奴捐银一角并公布之等。
1934.5	《萧场儿童流通图书馆组织大纲》	每位小先生于放晚学回家时,得照其所教学生数,按每个学生之程度,代学生借书回家。但每位学生只限一本,并要于教完后代还。
1934.6	《创办竹柯工学团意见书》	教小孩做小先生。

3. 来往书信

由表1-3可知,陶行知把生活教育理念融入小先生制中,鼓励孩子成为小先生,注重对小先生进行教育救国理念指引,加强小先生社会主人翁意识,把自身所学与抗日救国、民族解放运动相结合。

表1-3 关于小先生制的来往书信

时间	篇名	主旨内容
1923.10	《作十万新民 寿六旬王母——致程仲沂》	栖霞寺慧空和尚教全庙和尚,识字读书。
1923.12	《活罗汉——致王伯秋》	桃红、小桃教桃母,现在已教了四科,现象很不错。
1924.1	《我们送的寿礼——温佩珊、尔淑》	平民读书处和平民学校不同;读书处不收外面的学生,它是以一家、一店、一机关为单位;读书处的助教教师也不是外面请来的,其方法是用内里识字的人教不识字的人。
1939.5	《生活教育的目的——致邓哲熙》	做手脑并用的小工人,团起来做追求真理的小学生,团起来做即知即传的小先生,团起来做百折不回的小战士。
1939.12	《抗战时期之小先生——致广西小先生推行委员会》	小先生的义务不但是教人认字读书,尤其是在与日本帝国主义拼命的时候,小先生要把他们的小小力量贡献出来,影响整个民族起来为中华民族争取自由平等,所认的字和所读的书,都要和这个大目的紧紧地配合起来等。

(二) 小先生制的伦理意蕴

小先生制是儿童可以一边当"学生",一边当"先生",以教人者教己,即知即传,即学即教,这既是一种教学方式,又是一种学习方式。简言之,是一种"儿童互学模式"。

第一,尊重人格。陶行知小先生制的核心理念之一是尊重儿童人格,强调每个学生都是独特的个体,应该得到平等的尊重和充分的关注。在这一教学模式中,尊重儿童人格不仅是一种原则,更是一种教育理念的践行。小先生制体现了陶行知尊重儿童、儿童为本的教育思想。在陶行知的眼里,小孩既可做学生,便可做"即知即传人的小先生",既是学习的主人,也是教育的主人,这种观念与当前我国全面推行的新一轮课程改革"以生为本"的教育思想是完全一致的。尊重儿童人格的第一步是倾听与理解。每个孩子都有自己的思考、感受、需求,而倾听是理解他们内心世界的有效途径。尊重儿童人格意味着认可每个孩子的个性,并采用个性化的教学方法。尊重儿童人格意味着鼓励他们的自主学习,这种方式既能满足学生的好奇心,也能培养他们自主学习的能力,每个孩子都是独特的,有自己独特的思想和感受。尊重儿童人格也包括给予他们足够的自主权,在学习过程中,激发他们对学习的积极性,在学习环境上给予足够的宽松度。尊重儿童人格也表现为尊重学生的学科选择,不同学科对每个学生而言都有吸引力,鼓励儿童追随自己的兴趣,发展自己擅长的领域。

第二,重视平等。陶行知"小先生制"中,平等是一项至关重要的原则。强调每个学生的个体差异,鼓励平等对待、充分尊重每个学生。陶行知的小先生制充分体现师生平等的民主教育思想。小先生的承担者应能者为师,而不只是优等生,师与生的关系是互为的、交叉的、平等的。平等的第一步是尊重个体差异,要充分了解每个学生的个体特点,尊重他们的差异性,不偏袒或歧视任何一个学生。平等并非一刀切,而是根据每个学生的需求和潜力提供相应的支持。在教育中平等对待不意味着给每个学生相同的任务和资源,而是根据个体差异为他们提供个性化的教育。这种差异化教学的理念正是陶行知小先生制中平等的具体体现,陶行知小先生制注重培养学生的情感素养,这包括对待学生间的情感平等。教育者要关注学生的情感需求,鼓励建立平等、尊重的人际关系,情感平等不仅体现在教育者与学生之间,也包括学生之间的相互尊重和合作。在陶行知小先生制中,平等的参与机会意味着每个学生都有权利参与到教学活动中。教育者要创建一个包容性的学习环境,鼓励学生发表自己的意见、参与小组讨论、提出问题,这有助于培养学生的表达能力、团队协作能力,并确保每个学生都能够融入学习过程。与此同时,性别平等也是陶行知小先生制中一项重要的原则。教育者要努力消除性别差异,确保男女学生在学科选择、参与活动等方面都能够平等对待。这有助于培养学生对性别平等的认识,建立尊重差异的性别观念,平等并不意味着教育者要过多地干预学生的思考和行为。相反,教育者应该鼓励学生独立思考,尊重他们的个体选择和决策。这有助于培养学生的独立性和自主学习的能力。

第三,和谐合作。小先生制还蕴涵着合作探究的学习思想,小先生的活动方式是以集体生活之不断地自新创造的过程来教育儿童,使儿童团结起来做即知即传的小先生。创设合作学习的良好环境,搭建起一个鼓励学生合作的氛围。同时,注重培养大众的合作意识,强调共同体验、共同成长的重要性,使大众乐于参与合作。合作学习是陶行知小先生制中的重要组成部分,在小组中共同讨论问题、分享观点、集思广益,能够更好地理解和接受不同的观点,培养团队合作的技能,提高解决问题的能力。建立互助学习机制,通过互通心得形成互助氛围,这不仅促进了合作,还能够培养大众的分享精神和互助协作精神。

(三) 小先生制的育人实效

第一,实现教育为公有助于增强社会凝聚力。"全国公私立小学校中之小学生据教育部最近统计有一千一百余万人。每位小学生在校外找到两位不能上学之小孩或成人做他的学生,向小学校长登记后即可称为小先生。在校外学生之所在地,负起他的'即知即传人'之使命。假使有三分之二的小学生做了小先生,我们便可增加一千五百万校外学生。"[1]小先生教人,特别是大人跟孩子学,无形中得到一种少年精神,个个变为老少年,从而也可获得一种新兴的少年精神。教育为公是促进社会公平的关键一步。通过建立一个没有歧视、没有排斥的教育环境,每个孩子都有机会接受高质量的教育。实现教育为公有助于减少社会内部的不平等,缓解社会紧张局势,促进社会的稳定。每个人都有机会参与社会进步和发展,这将减少社会的分化,为可持续的社会发展提供更为有利的环境。公平的教育体系培养出更有责任心的公民。每个人都感到自己是社会的一部分,有义务为社会贡献自己的力量。这有助于培养社会责任感、公共服务意识和团队协作精神,从而建设更为和谐、稳定的社会。教育为公有助于打破贫困的代际传递。通过为每个孩子提供平等的学习机会,无论其家庭背景如何,都有机会改变自己的命运,每个人都有机会通过教育获得公平的竞争机会,这将使社会各个群体更加团结一致。公平的教育体系有助于弱化社会分裂,形成一个更加和谐的

---

[1] 华中师范学院教育科学研究所主编.陶行知全集(第二卷)[M].长沙:湖南教育出版社,1984:806.

社会。实现教育为公,可以更好地培养全面发展的个体。每个孩子都能够根据自己的兴趣和天赋选择适合自己的发展道路,而不受制于社会背景。这有助于培养更有创造力、更具实际能力的人才。

第二,做"即知即传人",推动教育普及。普及什么教育,普及工以养生、学以明生、团以保生之生活教育。工是做工,学是科学,团是集团。这三种生活缺少一样,便是残废的教育……社会与学校打成一片。社会教育与学校教育打成一片……会的教人,不会的跟人学。不愿教人的不配受教育……信仰小孩子能做小先生。信仰小孩最好的先生是前进的小孩。认定中国是到了生死关头,好比黄河将要决口,小孩搬一块小石头来也是欢迎的。①利用小先生从四面八方伸展到社会底层,构成一幅生活教育网、文化网,把学校与家庭联成一体,彼此可以往来,可以交流,把社会所发生的问题,所遇到的困难带回学校,再把学校里的知识技能带到社会去。"即知即传人",让他们做"连环先生""传递先生",把学校和社会打成一片。他们是自愿教师,遵循着与小先生同样的原则,因此被称为传递先生。自愿教师与小先生的区别在于年龄。"小先生的年龄在16岁以下,而传递先生的年龄在16岁以上。'传递先生'这一术语来自接力赛跑,把旗帜传给下一个赛跑者。"②当时中国有一千万失学儿童,小先生的办法是很好的解决途径。

第三,发现困难之点,解决关键问题,即女子受教育问题。陶行知在《怎样做小先生——对汉口市立第三小学小先生的讲话》一文中强调"小先生的贡献"是非常之大的。"……这六千三百万学生,要请大先生请不起,所以干普及教育运动,只有靠小先生。而且不识字的人女子最多,你们这里,虽有这么多女先生,可是不识字的女子,还是多极了。教女子识字,也只有小先生最方便。"③反之,接受到知识的女子也会进行传递教学,形成良性循环。如"女工的传递教学"的例子。"朱小姐和她的朋友们创办的班,就成了那个地区女工传递教师的培养中心。教育之光从那儿发出,照到每个与她们有联系的家庭。随着时间的推移,其他地区的工人,闻到了这边的风声,有些人受到鼓舞,也推行类似的计划。甚至当初给朱小姐的班添麻烦的男工人也开始认识到这种教育的重要性,决定成立男工人班,贯彻同样的原则。"④

---

① 华中师范学院教育科学研究所主编.陶行知全集(第二卷)[M].长沙:湖南教育出版社,1984:804—805.
② 华中师范学院教育科学研究所主编.陶行知全集(第三卷)[M].长沙:湖南教育出版社,1984:219.
③ 华中师范学院教育科学研究所主编.陶行知全集(第二卷)[M].长沙:湖南教育出版社,1984:821.
④ 华中师范学院教育科学研究所主编.陶行知全集(第三卷)[M].长沙:湖南教育出版社,1984:221.

二、艺友制

了解陶行知艺友制,可以主旨文论、制度提案和来往书信为切入点。各个方面对艺友制"从师观"的探讨都有不同侧重,对其整理有助于理解不同时期艺友制义理,便于对艺友制的伦理意蕴、育人价值等作进一步挖掘。

(一)艺友制的体现形式

陶行知的艺友制,首先体现在撰写的文论中,限于篇幅,摘取若干篇目,整理其思想。

1. 主旨文论

由表1-4可知,陶行知对艺友制作了概念界定、方法阐释以及艺友制与艺徒制的区别等。陶行知艺友制,包含对中华优秀传统文化的承继,即何为"艺""友"之道。了解"艺""友"的伦理意蕴,对于深耕陶行知艺友制,具有积极价值启示。

表1-4 关于艺友制的主旨文论

时间	篇名	主旨内容
1928.1	《艺友制师范教育答客问——关于南京六校招收艺友之解释》	艺是艺术,也可作手艺解。友就是朋友。凡用朋友之道教人学做艺术或手艺便是艺友制。
1930.7	《艺友制的教育》	艺友制之根本方法为教学做合一;艺友制之发现即以小学幼稚园为发祥地,应用于师范教育;艺友制与艺徒制。

2. 制度提案

由表1-5可知,陶行知把艺友制落实在制度、规范等层面。积极鼓励小孩子加入到艺友制的队伍中。其中,艺友制与工学团关系紧密。各类工学团是艺友制开展的重要场域之一。

表1-5 关于艺友制的制度提案

时间	篇名	主旨内容
1934.2	《保山县试办乡村儿童自动工学团组织大纲草案》	工以养生、学以明生、团以保生;让有志儿童加入为小艺友,等到小艺友成熟时,即用细胞分裂法繁殖到他村去。
1934.3	《普及教育研究院组织大纲》	每位研究员或每个部主任可收受过高等教育或有特殊才能之艺友几位,依据实际工作以谋其学术之上进。

3. 来往书信

由表1-6可知,陶行知把教学做合一与艺友制相结合,在育才学校开展深入实践,这里需要区分艺友与艺徒、学徒,利于掌握艺友制之从师之类型。

表 1-6　关于艺友制的来往书信

时间	篇名	主旨内容
1940.3	《在渝受病，育才校务请多偏劳 ——致马侣贤、帅昌书》	《儿童科学丛书》；指导木匠辅导学生实地去做，当有进步。
1940.8	《我们不是企图取消学校教育 ——致潘畏三》	在学做合一的情况下，艺友是跟着师傅在做上学的徒弟或学生；在教学做合一的情况下，艺友是徒弟同时又是师傅，是学生同时又是先生。

（二）艺友制的伦理意蕴

艺友制是陶行知先生为培养师资而用的一种培植教师的方法。简言之，是一种"教师培养模式"。对陶行知艺友制的伦理意蕴的理解，首要对"艺""友"加以理解。

第一，何为艺？儒家提倡"游于艺"，"游"是一种生命境界。艺，即"六艺"，是为"礼""乐""射""御""书""数"。"艺"增加德性蕴涵，提升技能的精神性价值。"游于艺"不是简单的学习技能训练，而是"一种技进于德、技进于道的形而下的具体门径"。陶行知艺友制中的"艺"，是一种不被技术、技能、工具等拖累、束缚、奴役的手艺。1918年，陶行知在《生利主义之职业教育》一文中系统阐述"职业教育应以生利为主义"的思想和观点，对其师资、教学设备、课程设置和学生四个方面作了全面的阐述，这是"陶行知早期发表的也是较为完整地表达其职业教育思想的重要论文"。陶行知强调，生利不是狭隘的产生钱物，而是通指创造物质财富，增加社会价值。能够增加社会正向价值的人，不应该是被"器""物"所累的人，他的内心是充实而愉悦的，这与儒家所提倡的"游于艺"很相似。陶行知谈到生利有二种，一种是生有利之物，另一种是生有利之事。儒家普遍认为"君子应是一种德性圆融而才华通达的人"，君子作为道的追求者和实现者，研习"六艺"，但不能止步于仅会使用"六艺"，而是通过学习"六艺"，让自身的人际关系、道德修养、情性体现等能上一个更高层次的境界、格局。儒家推崇"诗礼乐"教化，最终要强调"和"的精神，陶行知艺友制中的"艺"，也有让人达和之目的，即学艺达和。"人生不仅要有所'志'有所'据'有所'依'还要能'游'。这个'游'不是一般的消遣游玩而是在坚实的人格修养即（'志于道，据于德，依于仁成为完成人格、既全且粹的'成人'）的基础上获得一种精神自由；它是经由人文培养产生的主体人格的至高境界超越力量即源于这一人格境界。'游于艺'首先是通过艺术的学习、欣赏、陶冶获得审美享受和精神自由。"[①]"游艺"能时

[①] 李旭.孔子"游于艺"的超越思想[J].学术研究，2000(9):106.

时刻刻都对人予以涵养,游艺是与志道、据德、依仁相辅相成。陶行知的艺友制涵容志道、据德、依仁之义理,简言之,即让人在志于学、修于德、成于行上成为一体,化育自身。

第二,何为友?儒家言之,朋友有信。"友"之道意涵丰富。其一,互相勉励之友。尤其是德行方面的互励。朋友的益处在于能够及时"以进乎善"。其二,患难与共之友。《论语·公冶长》有云:"愿车马衣轻裘与朋友共敝之",不仅是经济上的援助,更指精神上的陪伴。其三,事业相助之友。《荀子·性恶》有云:"得良友而友之,则所见者忠信敬让之行也;身日进于仁义而不自知也者,靡使然也。今与不善人处,则所闻者欺诬、诈伪也,所见者污漫、淫邪、贪利之行也,身且加于刑戮而不自知者,靡使然也。"[1]荀子明确指出交友不慎的危害。那么,该如何选择朋友?《论语·季氏》对此有云:"益者三友,损者三友。友直,友谅,友多闻,益矣。友便辟,友善柔,友便佞,损矣。"[2]朱熹对此阐认为友直乃"闻其过",友谅乃"进于诚",友多闻乃"进于明"。诚然,交友首先要以诚相待,继而以信相交,直至道义相交。注重分寸注意场合、注重情感。

第三,艺友制。艺是艺术,也可作手艺解。友就是朋友。凡用朋友之道教人学做艺术或手艺便是艺友制。陶行知汲取传统"艺""友"之精华,创新性地运用在教育中,让艺与友相辅相成,融通化育,借鉴了传统"志学思行"理念。艺友制用朋友之道教人学做艺术,要诚心实意教授他人技艺,不可有所保留,用真心换真心,在交互过程中不断培养彼此高尚的道德情操和品质。要做到诚心实意,首先要认知自己不良的行为,就必须对自己的行为做一番自我反省。进行自我反省的主要渠道是通过对人们的接触,通过贤与不贤的比较来反省自己,如果说以上所讲的是道德修养从克制消极方面进行的话,那么,道德修养还可从倡导、推进其积极方面进行,那就是自觉地学习、培养自己的优良的道德品质。一个人的仁德的培养、提高,就是在学习和躬行实践中实现的。立"志"是修养的前提,"学"是形式,"思"是重要环节,"行"是实践,即志-学-思-行相结合,从而达到"从心所欲不逾矩"的最高修养境界。修养的目的,就是要保持、发扬人的良知和良心的作用。人都有与生俱来的,先天的仁义礼智四端,有不学而知的"良心"和良能。但是人们在社会中经常受到各种物质欲望的引诱,这种良知和良能就会渐渐地丧失。为了保持住自己的德性,找回失去已久的德性,最重要的就是找回失去的"良心"。对于不注重道德修养的人,孟子认为是"不知类"的,即不知道事物的层

---

[1] 张觉撰.荀子译注[M].上海:上海古籍出版社,2012:349.
[2] 杨伯峻译注.论语译注[M].北京:中华书局,2012:245.

次、轻重。应当进行"养气"来"明道"和"集义",凝结成固定的道德品质。

(三) 艺友制的育人实效

第一,凸显多元化育人成效。注重交互学习。陶行知主张学以致用,强调实践和体验教育。通过实际的活动和实践,儿童能够更深刻地理解所学知识,培养实际动手能力,提高解决问题的能力,让"有志儿童,加入为小艺友,等到小艺友成熟时,即用细胞分裂法繁殖到他村去"。① 陶行知提倡灵活的教育模式,包括小班教学、学科交叉等。这样的灵活性有助于更好地满足儿童的个性化需求,提高教育的针对性和实效性,"每位研究员或每个部主任可收受过高等教育或有特殊才能之艺友几位,依据实际工作以谋其学术之上进"。② 与此同时,艺友制注重道德教育成效。陶行知认为,教育的目标不仅仅是传授知识,更要培养儿童的品德和道德观念,陶行知注重培养学生的良好习惯和道德品质,强调儿童的全面素养。此外,艺友制强调学科间联系。陶行知认为各学科之间是有联系的,强调知识的综合性和整体性,通过多学科交叉学习,有助于儿童更好地理解知识的内在联系,形成更为系统的认知结构。

第二,解决专业师资培育问题。注重在仿效中学习。陶行知强调,专业师资应该具备深厚的学科知识。在专业师资培育中,应注重加强对学科知识的深度学习和研究,使教师具备更为专业的水平,但仅有理论知识是不够的,教师需要通过实践来不断积累经验,才能更好地适应学生的需求和教学环境的变化。陶行知强调培养创新思维是专业师资培育的重要一环,在培育专业师资时,应注重培养教师的创新意识,引导他们在教学中寻找新的方法和策略。教育是一项充满热情和责任感的事业。在专业师资的培育中,应该注重激发教师的教育热情,使他们能够全身心投入到教学工作中。这不仅需要培养对学科的热爱,还需要激发对儿童的关怀和责任感。陶行知关注教育的人文关怀,他认为教育不仅仅是传递知识,更是对儿童人格的塑造。在培育专业师资的过程中,应该注重培养教师对儿童的关怀和理解,使他们在教学中更具人文关怀精神。

三、小先生制与艺友制之比较

1923 年,陶行知在平民教育运动中发现"小孩能做小先生",经过乡村教育运动、普及教育运动、山海工学团等教育实践,在"连环教学法""传递先生"的基础上,最终于 1934 年形成了"小孩子做小先生""即知即传人"的小先生制。陶行知在《攻破普及教

---

① 华中师范学院教育科学研究所主编.陶行知全集(第三卷)[M].长沙:湖南教育出版社,1984:707.
② 华中师范学院教育科学研究所主编.陶行知全集(第三卷)[M].长沙:湖南教育出版社,1984:712.

育之难关》一文中提及"小先生之怀胎是在十一年前。难产啊！到了二十三年一月二十八日才出世"。① 可知,小先生制,1923年孕育,1934年形成。而艺友制,是在1928正式定名的。艺友制与小先生制在从师类型、涵养品质以及育人特点方面存有不同,在"四品"的培育上有相同之处。

(一)小先生制与艺友制之不同

第一,从师类型不同。小先生制从师类型大致可以分为：知者为师、能者为师、愿者为师。其一,知者为师。首先,爱知识的人。小先生应当是知识的追随者,爱学才可能乐教。其次,传播真知识的人。小先生不能自私,成为知识的私吞者,要毫无保留地把真知灼见,传递给所需要的人。最后,知通智,小先生是懂得传播知识变通方法的人。如果对方不愿意学,或者学习的效果不好,小先生有责任转换方法,"因材施教"。其二,能者为师。首先,有真才实学的人。其次,踏实肯干的人。其三,愿者为师。只要愿意、乐意做先生的人都可以为他人的老师,如"成人做先生,我们不叫他'小先生',叫他做'连环先生'或'传递先生'。因为他是要继续不断地循环着,学后去教人"。②

艺友制从师类型大致可以分为：一字之师、技艺之师、贤德之师。首先,向"一字之师"学习。"一字之师",顾名思义,即他人传授一点知识给自己的老师。向"一字之师"学习同样表明从师者具备好学的精神,懂得谦虚求教,不拘于"时",求学是一个需要长期坚持的过程。同时学会不定于"位",放下以往求师的社会成见,任何比自己有知识的人都应当向其学习,而不应该以背后的社会地位为求师的金科玉律。此外,还知晓不论于"辈"的道理。其次,向专业技师请教。正如陶行知所言："农人最好的先生,不是我,也不是你,是农人自己队伍里最进步的农人！工人最好的先生,不是我,也不是你,是工人自己队伍里最进步的工人！"③这类老师虽没有职业之师具备较为全面的知识,但依旧有所专长可以互相学习。当时社会,有权势的家庭殷切期望自己的子女能成大器,致使有不少家长开始走访名师、慕寻名校,殊不知这样的连锁反应往往会带来更为偏激的结果,久而久之定会引发教育不公平,也定会发生非名校不上,非名师不求的不良求学现状,因为优秀的师者和著名的学校毕竟为数不多,哪怕是没有经过专门训练的人,只要他们能为孩子提供有益知识,我们没有理由不去向他们虚心求教。最

---

① 华中师范学院教育科学研究所主编.陶行知全集(第二卷)[M].长沙:湖南教育出版社,1984:801—802.
② 华中师范学院教育科学研究所主编.陶行知全集(第二卷)[M].长沙:湖南教育出版社,1984:747.
③ 华中师范学院教育科学研究所主编.陶行知全集(第二卷)[M].长沙:湖南教育出版社,1984:747.

后,向职业之师探讨。职业之师既不是指各级官学老师,也不是启蒙教师,而是指能够"传道受业解惑"的人,这样的师者不仅有丰富的教学经验、知识储备还有深厚的人格修养,无论古今,这样的师者都是从师者们不可多得的教学资源,更容易让从师者成功。

第二,核心品质培养不同。小先生制旨在培养小先生养成平等、互惠、笃行等品质。在一个平等的环境中,每个个体都有权利和机会,平等不仅是一种法律上的要求,更是一种道德和伦理的追求。在平等的基础上,社会才能建立公正的制度和秩序,人们才能在公平的条件下展现和发挥自己的潜力。平等带来的自由感和尊严感更容易建立起积极的人际关系。然而,平等并不是一成不变的状态,而是需要通过互惠和笃行来不断巩固和推动的。互惠是在平等的基础上建立的一种相互关系,其中每个个体在给予的同时也能够得到回报。在人际关系中,互惠体现为彼此尊重、理解、关心和支持。通过互惠,每个个体都能感受到社会的关怀和温暖,形成一种亲密的联结。在社会层面,互惠则表现为共同协作、互利共赢的理念,促使社会更加和谐和稳定。互惠的实现需要通过笃行来体现。笃行强调的是言行一致,对价值观的坚守和实践。在平等和互惠的框架下,笃行是对承诺和责任的践行,是对信任和信誉的建立,陶行知要让小先生知道,要用真实的行动去践行对平等和互惠的承诺。

艺友制的核心品质培养体现在以仁为本、以教为本、以诚为本。首先,师者以"仁"为本。其一,师者应和善敦厚。其二,从师者应恭敬谦逊。要求从师者恭敬谦逊的原因在于:恭敬能起到"正名分"的作用;懂得美德的重要性;师生间应平等和谐。其次,师者以"教"为本。首先,要传优良品德之道。做一个合格的师者并不是那么容易的事,师者要明确如何把从师者引导在正确的发展之路上。其次,要传修养处世之道。对"授业"的内涵可有以下理解:其一,要授专业知识之业。师者要时刻铭记自身的历史责任,要时刻不停地深入研究自己的平生所学,把最为实用的知识传授给学生。其二,授人生知识之业。师者应具备过硬的专业知识,还应具备熟知专业知识以外的技能,不仅仅只是经师之才,要常与从师者交流心得,解决其人生困惑,实现人生价值。其三,师者理应解惑。解惑是传道的进一步伸发:解求学之惑;解人生之惑。最后,师者以"诚"为本。《中庸》曾提出诚能尽其性、反求诸其身等修养方法,"诚"在儒家思想也是一个较难理解的抽象范畴,历朝各代思想家对"诚"的理解与体悟都各不相同。首先,文质彬彬。即文、质二者兼备,内在的学识修养和外在的君子风貌都很完美。这就体现在师者不仅要气量宽宏,心中可容人容物,还要谦虚为怀,同时还应当心中守

"礼",融"礼"于实践之中。其次,心智全健。师者要了解从师者,就要坦诚相待。要吸取"学者有四失,教者必知之。人之学也,或失则多,或失则寡,或失则易,或失则止。此四者,心之莫同也。知其心,然后能救其失"①的教训,师者要以自身优良品质加以熏陶和培养从师者,最终达到"安其学而亲其师"的理想效果。最后,良知归正。坚守良知并非易事。师者一定要注重自身的良心培育,要时刻以它约束和控制自己的行为,评判自身的行为。因为任何一个人的行为往往都是出于自身的意愿,但应处理好应该与意愿的不相吻合之处,这需要师者"敦复无悔,中以自考"。② 师者的工作是一个良心工作,要以理性为指导,以良心为驱使。师者要正视良心价值,师者要履行好良心职责。

第三,践行理路不同。小先生制表现在:其一,教人者教己。在一个坦诚的教学环境中被教育者更容易打开心扉,敢于提出问题、表达疑虑,小先生通过与被教者建立信任,知识的传递才能更加深入和有效。教人者教己也涉及小先生自身的知识水平如何,教育并不是单向的知识灌输,而是一个双向的交流过程。小先生要虚心请教,扎实学识。其二,即知即传。"小先生的职务不但是教人,说得更切些,他的职务是教人去教人。等到他的学生也在教人了,他那小先生的封号才有丰富的意义咧。所以小先生之成绩,不在直接所教学生之多,而在间接所传代数之多。设有两位小先生,第一位自己教了四人,第二位教了两人,又教这两位去教两人。依我们的目光看来,第二位小先生的工作是更有意义。因为他是有了两代学生,他至少有两位学生是能即知即传人,而第一位小先生的工作是缺乏这种更进一步的意义。因此,我们指导小先生时加了一条原则:指导小先生教人,不如指导小先生教人去教人。"③其三,即学即教。艺友制体现在向有经验的老师学习当好老师,在实践中边干边学。首先,恪守规范。恪守尊师重道的传统,严守尊师的规范。因为"见善,修然必以自存也;见不善,愀然必以自省也;善在身,介然必以自好也;不善在身,菑然必以自恶也。故非我而当者,吾师也"。④ 其次,锲而不舍。其一,对意志磨炼层面的坚持不懈。其二,对学习思考的坚持不懈。仅有意志层面的努力还远远不够,还需要在过程中持之以恒,因为在努力奋进的过程中很可能会因所学内容难易程度,使得学习进度有所缓慢甚至停滞不前,但

---

① 王文锦.礼记译解[M].北京:中华书局,2016:465.
② 傅佩荣译解.易经[M].北京:东方出版社,2012:185.
③ 华中师范学院教育科学研究所主编.陶行知全集(第二卷)[M].长沙:湖南教育出版社,1984:657.
④ 张觉撰.荀子译注[M].上海:上海古籍出版社,2012:11.

是对此问题的思索应该是不能停止的。最后,学以致用。"君子贵其全",能够全面地把握所学的知识,并学以致用才能算是个学者。

(二)小先生制与艺友制的德育价值相同

其一,锤炼高尚的育人品德。品德是一个人依据一定的道德行为准则行动时所表现出来的稳固的倾向与特征。高尚的育人品德蕴含诚实、正直、尊敬等价值观,这些品德在个人成长中扮演着引导和支撑的角色。陶行知认为:"道德是做人的根本。根本一坏,纵然使你有一些学问和本领,也无甚用处。"①高尚的品德构筑社会文化基石,为社会提供道德准则和行为规范。教育者在锤炼高尚的育人品德中扮演着关键角色,既要传授知识,也要培养学生的道德意识,让学生可以在教育游戏、角色扮演等实际情境中体验道德抉择的重要性,培养道德判断力。教育者的言行举止影响着学生的价值观和行为,教育者要以身作则,成为学生品德养成的楷模。然而,培养高尚的品德并非易事,我们要谨防虚假之友,不被那些"嘴里讲道德,耳朵听道德,而所行所为却不能合乎道德的标准,无形无影当中,把道德与行为分而为二"②的"精致假人"所迷惑。艺友制与小先生制均在表明,教育者有责任制定切实可行的教育策略,通过将道德教育融入课程,组织道德讨论活动,培养学生的批判思维。随着社会的不断变革,锤炼高尚的育人品德需要与时俱进,要善于利用新兴科技为道德教育提供新的培育途径,如通过数字技术模拟道德困境,帮助学生进行道德抉择训练等。与此同时,广大教育者需要关注全球化时代下的道德教育,培养学生具备跨文化的高尚品德。

其二,磨砺高贵的育人品格。品格是一个人的基本素质,它决定了这个人回应人生处境的模式。高贵的育人品格是一个复杂而持久的过程,教育者要培养学生的责任感和独立性,树立正义感与道德观,体现榜样引领。陶行知认为,教育者要"教养学生而设",要"全以学生为心"。高贵的育人品格首要体现在宽容与理解上,教育者培养学生需要耐心与智慧,需要教育者真正去理解他们的内心世界,"有些教师不惜用强迫的手段要学生朝着教师指定的路线走",结果必会造成师、生势不两立。每个学生都是独一无二的,他们可能会有不同的情感和问题,教育者要用心倾听,用宽容的心态去接纳他们。宽容并不是放任,而是在爱的基础上引导他们走向正确的道路,理解学生的需求、尊重他们的个性,有助于建立起积极的师生关系,从而促进学生全面健康地发展。

---

① 华中师范学院教育科学研究所主编.陶行知全集(第三卷)[M].长沙:湖南教育出版社,1984:471.
② 华中师范学院教育科学研究所主编.陶行知全集(第一卷)[M].长沙:湖南教育出版社,1984:134.

"德育,注重自治。所以,学生自治这个问题,是自动主义贯彻德育的结果。"①高贵的育人品格体现在培养责任感与独立性,要让学生明白自己的责任和义务,不仅仅是对自己,还包括对家庭和社会,学生要关心他人,积极参与公益活动,培养一颗感恩的心,鼓励学生独立思考、自主学习,培养学生解决问题的能力,帮助学生在未来面对挑战时更加坚韧和自信。与此同时,艺友制与小先生制均在表明,高贵的育人品格还体现为培养正义与道德观,在今天这个多元化的社会中,学生会面临各种价值观的冲突和考验。教育者要积极引导学生树立正确的道德观念,培养正义感和公平心,教育学生辨别是非,理解道德的重要性,使学生能够在人际交往中保持清醒的头脑和高尚的情操。

其三,厚植高洁的育人品行。品行是一个人的行为是否端正的判断。高洁的育人品行是教育者内心的反映,体现了他们在道德和伦理层面的追求。这种品行体现在教育者的行为上,陶行知认为,教育者应当知道"教育是无名无利且没有尊荣的事",并且教育者所得的机会,是服务和贡献的机会,"无丝毫名利尊荣之所言",这体现在教育者的情感态度、人格魅力和社会责任感中。高洁育人品行涵盖了无私、宽容、奉献等多个方面,是教育者在育人过程中的精神支柱。教育者要不断进行自我反思,问题自己解决得愈多,自我经验积累愈丰富。若想经验丰富,我们"必须自负解决问题的责任",通过不断修炼和自我提升,达到道德情感的高度升华。教育者要保持言行一致,将高洁的品行体现在自己的言语和行为中,只有真实的言行一致,才能获得学生的尊重和信任。因此,"真教育是心心相印的活动",心心相印的教育是从心里发出来的,并且能进入学生的内心深处。艺友制与小先生制均在表明,教育者要注重情感教育,培养学生的情感认知和情感表达能力,通过关怀和理解,激发学生的情感积极性,培养他们高洁的情感态度,"事事要和学生同甘苦,要和学生表同情,参与到学生里面去,指导他们"。②教育者高洁的育人品行有助于塑造学生的道德观念,教育者通过榜样示范、情感引导和道德训练,引导学生树立高尚的道德观。教育者在厚植高洁育人品行中扮演着关键的角色,他们既是学生的知识传授者,也是学生的道德引导者。

其四,形塑高雅的育人品味。品味是一个人的品质、水平。高雅的育人品味体现教育者的文化素养、道德品质和审美情趣。高雅的育人品味不仅包括了优雅的举止,更涵盖了文化教养、人际关系和教育方式等多个方面。教育者的高雅品味直接影响到

---

① 华中师范学院教育科学研究所主编.陶行知全集(第一卷)[M].长沙:湖南教育出版社,1984:132.
② 华中师范学院教育科学研究所主编.陶行知全集(第一卷)[M].长沙:湖南教育出版社,1984:128.

学生的价值观和行为模式,陶行知认为:"教育方法的一个基本原则就是激起被教育者的兴趣。"教育者的高雅品味有助于引导学生形成正确的世界观和人生观。高雅育人品味涵盖了道德情操和行为规范。教育者要以高尚的品德作为基石,引导学生培养善良、正直等美德,为社会培养更多高尚的人才。陶行知倡导国人多读书,《读书与用书》《大众读书谈》《说书》等都是陶行知谈读书之道的,陶行知认为人读书多,能"积理富"。教育者要注重自身的文化修养,通过阅读、学习等方式,培养自己的内涵和修养,为学生提供优质的知识资源。陶行知认为,治学要以兴趣为主,因为兴趣愈多,从事愈弥力,其成效愈加显著。教育者要培养自己的审美情趣,欣赏艺术、音乐、文学等各种形式的美,通过培养审美情趣,教育者能够更好地引导学生感受美的力量,培养他们的审美情感,"我们教育儿童,第一步要承认儿童是活的,要按照儿童的心理进行"。[①] 教育者应当以温和、耐心、理解的态度对待学生,注重言传身教,通过自身的行为示范引导学生。教育者在培养高雅育人品味中扮演着不可替代的角色,他们不仅是知识的传递者,更是美德的传播者,教育者要以自己的行为和情感引导,为学生展现高雅的人格风采。艺友制与小先生制均在表明,形塑高雅的育人品味是培养新一代的重要任务,也是教育者的内在要求,教育者要注重自身文化素养、审美情趣和教育方式,通过言行示范,引导学生培养高雅的品味,在社会各界的共同努力下,培养更多具有"高雅品味"的优秀人才,为教育事业发展作出贡献。

第二节 如何指导小先生——以学会"用书"为切入点

陶行知在《怎样指导小先生》一文中,明确指出"小先生"肩负着普及教育的光荣使命,在文中多处指出小先生不可变作"合作守知奴",小先生的使命不仅是要普及文字教育,更在于要把他所过的有意义的生活也要负责任地传布出去,要"把守知奴不配受教育的大道理向大家开导","使个个小孩都愿做小先生,不再做守知奴"等。陶行知提到的"守知奴",表达了他对当时教育体制中对知识的过分灌输和对学生创新思维的束缚的反感。这里的"守知奴"指的是那些只会死记硬背知识,却缺乏创造性思维和独立见解的学生。结合"守知奴",试以如何读书为切入点,换个视角来阐释。陶行知关于如何读书的文论有《如何选书》《读书与用书》等,结合《如何指导小先生》一文,对此可

---

① 华中师范学院教育科学研究所主编.陶行知全集(第一卷)[M].长沙:湖南教育出版社,1984:176.

作进一步引申,即读书观。下面以《读书与用书》为例。

一、告知小先生世上有"三种人的生活"

"中国有三种人:书呆子是读死书,死读书,读书死。工人、农人、苦力、伙计是做死工、死做工、做工死。少爷、小姐、太太、老爷是享死福,死享福,享福死。"①其中,小先生要谨记"书呆子",这是一群只会读死书,死读书,读书死的人,小先生如果学他们自作聪明起来,"对着三四十个小学生手指脚划高谈阔论",那就会犯错误,违反生活教育。因此,"书呆子要动动手,把那呆头呆脑的样子改过来,你们要吃一帖'手化脑'才会好"。②"工人、农人、苦力、伙计要多读一点书,吃一帖'脑化手',否则是一辈子要'劳而不获'③。小先生更有责任走向工人、农人、苦力、伙计中去,即知即传。至于少爷、小姐、太太、老爷是享死福,死享福,享福死,这类人是"人上人",高高在上,目中无人。只会享福,不愿分享,更不会倾听他人疾苦,会知识也是"守知奴",有钱财也是"守财奴",不会真正与人分享,更不会明白生活教育的奥义。陶行知文中的"三种人的生活",映衬了三种类型的人:书呆子,尤其是没有风骨的书呆子,传统迂腐至极的书呆子,即人下人,卑躬屈膝,满眼是人。少爷、小姐、太太、老爷,即人上人,高高在上,目中无人。而工人、农人、苦力、伙计有望成为"人中人",自立自强,眼中有人。至于少爷、小姐、太太、老爷,愿意"把手套解掉,把高跟鞋脱掉,把那享现成福的念头打断,把手儿、头脑儿拿出来服侍大众并为大众打算"④的,小先生当然可以教,反之,不必。

二、区分"读书人与吃饭人""吃书与用书"

"与读书联成一气的有'读书人'这一个名词。假使书是应该读的,便应使人人有书读;决不能单使一部分的人有书读叫做读书人,又一部分的人无书读叫做不读书人。比如饭是必须吃的便应使人人有饭吃;决不能使一部分的人有饭吃叫做吃饭人,又一部分的人无饭吃叫做不吃饭人。从另一面看,只知道吃饭,不成为饭桶了吗?只知道读书,别的事一点也不会做,不成为一个活书架了吗?"⑤小先生应当明白做读书人与吃饭人是统一体,二者不可割裂,小先生理应要把他所过的有意义的生活也要负责任

---

① 华中师范学院教育科学研究所主编.陶行知全集(第二卷)[M].长沙:湖南教育出版社,1984:729.
② 华中师范学院教育科学研究所主编.陶行知全集(第二卷)[M].长沙:湖南教育出版社,1984:729.
③ 华中师范学院教育科学研究所主编.陶行知全集(第二卷)[M].长沙:湖南教育出版社,1984:729.
④ 华中师范学院教育科学研究所主编.陶行知全集(第二卷)[M].长沙:湖南教育出版社,1984:729.
⑤ 华中师范学院教育科学研究所主编.陶行知全集(第二卷)[M].长沙:湖南教育出版社,1984:729—730.

地传布出去。"书只是一种工具,和锯子、锄头一样,都是给人用的。我们与其说'读书',不如说'用书'。书里有真知识和假知识。读它一辈子不能分辨它的真假;可是用它一下,书的本来面目就显了出来,真的便用得出去,假的便用不出去。"①只会"吃书"的人,分不清书的质量如何,碰到无用也无害的书倒好,但遇到有害的书则祸害无穷。只会"吃书"的人,不去咀嚼书中"营养",囫囵吞下,毫无意义。

三、知晓"书不可尽信"之理

陶行知分别以"戴东原的故事""王冕的故事"辩证地强调此理。陶行知指出,"现在学校教育是对穷孩子封锁,有钱、有闲、有面子才有书念。我们穷人就不要求学吗?不,社会就是我们的大学。关在门外的穷孩子,我们踏着王冕的脚迹来攀上知识的高塔吧。"②小先生中不乏有"穷人""关在门外的穷孩子",小先生更要知道读书识字机会不易,也要知道"书不可尽信"之理,更要学习"偷空走到村学堂里,见那闯学堂的书客,就买几本旧书,逐日把牛拴了,坐在柳荫树下看"的求知精神。小先生就是要找那些"不识字的奶奶、妈妈、嫂嫂、姊姊、妹妹、爸爸、哥哥、弟弟,和隔壁邻居的守牛、砍柴、拾煤球、扒狗屎的穷同胞。一个识字的人教导两个不识字的人,一个会做的人教导两个不会做的人,这里面才包含着普及的力量。这样去干,一千万学生便可算是三千万学生。否则,关起门来互相切磋,教来教去,还只是一千万人,毫无我们所说的意义,所以,我们必须指导小先生开起大门找学生。把一个不会的人教会了,便算是多生了一个人,这样才算是小先生真正的成绩,才算是表现了小先生真正的力量。"③

通过以上探讨,"每个小先生担任两三人的教育",不学"班长制",坚守"即知即传人"的原则,小先生要有高度的责任感,要赢得大人的信任等,这些核心要素为如何做好小先生打下坚实基础。具体来说,小先生多读书,从书中汲取为师营养是快速具备师者素质的径路之一。小先生要习礼学义。"礼"是立身的根本,突出"敬",表现在"庄谨"。因此,师者首要崇礼重义。"夫礼者,自卑以尊人。虽负贩者,必有尊也。"④这在要求谦卑尊人,即使是小商小贩,也必有他们尊重的人。如果说"礼"对一个人的内在做了规定,那么"义"则可以理解为外在的践履。其次,小先生要懂学、诲相伴之理。这

---

① 华中师范学院教育科学研究所主编.陶行知全集(第二卷)[M].长沙:湖南教育出版社,1984:730.
② 华中师范学院教育科学研究所主编.陶行知全集(第二卷)[M].长沙:湖南教育出版社,1984:732.
③ 华中师范学院教育科学研究所主编.陶行知全集(第二卷)[M].长沙:湖南教育出版社,1984:657.
④ 王文锦.礼记译解[M].北京:中华书局,2016:5.

包括:其一,学海无涯。其二,学无止境。其三,育人不倦。最后,小先生要学习以德化人。规范言行举止,让社会和谐有序地发展。陶行知在《从守财奴想到守知奴》一文中强调:

> 守知奴是个怪物而大家不以为怪,那才是一件可怪的事咧。这种怪物本是害人的。大家不想收伏他们,反而恭敬他们,羡慕他们,不惜费尽大众血汗钱,大批的一群一群的栽培他们,那是更加奇怪了。我们培养人才的经费,连家庭供给算在内,每年不下十万万。所造就的是什么?是一千多万不肯教人的守知奴!我也曾经在守知奴的队伍里站过班,骂人是连自己一起骂。我既觉悟到做守知奴是一件可耻的事,便该老实不客气的说出来。中国人愚,大概是不能否认的事实。因为士大夫的新代表胡适之已经把这个"愚"字列为五鬼之一①,那大概是没有人反对了。可是我要向大家建议:愚人便是守知奴一手造成的,我们应该认清。所以要叫中国人聪明起来,非收伏守知奴不可。我有四条办法:(一)大家要自取知识,一取得便立刻教人,不再借重守知奴;(二)凡有知识的都要教人,不做守知奴;(三)学生要学教人,不再做守知奴;(四)教师要教学生教人,不再做守知奴的妈妈。②

陶行知批评了过度注重知识灌输,缺乏培养学生独立思考和创新能力的教育方式。陶行知认为,真正的教育不仅仅是传授知识,更是培养学生的思维能力。而"守知奴"则是一种被动、盲从的学习态度,只注重知识的记忆和复制,而忽略了对知识的理解和应用。陶行知通过对"守知奴"现象的批评,实际上是对中国教育体制的一种反思。在当时,教育注重的主要是对知识点的灌输,而忽略了对学生综合素养的培养,这种教育模式造成了学生的被动学习和创造性思维的匮乏。"守知奴"现象反映出教育体制对学生个体差异的忽视,每个学生都有独特的兴趣和潜能,但过度注重标准化的知识灌输使得学生丧失了追求个性化发展的空间,这种对学生差异性的忽视可能导致人才的浪费和社会发展的局限。陶行知认为,过分注重"守知奴"式的教育方式可能对学生创新思维的培养产生负面影响,创新需要学生具备批判性思维和独立思考的能力,而这正是传统灌输式教育所欠缺的。

---

① 贫、病、愚、贪、乱。
② 华中师范学院教育科学研究所主编.陶行知全集(第二卷)[M].长沙:湖南教育出版社,1984:654—655.

再以《如何选书》为例。书有两种：一种是吃的书，一种是用的书。吃的书当中，有的好比是白米饭，有的好比是点心，有的好比是零食，有的好比是药，有的好比是鸦片。

中国是吃的书多，用的书少。吃的书中是鸦片的书多，白米饭的书少……可是，现在中国学校里的情形，适得其反：只有吃的书，没有用的书，而吃的书中，多是一些缺少滋养料的零食与富有麻醉性的鸦片。在这些书里讨生活的学生们，自然愈吃愈瘦，愈吃愈穷，愈吃愈不像人。我们要少选吃的书，多选用的书。我们对于书的态度之变更，是由于我们对于儿童的态度之变更。我们在《儿童生活》杂志上发表对于儿童的根本态度是：儿童是新时代之创造者；不是旧时代之继承者。儿童是创造产业的人；不是继承遗产的人。儿童生活是创造，建设，生产；不是继承，享福，做少爷。新时代的儿童是小工人。这工人，是广义的工人，不是狭义的工人。在劳力上劳心便是做工。这样做工的人都叫做工人。新时代的儿童，必须在劳力上劳心，又因他年纪小一些，所以称他为小工人。小工人必是生产的小工人，建设的小工人，实验的小工人，创造的小工人，改革的小工人。儿童的生活便是小工人生活，小生产生活，小建设生活，小实验生活，小创造生活，小改革生活。儿童用书便是小工人生活之写实与指导。这里面所要包含的是一些小生产、小建设、小实验、小创造、小改革、小工人的人生观。无论他是生产也好，建设也好，实验也好，创造也好，改革也好，他必须做工，他必须在劳力上劳心，他必须在用手时用脑。……儿童用书既是以指导儿童做工为主要目的。那么，一本书之好坏，可以拿下列三种标准判断它：(一)我们要看这本书有没有引导人动作的力量，有没有引导人干了一个动作又干一个动作的力量。(二)我们要看这本书有没有引导人思想的力量，有没有引导人想了又想的力量。(三)我们要看这本书有没有引导人产生新价值的力量，有没有引导人产生新益求新的价值的力量。[1]

通过前文"守知奴"现象，结合《如何选书》，这旨在说明学习不应仅仅追求知识的广度，更需要追求知识的深度。陶行知倡导的教育理念中对学生进行深度思考和独立思考的培养是至关重要的，这种深度思考能促使学生远离"守知奴"的状态。陶行知对

---

[1] 华中师范学院教育科学研究所主编.陶行知全集(第二卷)[M].长沙：湖南教育出版社,1984：473—475.

"守知奴"的批评提醒培养具备独立思考、解决问题能力的重要性,对"守知奴"现象的反思包含"读好书可以育优德"的关注。进一步来讲:

其一,"我们要少选吃的书,多选用的书。我们对于书的态度之变更,是由于我们对于儿童的态度之变更",多选用的书是人生的灵魂洗礼,是获取智慧和力量的重要途径。在陶行知的著作中反复强调多选用的书对于个体成长和社会进步的重要性,多选用的书不仅仅是获取知识的手段,更是一种对人生深刻思考和感悟的途径,能够教人汲取先贤的智慧,拓宽自己的视野,提升个人修养,多选用的书不仅仅是获取知识,更是一种持续学习的桥梁。

其二,"我们要看这本书有没有引导人动作的力量,有没有引导人干了一个动作又干一个动作的力量",陶行知提倡多选用的书不仅仅是为了获取外在的知识,更是为了认知自我。通过多选用的书可以更深刻地了解自己的内心世界,发现自己的兴趣和潜能,这种对自我的认知不仅有助于个体的发展,也有助于建设更加和谐的社会,深入阅读,感受作者思想、情感和态度,这种对话不仅有助于理解书中的知识,更有助于培养批判性思维和独立思考的能力。

其三,"我们要看这本书有没有引导人思想的力量,有没有引导人想了又想的力量",好书可以指引个体走向正确的道路,不仅是获取知识的手段,更是一种对人生意义的思考和探求。陶行知十分注重培养创新思维,而多选用的书是培养创新思维的有效途径,通过接触到各种各样的观点和思想,激发自己的创造力和创新意识。

其四,"我们要看这本书有没有引导人产生新价值的力量,有没有引导人产生新益求新的价值的力量",陶行知强调多选用的书是塑造个性的过程,一个人可以逐渐形成自己的思想体系和人生观。多选用的书不仅仅是获取知识,更是培养解决问题的智慧源泉,从书中也能学到各种解决问题的方法和经验,培养自己的分析问题、解决问题的能力。多选用的书是个人精神修养的重要方式,提升自己的品位、涵养自己心灵,汲取优秀文化的养分,培养高尚的情操和品德,培养批判性思维,善于分辨是非曲直。

第三节 如何做好小先生——基于教学方法伦理的再理解

如何做好小先生?针对不同受众,陶行知有独到见解。从《怎样做小先生——对汉口市立第三小学小先生的讲话》,再到《怎样做小先生》,陶行知对如何做小先生有着独到见解,这里以教学方法伦理视角,加以阐述。《怎样做小先生——对汉口市立第三小学小先生的讲话》中谈到"守知奴",前文已做阐释,故不赘述。此外,文中强调小先生教女子识字之成效,以及应有不怕钉子之教育精神,"一、小先生不是今天当,明天就不当了的。不要只有五分钟的热度,要有恒心,要能继续不断地做,要一年干到头,一生干到老。二、要不怕碰钉子"。①陶行知在《怎样做小先生》一文中,继续对如何做好小先生做深入探索,详细阐释怎样做小先生。

一、教学方法中体现科学与道德

长期以来,对于教学活动的研究和改革主要集中在科学性和技巧性方面,即如何科学、有效地达成教学目标和推动教学进程。即便有一些教学方法体现了一定的道德性,这种道德性也通常是从科学性的角度出发,注重的是方法在实践中的正确性。然而,教学方法的道德正当性问题却很少成为关注的焦点。这种偏重科学性和技巧性而忽视道德性的倾向,使得教学方法的研究和改革在很大程度上忽略了对教育过程中涉及的伦理、道德问题的思考。实际上,教学不仅仅是知识传递和技能培养的过程,更是对学生整体人格、价值观念和社会责任感的塑造。因此,教学方法的道德正当性问题至关重要,应当成为教育研究的一部分。"有的人以为小先生只会教人识字,这是一个错误。有的小先生虽然也会拿别的重要东西教人,若是单单教人识字,更是可惜。你要明白除了教人认字之外,你还有别的本领。"②教学方法的科学性体现在,结合当时社会上,每年病故于"痨病、天花、霍乱、伤寒、疟疾的总有几百万",小先生在教人识字的同时,还能帮助传递一些治疗这些病的良方。如,"要想避免肺病,必须享有新鲜空气、充分阳光、适当休息、滋养食物,并且不与有肺病者之咳嗽喷嚏接近。已经得了肺病的人,除了上面几点应该注意之外,还要火化痰涕,并不向人咳嗽喷嚏"。③一些学过科学的小先生可以实验的形式向大众讲解"月蚀"现象,避免因迷信发生的大量浪费财力的社会行为。"你用一支蜡烛当做太阳放在左边,叫一个人站在中间,把他的头当作地球,另叫一个人站在右边,把他的头当作月亮。这两个人的头要摆得一样高低,站在中间的头把烛光遮住,右边的人的头上照不着光,这便代表了'月蚀'的现象。只要中间的人移动,右边的人的头上就有了光。所有蚀前、初蚀、蚀后种种现象都可以一一

---

① 华中师范学院教育科学研究所主编. 陶行知全集(第二卷)[M]. 长沙:湖南教育出版社,1984:823.
② 华中师范学院教育科学研究所主编. 陶行知全集(第二卷)[M]. 长沙:湖南教育出版社,1984:900.
③ 华中师范学院教育科学研究所主编. 陶行知全集(第二卷)[M]. 长沙:湖南教育出版社,1984:901.

表演。你这样做给别人看,讲给别人听,便成了一位科学小先生。"①"小先生能够干的事多着咧。上面所写的不过是举了几个例子。你能教什么就教什么。你知道什么就教什么。不知道的和不能教的,当然是不应该教。"②

二、教学方法中彰显道德原则

陶行知在《怎样做小先生》一文中,主要探讨学习主动性、教人实践、鼓励和指导创新。

(一) 发挥主动性

学生的成长不仅仅依赖于教师的引导和外部的教学力量,同样需要学生参与对自己的"加工"。任何教学方法都应当促使学生积极主动地投入自我加工和自我生产的过程,发挥学生作为学习成长主体的能动性。学生的自我加工和自我生产被视为学习成长的内在动力,是决定性的因素。在小先生制中,"找学生"成为了最初的使命,即上第一课。在这个过程中,如何与你的("学生")有效交流需要方法,因为这个阶段的行动将决定以后学习的方向。"你对于每一句想说的话都应该预先想一想:'这句话应该说吗？我为什么要这样说？'我知道你是很心急的,要赶快的找到学生。有时你想用种种方法把你所要找的人说服。但是心急的时候,很容易说错话。当你遇着一群失学的孩子的时候,你会把古时候苦孩子读书的故事讲给他们听。临了,你会引一两句成语劝他说:'吃得苦中苦,方为人上人。'你可曾把这两句话的意思想过没有？我是听得太多了。不懂事的大先生老是用这种话来勉励小先生,不用头脑的小先生也是照样画葫芦的拿这种话哄骗别的孩了。我们吃苦的目的,就是要做'人上人'吗？我们用功的目的就是要求个人升官发财吗？为什么要读书？读了书就应该把自己的脚站在别人的头上吗？我有一位朋友,把这两句话改成:'吃得苦中苦,不为人上人。'我觉得这位朋友所改的语气有些消极,又把他改成:'吃得苦上苦,方为人中人。'公平的世界里只有人中人,不该有'人上人'和'人下人'。无论怎样改法,你都觉得不便拿他来做那劝学的招牌了。其实,你是用不着这种哄人的糖果。如果你所教的是有趣而又有用的书,倘使没有人阻止,谁都愿意学。你可以说:'这本书有趣得很,也有用。你若愿意读,我可以教你,试试看吧。''读了书,可以看报,写信,明白事理。'这种平常的话,是比花言

---

① 华中师范学院教育科学研究所主编.陶行知全集(第二卷)[M].长沙:湖南教育出版社,1984:901—902.
② 华中师范学院教育科学研究所主编.陶行知全集(第二卷)[M].长沙:湖南教育出版社,1984:902.

巧语好得多。只要你的心是热的,总有一天能感动人。倘若你不择手段,拿虚荣来鼓励人求学,将见他学成之日,便是你的教育完全失败之日,那真是白费心血了。你若嫌我说的那几句话太平凡,而愿意想出更有力的话来代替,我当然高兴。但是,我希望你必须想一想:'这句话应该说吗?我为什么要这样说?没有更好的话可说吗?'"①小先生的自我加工和自我生产被视为学习成长的内因,是决定性因素。教学方法需要创造条件,让小先生能够主动参与对自己的加工和生产过程。这意味着教学不应仅仅是知识的灌输,而应鼓励小先生进行思考、分析和创造性的应用。通过激发小先生的好奇心和求知欲,教学方法应该激发小先生内在的学习动机,使其成为知识的积极构建者。在小先生制下,"找学生"不仅仅是表面上的寒暄和熟悉,更是一种教育关系的搭建。小先生需要敏感地捕捉到每个学生的独特性格和需求,建立起一种尊重和信任的关系。这个关系不仅仅是在教学上的师生关系,更是在学习成长过程中的伙伴关系,在这个初次见面的过程中,需要展现出对学生的关心和尊重,让每个受教者感受到自己在教育中的价值,这种关心并不仅仅停留在表面上的问候,更体现为对受教者个体差异的理解和尊重。小先生需要在这个过程中表现出耐心、关爱和理解,以确保受教者在自然教学环境中"安心上课"。

(二) 自主教人

学生能够自主选择学习,是其学习主体性的重要体现,也是发挥学习主体能动性的前提。这意味着学生并非被动接受学习的客体,而是能够自主选择学习的客体和决定建立何种主客体关系的主体。只有在这样的情境中,学生才有可能在学习过程中表现出自觉、积极、主动的学习态度,充分发挥学习的主体能动性。自主选择学习的内涵有两个关键方面:一是学生对学习享有选择的自由和权利,包括学习内容、学习目标、学习兴趣、学习方法等的决策权;二是这种选择是自主进行的,即学生在真实了解的情况下自主做出决定,而不是被迫、被强迫,在真实了解的基础上作出决策,而不是在欺骗或诱导的情况下违背真实意愿。

> 小学生一面求学一面教人,时间够他分配吗?时间若不敷分配,身体不要受害吗?有些人是在怀疑小学生没有功夫做小先生。最可惜的是他们不想法解决问题。笼统的抱了一个时间不够的成见,便把小先生运动耽误了。这也难怪。有

---

① 华中师范学院教育科学研究所主编.陶行知全集(第二卷)[M].长沙:湖南教育出版社,1984:895—896.

些热心普及教育的人是太热心了,做得过火了。他们恨不得要把不识字的民众一口气教好。他们每天让小先生一连教两三个钟头。这样一来,小先生不但是耽误了自己的功课,而且把身体也弄得精疲力倦。别人看见这种现象,以为做小先生非如此不可,便不敢轻于提倡。甚至于以这种事实为凭,随嘴反对小先生。其实,做小先生并不要花这么多的时间。我从起初一直到现在,只希望学生们每天费半小时教人。只要天天不间断,连十分钟、二十分钟也是好的。我诚恳的劝告小先生,每天教人不要超过半小时。若费时太多,恐怕难以持久。每天教人半小时,是於人有益无损,於自己也有益无损。这样才能活到老,学到老,教到老,不致半途而废。①

(三) 指导创新

创新是指摒弃旧有的,创造新的。创新性是作为主体的个体所独有的一种探索未知和创造新事物的特质,它代表了人类最高层次的主体能动性,是人的主体性的最高表现和核心。创新性的本质在于对现实的超越,不仅体现在通过改变旧有事物来创造新事物从而实现对客体的超越,同时也包括在改变客体的同时塑造主体自身,实现从旧我到新我,对主体自身的超越。陶行知列举"活动材料""留声机与无线电""图画书之功用"等,强调小先生应学会多种育人工具,开展教育。陶行知认为小先生教人识字读书,必须借重课本,才能引人不断地上进。

> 民众欢喜看图画,你只要走到街头巷角的书摊旁边看看就知道了……你必定要用图画来抓住你的学生。假使没有钱买图画书,可以向朋友借。若无处可借,还有一个经济的办法,可以自做图画书。你预备一本白报纸装订的簿子,把每天日报上的好图画剪下来,贴在簿上。有标题的连标题一起剪贴,无标题的可以补写上去……不久,你可以教你的学生也干起来。每人得到不同的报,便可造成各种的图画书,那是多么丰富的收获啊!②

三、教学方法中融渗道德修养

陶行知在《怎样做小先生》一文中提到:一方面,不摆架子。"你找到了学生,就得

---

① 华中师范学院教育科学研究所主编.陶行知全集(第二卷)[M].长沙:湖南教育出版社,1984:902—903.
② 华中师范学院教育科学研究所主编.陶行知全集(第二卷)[M].长沙:湖南教育出版社,1984:899—900.

把他留住。如果今天找着,明天失掉,那不是白费心血吗?是啊,你得想一想:有什么事情得罪了你的学生?我知道有些小先生欢喜摆架子,摆成一个先生的架子。这种臭架子会把学生赶跑了。……其实,我们不能瞎怪这些小先生。他们是有来历的。这些臭架子没有一样不是从大先生那里学来的。所以与其怪小先生,还不如怪大先生。前进的大先生,是没有这些架子了。他们把学生当作朋友看待。在新兴的学校里,我们到处可以听见"小朋友"的称呼。运用朋友的关系,彼此自由交换学识,是比摆架子好得多,你要了解学生的问题,体谅学生的困难,处处都显出你愿意帮助学生求学而没有一丝一毫的不耐烦,这样才够得上做朋友,才够得上做小先生。"[1]另一方面,虚心求学。"小先生必须用功求学,才能教人。自己不长进,决不能做小先生……其次,因为要教人,就不得不把所教的知识弄明白。一个负责任的小先生是'以教人者教己'……最后,你还要跟你的学生学。你要知道你的学生需要什么,才教他什么……最好的教育是有来有往。老是靠你一方面讲话,你不变成了一个话匣子吗?你不但要忘记他是你的学生,并且要叫他忘记你是他的先生,这样,你才能做到一个进步的小先生。"[2]总之,陶行知对"小先生制"的研究是系统的、深入的,时刻不忘把"小先生制"与民族解放、国难教育等方面相结合。

结合对《小先生与民众教育》的理解,陶行知心中"民众教育"的根本意义,就是教人把知识广撒给大众,不是像"守财奴"一样,更不像"守知奴"一样,把财富与知识封锁在少数人的口袋中、脑袋里。想要办好民众教育,需要看清两样东西,一样是教育、知识,另一样是空气。看似没有关系的事物,在小先生的运作下会焕发出新的变化,要把普及教育做到既有效率又有质量,同时不能萌生教育买卖的想法,把教育当作商品的话,"大多数人像坐牢一般受限在一个'愚者之群'的圈子里",陶行知对此是极力反对的,人有了空气可以生存,而人的头脑中有了知识,可以生活。尤其是"带有新鲜空气"的育人内容对大众来说,更是有益的。普及教育能让人达到"涤除玄览"之境,学到真知才易于让大众正视内心的冲突与纷扰,进入更深层次的认知层面。小先生要学会"把教育、知识化做新鲜空气",按大众之所需,及时给予补充。但是,如果只是挂着民众教育的招牌,不去亲身践行民众教育之道,必然会把空气搅浑,让人呼吸不得,最终因缺氧而窒息,无法获取有用的知识。此外,陶行知对"小先生"的使命还做了高要求:"在过去的普及教育运动中,小先生已经采取了即知即传的原则,很有效地推广了寻常

---

[1] 华中师范学院教育科学研究所主编.陶行知全集(第二卷)[M].长沙:湖南教育出版社,1984:903—904.
[2] 华中师范学院教育科学研究所主编.陶行知全集(第二卷)[M].长沙:湖南教育出版社,1984:904—905.

的教育工作。他们今后的任务不能停止在教人识字或是教人一些普通科学了,他们应当集中力量向大众宣传民族的危机和民族解放的路线。良乡的小先生救国会的工作是值得我们钦佩的。这种救国会应该普遍地组织起来。我们的小先生是在参加一个最伟大的学校,在这个学校里有五万万先生,五万万学生,五万万同学,我们只有一门功课,这门功课就是民族解放运动。一切识字教育、科学教育都要以它做中心。"①陶行知在《国难与教育》一文中继续强调,

"我国的传统教育和现行的教育,只能造成少数人的力,空谈的力,散漫的力,被动的力,头脑的力。我们从此要改造教育,使教育普及于大众;使受教育者都能实践力行,从行动上去求得真知识;并使大众组织起来,自动去做他们的事;而仅用脑的知识分子,要使他们变成兼用手的工人,仅用手的工人、农人等都变成兼用脑的知识分子。这才能把少数人的力,变成多数人的力;空谈的力,变成行动的力;散漫的力,变成组织的力;被动的力,变成自动的力;仅用脑和仅用手的力,变成脑手并用的力。于是我们就可以造成极伟大的民族力量,来解除一切国难。"②

陶行知对传统教育和现行教育提出了自己的看法,认为它们只能造成个别人的力量,而这种力量表现为少数人的权威、空谈、散漫、被动和局限于头脑的知识。这种教育模式可能导致知识的僵化和脱离实际问题的理论空谈。新教育的目标是让受教育者能够实践力行,通过实际行动去追求真知识,这意味着教育不仅仅是传授理论知识,更要培养学生的实际动手能力和解决实际问题的能力,受教育者要自动去做自己的事情,而不是被动地接受知识,这种组织和行动的力量可以带来更大的社会动力,解决国家面临的各种问题,最终构建一个强大的民族力量,能够解除国家面临的各种困难。通过将教育普及于大众,培养实际动手的能力,组织大众参与社会事务,以及促使脑力和体力的融合,可以将原本分散的、被动的力量转化为协同合作的、具有自主性的力量。具体来说:

"少数人的力",会导致教育变革或创新的实践仅局限于个别地方,而在更广泛的范围内无法实现,如果变革或创新的推动者是个别人物,而不是建立在更广泛的共识

---

① 华中师范学院教育科学研究所主编.陶行知全集(第三卷)[M].长沙:湖南教育出版社,1984:103.
② 华中师范学院教育科学研究所主编.陶行知全集(第二卷)[M].长沙:湖南教育出版社,1984:587—588.

和参与基础上,那么这种力量可能随着他们的离开或变化而失去动力,难以保持长期的可持续性。另外,少数人的力意味着教育权利集中在少数个体手中,会导致缺乏广泛的参与和协同合作,如果出现个人主义,团队协作和集体智慧将会遭受严重打击。因此,要把少数人的力,变成多数人的力。

"空谈的力",即只停留在言辞和理论层面,缺乏实际行动和实践效果的力量。以往在传统教育中存在过于注重理论知识的灌输,缺乏对实际问题的探讨,学生接受的教育过程中,过于重视理论知识储备而忽略实际动手能力,长此以往,培养出来的学生很容易具备"空谈的力",空谈的力量常常无法转化为实际的成果或解决实际问题的能力,过分强调理论知识而忽视实际操作。此外,空谈的力量容易导致思维僵化,由于长期对于灵活应用和创新缺乏经验,培育出的人才面对复杂多变的现实将难以适应。因此,要把空谈的力,变成行动的力。

"散漫的力",即没有组织、没有计划,零散而松散的力量。在传统教育和某些教学方法中,学生可能没有明确的学习计划和组织结构,导致学习零散、无章法,无法形成系统的知识体系。因此,要把散漫的力,变成组织的力。

"被动的力",即缺乏主动性、依赖外部指导和驱动的力量。学生习惯性地依赖教师的指导和灌输,缺乏主动探究和学习的意愿,导致被动接受知识,按照课程设置和教材内容被动地学习,缺乏对知识的主动追求和深入思考,机械地接受信息而不质疑或探索,长期缺乏主动性导致学习动机降低。因此,要把被动的力,变成自动的力。

"头脑的力",即重视智力和思维能力,但可能忽略了实际行动和动手能力。传统教育和某些教学方法可能过分注重传授抽象的理论知识,而忽视了实际操作和动手经验的培养,导致他们只停留在理论层面,难以将知识应用到实际问题中,过分强调头脑的力可能使学生忽视了综合能力的培养,如创造力、解决问题的能力、团队协作等,学生可能在学习过程中缺乏实际的实践经验,导致知识无法在实际场景中得到验证和运用。因此,要把仅用脑和仅用手的力,变成脑手并用的力。

通过把"小先生制"与民族解放、国难教育方面相结合,可以剖析其中的一个重要教育理念:爱国对于民族发展、国家富强、人民幸福的极端重要性。爱国需要大众具备忧患意识。忧患意识提醒个体和社会对未来的可能出现的问题进行深刻思考,不仅关注眼前的困难,更注重预见未来可能带来的风险和挑战。忧患意识强调个体和社会应该具备主动应对挑战的能力,而不是被动应对。通过对潜在风险的认知和准备,能够更有针对性地采取措施,降低潜在危机发生的可能性和影响。忧患意识教育还注重培养危机处理的能力,使个体和社会能够在面对突发事件或困境时迅速做出反应,减轻危机带来的损害。陶行知有大量经典文讨论"忧患意识",如《共和精义》《自立歌》等。此外,大众需要深刻理解爱国主义教育的重要性。陶行知的爱国主义教育注重情感根植于国家土壤。他通过不同爱国形式,引导大众深刻感受国家的历史、文化和社会风貌,使大众对祖国充满浓厚的感情。爱国主义教育不仅仅是对国家的理智认同,更是对国家的深情厚意。陶行知通过弘扬国家优秀文化传统、讲述国家发展历程,培养大众对国家的深厚认同感,使他们对国家的繁荣和困境都能够产生共鸣。爱国主义教育是对国家的情感认同,更是对国家和社会责任的担当,陶行知通过引导大众关注社会问题、参与社会实践,强调个体责任与社会责任的统一,使大众在实际行动中体现对国家和社会的担当,注重引导大众关心当时社会中的弱势群体(如难童、失学儿童等),培养同情心和关爱之情。与此同时,爱国主义教育与国家文化传统的关系密不可分,陶行知倡导对国家文化传统的尊重,并注重弘扬传统文化的精髓,他通过经典教育、传统礼仪的传承,培养学生对国家文化的自豪感,使其深刻理解传统文化对国家发展的重要作用,注重培养大众对历史的敬畏之情。陶行知认为,实践是培养爱国主义情感和责任担当的有效途径,希望大众能够积极参与社会实践、服务活动,使大众在实际中深刻体验到爱国主义情感的真实意义,同时激发他们对国家和社会的积极参与。总之,爱国主义教育不是将个体置于国家之下,而是引导个体发展与国家发展相统一。爱国主义教育需要大众接受国家观教育。教育不仅是知识和技能的传递工具,更是国家实现长期繁荣、社会进步的不可或缺的支撑。通过培养人才,教育为国家提供了源源不断的智力资源,支持着国家在经济、文化、科技等领域的持续发展。教育不仅要传授知识,更要引导学生树立正确的价值观,激发他们对社会、国家的责任感,培养具有国家认同感的公民,有助于形成团结、稳定的社会结构,教育还有助于社会结构的平稳运转,减少社会不平等和冲突。对于个体而言,理解国家观教育是认识自身发展与国家发展交融的过程,通过接受高质量的教育,个体能够更好地适应社会变革,为国家的发展贡献自己的力量,个体在接受国家观教育的过程中,应当培养积极的社会责任感,主动参与国家建设和社会进步。

第二章 "小先生制"的育人基旨、成效与体现

"小先生制"的育人基旨可围绕"生活""教育"等方面加以展开,对"小先生制"的化育成效的理解,需要结合"小孩之力量"加以深耕。"小先生制"之体现可以陶行知学前教育思想为切口,做进一步探索。

第一节 "小先生制"的育人基旨

陶行知在《小先生解》中,指出:"'小孩子教人,我很赞成,但是小先生这个名字未免有些矛盾。''何以见得?''先出世的是先生,后出世的是后生,后生跟先生学便是学生。小孩子既是后生,又称他为小先生,怎么说得通?''生是生活。先过那一种生活的便是那一种生活的先生,后过那一种生活的便是那一种生活的后生。学生便是学过生活的人。先生的职务是教人过生活。在教育不普及的社会里,前一代的人的教育机会是被忽略了,被抹煞了,被剥削了。到了这一代他们是落伍了,小孩子倒赶在他们前面去,先过了新时代的生活。小孩子先过了这种生活,又肯教导前辈或同辈的人去过同样的生活,是一位名实相符的小先生了。'"[①]对小先生制育人基旨的理解,可以有以下几个方面:

一、教人过积极向上的生活

先生的职务是教人过生活,先生先过了哪一种生活,便是哪一种生活的先生。而学生是学过生活的人,学生后过哪一种生活,便是哪一种生活的学生。如果小孩子先

---

① 华中师范学院教育科学研究所主编.陶行知全集(第二卷)[M].长沙:湖南教育出版社,1984:691.

过了这种生活,愿意把这种生活教给同辈的人,让他们也去过同样的生活,那么他就是小先生。小孩子先过了这种生活,指的是小先生先过积极向上的生活。让"小先生先过积极向上的生活"是多方合力作用下的结果:其一,教人懂得确立人生目标的价值。"根据孩子们愿意帮助别人的倾向,透过集体生活,我们培养和引导他们对民族人类发生更高的自觉的爱"①,理解"使民有、民治、民享的教育在中国蓬勃发展"之意涵。首先,给予生活方向感。确立人生目标有助于激发内在动力,这种内在动力源于对目标的渴望和对未来的向往,有了这种内在动力,在面对生活的坎坷和挫折时更容易保持坚韧和毅力,可以更好地分清轻重缓急,把握住真正重要的事情。这种目标导向的生活方式有助于我们更加高效地利用时间和资源,避免陷入无谓的纷扰,集中精力追求自己真正渴望的东西。其次,有助于建立自己的人生价值观。在实现目标的过程中,会遇到各种挑战和困难,而这正是锻炼坚韧不拔、勇往直前品质的机会。最后,注重内心的平衡和幸福感。其二,教人感恩与善良不可分割。陶行知在《无量之福》一文中谈道:"一天三餐饭,吃惯了,谁也不觉得有什么稀奇。……如果您能想出法子使两餐的钱够得三餐吃,两人的钱能饱三个人的肚子,您一定是出人意外的欢喜。"②"两人的钱能饱三个人的肚子"体现感恩与善良。为何教人学会感恩与善良?首先,感恩与善良有助于建立积极的心态。通过培养感恩的心情,人们能够更加积极主动地面对生活中的各种挑战和困境。感恩的心态让我们更加关注生活中的美好和值得珍惜的事物,从而减轻负面情绪的影响。善良的行为则使我们更容易与他人建立良好的关系,从而增强社交支持和心理幸福感。其次,感恩与善良有助于改善人际关系。这种感恩之心在人际交往中起到润滑剂的作用,使关系更加融洽。最后,感恩与善良对身心健康有益。善良的行为也能够激发身体内部的愉悦感,让人感到更加快乐和满足。感恩与善良有助于培养积极的社会价值观。感恩和善良是一种道德的表现,能够为个体树立正面榜样,推动其积极向上的发展。其三,教人学习与成长相辅相成。"寻常人最后还有一个误解,就是误认读书为教育。只要提到教育,便联想到读书认字。他们以为一切教育都从读书认字出发。他们只管劝人家识字读书,不顾到别的生活需要。识字读书是人生教育的一部分,谁也不能否认。但是样样教育都硬要从教书入手,走不得几步便走不通了。乡村里面十岁以上大多数的儿童教育,大多数的成人教育,都要从经济及娱乐两方面下工夫,读书认字只好附带在这里面去干,倘使一定要从读书认字出发,怕是

---

① 华中师范学院教育科学研究所主编.陶行知全集(第三卷)[M].长沙:湖南教育出版社,1984:492.
② 华中师范学院教育科学研究所主编.陶行知全集(第二卷)[M].长沙:湖南教育出版社,1984:343.

多数人不能接受,那么,对于改造社会的影响,便是很有限了。"①不断学习新知识,不断提升自己的能力,在不断进步的过程中,个体更容易保持积极的生活态度。

二、普及大众教育

普及大众教育,培养真正的"人中人"。陶行知陪同孟禄调查当时国内多个地区发现,当时的中国有80%的人都不识字,没有识字的机会。教育被少数有钱人所垄断,成为大众眼中的"奢侈品"。教育必须回到大众中去,要竭力转变大众受教育的艰难困境,要培养一批批心中有信仰的"人中人"。只有这些人才能真切理解国家和民族的苦难,也只有这些人掌握了知识以后,"才能在国家精神层面成为真正的共同体",以教育启民智,以教育促团结,以教育谋大众之幸福。首先,普及大众教育为个体提供了更广阔的发展空间。教育不仅仅是一种学科知识的传授,更是培养个体全面素养和才能的途径。"在学校,学生的头脑被知识塞得发胀,却很少有机会使用双手。许多应该由他们自己做的事,都由仆人代做了。"②通过接受教育,个体能够获得更多的知识,提高自己的综合素质,培养创新思维和解决问题的能力。"我们知道,有手才有脑。直立使手获得自由,我们才开始工作;工作时发出的声音,逐步被我们选用为口头语言。文字及工具都是我们的双手创造的。"③每个人都有机会在自己感兴趣的领域中发挥所长,实现个人的价值和梦想。其次,普及大众教育有助于减少社会的不平等现象。教育是一个人生的门户,通过教育的机会,每个人都能够拥有更好的发展前景。如果教育机会局限于少数人,让其肆意操纵教育权力就容易导致社会分化,"有些政客及武断的官员们为了自己的利益,利用这些孩子做小宣传家。这是违背我们的原则的。先生是传授真理的人,只传授真理而不是其他。为了传授真理,他必须追求真理。自由批评是绝对必要的。为了阻止滥用孩子作宣传工具,我们必须注射自由批评这一抗毒剂"④,伤害积极性,还会形成贫富差距和社会阶层。通过普及大众教育,可以使更多的人有机会接受高质量的教育,从而减少社会的不平等,促进社会的和谐发展。普及大众教育对于国家的长远发展也有着重要的意义。"……不唤醒全国民众实现全民团结,就不能救国。这需要在最短的时间内,以最少的经费,实行免费全民教育。进步青年男女

---

① 华中师范学院教育科学研究所主编.陶行知全集(第二卷)[M].长沙:湖南教育出版社,1984:129—130.
② 华中师范学院教育科学研究所主编.陶行知全集(第三卷)[M].长沙:湖南教育出版社,1984:211.
③ 华中师范学院教育科学研究所主编.陶行知全集(第三卷)[M].长沙:湖南教育出版社,1984:211.
④ 华中师范学院教育科学研究所主编.陶行知全集(第三卷)[M].长沙:湖南教育出版社,1984:219.

潮水一般涌到农村,帮助农民了解国难。"①通过培养更多的人才,国家能够更好地应对各种挑战,推动社会的创新和进步。普及大众教育还有助于提升社会的文明程度和道德水平,"……利用一切现有的物力提高人民的道德和文化水平。实现这一主张就是在庙宇、茶馆及所有空闲的地方开展识字小组及讨论小组等活动"。② 教育不仅仅是为了获取知识,更是为了培养良好的道德品质和社会责任感。通过教育,人们能够更好地理解社会规则和价值观,形成积极向上的人生态度。

三、重视小孩子的力量

陶行知有很多反映儿童教育思想的经典文论,如《创造的儿童教育》《如何使幼稚教育普及》《创造乡村幼稚园宣言书》等,这些文论充分体现出"儿童具有不可思议的力量""不要小看小孩子""创造儿童的乐园""小孩子是普及成人教育和儿童教育的生力军"等结论。小先生要过奋斗的、向上的、文化的生活。何为奋斗的生活?奋斗的生活内容包含很多,但其中为民族解放而奋斗、为抗战而奋斗需要格外重视。陶行知在《民族解放与大众解放》中强调:"工人为着保护本身的利益,争取本身的解放,应该有自己的工会。工人为着保护国家领土主权之完整,争取民族之解放,应该有工人救国会,同时女工是妇女的一部分,如果加入妇女救国会和别的妇女以及各界同胞共同起来抗日救国,那也是需要的。抗日救国是一件大事,必须大众起来,才能取得成功。工人是大众队伍里的主力军,是必须立即起来,负担这个伟大的责任。"③小孩子也要与大人站在一起,同仇敌忾,肩负起力所能及的责任,陶行知在《民族解放中小先生之使命》对此做了进一步阐释:"明显的指出前进的小孩、前进的学生、前进的大众,都要总动员来做这非常时期之教师。在过去的普及教育运动中,小先生已经采取了即知即传的原则,很有效的推广了寻常的教育工作。他们今后的任务不能停止在教人识字或是教人一些普通科学了,他们应当集中力量向大众宣传民族的危机和民族解放的路线。良乡的小先生救国会的工作是值得我们钦佩的,这种救国会应该普遍的组织起来。我们的小先生是在参加一个最伟大的学校,在这个学校里有五万万先生,五万万学生,五万万同学,我们只有一门功课,这门功课就是民族解放运动。一切识字教育、科学教育都要以它做中心……一切被压迫劳苦大众都有了好日子过,才算是毕业。全国的小先生!这

---

① 华中师范学院教育科学研究所主编.陶行知全集(第三卷)[M].长沙:湖南教育出版社,1984:215.
② 华中师范学院教育科学研究所主编.陶行知全集(第三卷)[M].长沙:湖南教育出版社,1984:223.
③ 华中师范学院教育科学研究所主编.陶行知全集(第三卷)[M].长沙:湖南教育出版社,1984:82—83.

是每一个小先生应该同负的新的使命。"①此外,有多篇文论谈及民众、大众教育和抗战教育,《游击区教育》《谈战时民众教育》《中国的大众教育运动》《怎样可以得到和平》等。何为向上的生活?陶行知希望让生活过得积极且向上。陶行知在《传统教育与生活教育有什么区别》一文中指出,"他要教人做人,他要教人生活。健康是生活的出发点,他第一就注重健康。简单的说来,他是教人读活书,活读书,读书活"。②何为文化的生活?结合前文所述,要在全国普及教育,让每一个小孩都有做先生的资格,且能够做好先生。

第二节 "小先生制"的化育成效

对"小先生制"的化育成效的理解,基于"小孩能教小孩之铁证""小孩能教大人之铁证"及其"伦理审视"加以展开:

一、"小孩能教小孩之铁证"

"小先生制"是陶行知经过很长时间的实践探索,在20世纪二三十年代,针对国家贫穷落后、师资力量匮乏、劳苦大众没有机会接受教育,旨在实现普及教育目标而提出的一种教育方式,③陶行知提到,南京晓庄佘儿岗的农人自己办了一个农村小学。这里的校长、教师、工人都是小孩自己担任,所以又称为自动学校。晓庄佘儿岗的"自动小学",某种意义上来讲,能让小孩子在学习过程中主动、自主地去探索、学习,选择自己感兴趣的主题,通过实践来深化对知识的理解,通过解决问题来学习,培养他们解决实际问题的能力。在《怎样指导小朋友明白时事》一文中,提到新近所举行的二十架飞机比赛是一个最好的例子。"山海工学团的小孩们抓住了这个机会,丝毫不放松。每天把中西文报纸剪下,贴在一本簿上。地图是放在手边,一遇到地名就查,并把飞行的路线画起来。中国地理书的名词不统一,很给了小孩子一些困难。例如报上登的报达,在寻常地图上只在亚拉伯之北,以拉克境内,查着一个巴格达。报达就是巴格达,我们是费了好多力,并且查了英文报才知道确实。我们把飞行路线画准以后,就查看

---

① 华中师范学院教育科学研究所主编.陶行知全集(第三卷)[M].长沙:湖南教育出版社,1984:103.
② 华中师范学院教育科学研究所主编.陶行知全集(第二卷)[M].长沙:湖南教育出版社,1984:734.
③ 周洪宇."新时代小先生行动"在"生活·实践"教育中的价值意蕴与实施方式[J].信阳师范学院学报(哲学社会科学版),2023(3):97.

英国沿途之殖民地。从此,我们就追求英国空军对于维持殖民地之关系。我们将来还要进一步查出世界各国及中国空军力量之比较,以及世界第二次大战空军所占的地位。这次飞机比赛还给了我们一个做算学的机会。"①陶行知对小孩子这种自主学习精神进行表扬。再言,淮安的新安小学。这里需要进一步理解新安小学"小孩能教小孩之铁证"背后的制度规范。如新安小学在生活教育实践中要求"基本学生"需要每日轮流做主席和记录、轮流烧饭和抬水、每年长途旅行一次等②。所有时间均须住在学校,所有的生活与工作计划"皆由全体会议决定",不对其征收任何费用,不经全体人员同意不得中途退学,欲加入"基本学生"者,必须经现有全体成员同意,"既受学校的特殊待遇,则他对学校所负的责任亦较普通学生为多"③。而"普通学生"则不用住校,可自由入学但不可自由退学;年龄不受限制;学校也不提供相应的费用。陶行知在《送别新安儿童旅行团的谈话》一文中谈道:"一个工学团,里面可以训练出两个也能创办工学团的人,于是,这两个能创办工学团的人,再领两个小徒弟去学创办工学团,训练得这两个小徒弟也能创办工学团了,于是这两个小徒弟再领四个小徒弟去创办工学团。"④陶行知言道,"一个工学团变出两个工学团,两个工学团变出四个工学团,四变八,八变十六,十六变三十二,将来我们上海大场——原有个山海工学团——纵横十里二十里都有工学团的种子在发芽,也就有工学团的踪迹了。我们要普遍教育,就必得用细胞分裂的教育办法"⑤,组建新安旅行团的主力是"基本学生"。

总之,晓庄佘儿岗"自动小学"、儿童工学团、新安小学旅行团等都是在普及教育的实践中总结经验的,创建并丰富了"小先生制"育人基旨与成效,让小孩子更易理解和接受来自同龄人的信息产生共鸣,使同辈学习可以在一种更轻松、亲近的环境中进行,能更好地理解其他小孩使用的语言和沟通方式,采用更简单、生动的方式来解释概念,使学习更加有趣和容易理解,使学习过程更加积极和愉快,更倾向于通过模仿和角色建构学习,看到同龄人成功地掌握某项技能或知识,会激发他们的兴趣,让他们更愿意去尝试学习。在学习过程中建立更深层次的联系,感到自己在群体中有价值,更容易从同龄人那里获得与他们感兴趣的主题相关的信息。

---

① 华中师范学院教育科学研究所主编.陶行知全集(第二卷)[M].长沙:湖南教育出版社,1984:737.
② 余滔主编.萧湖之畔的丰碑——纪念汪达之同志诞辰一百周年[M].南京:河海大学出版社,2003:17.
③ 刘友开编.汪达之教育文集[M].北京:中国文联出版社,2003:6—7.
④ 华中师范学院教育科学研究所主编.陶行知全集(第二卷)[M].长沙:湖南教育出版社,1984:631.
⑤ 华中师范学院教育科学研究所主编.陶行知全集(第二卷)[M].长沙:湖南教育出版社,1984:631.

二、"小孩能教大人之铁证"

陶行知以甲、乙、丙、丁四个案例,证明"小孩能教大人之铁证"。基于伦理学视域,对此可做进一步阐释:

第一,伦理祛障。依传统的观念来讲,只有大人教小孩,没有看到小孩教大人的,纵观传统的教育学,似乎"没有一本不承认教育只是成人对于小孩之行动",陶行知会认为,"这些洋八股的教育学是闭起眼睛胡说",且"忽略了一半的事实"。首先,正视传统师生观的德育力。传统师生观中大都是大人教小孩的案例,承认教育是成人对于小孩之行动。但需要注意的是,传统视域下大人教小孩,绝不是无章法的教育,它体现基本的施教方略,对教师有较高的要求:以身作则;宽严相济;因材施教;循循善诱。具体可参照传统典籍、名篇,如《论语》《学记》《师说》等,学界对此研究很多,故不赘述。其次,"洋八股"诱骗中国教育偏向发展。这些洋八股的教育学是闭起眼睛胡说,他们忽略了一半的事实。事实告诉我们,大人能教小孩,小孩也能教大人。为何"洋八股的教育学是闭起眼睛胡说"?"洋八股"的危害:一是促使本土文化失色。洋化教育往往以西方文化为标杆,导致学生在学习过程中逐渐疏远自己的本土文化。传统的价值观、习俗等被边缘化,学生可能更倾向于接受西方的价值观,造成文化失落。二是产生文化认同危机。学生可能因为接受的是西方化的教育,而在面对自己的文化身份时产生认同危机。这种危机可能对个体的心理健康和社会适应产生负面影响。三是诱使中国教育体系发生异化。本土教育的特色可能在洋化的过程中被异化,教育体系更趋向于标准化,忽视了本土文化的多样性和独特性。与"洋八股"相似,在我国传统教育中也有"老八股",其危害也无穷:一是桎梏人的创造力。"老八股"的固定结构使得文章在形式上极为刻板,缺乏灵活性,限制了作者的创造力和表达方式,其结构和要求使得学生的创新能力受到限制,不利于培养学生独立思考和解决问题的能力。二是形式僵化老套。在"老八股"的写作中,学生往往注重死记硬背模板,而忽略了对于真实思考和创新的培养。三是内容空洞贫乏。内容仅仅涉及表面,难以体现对问题的深刻思考,使用大量的虚词和套语,语言空洞、缺乏真实感。

陶行知在多篇文论中态度鲜明地指出对洋文化需要慎重择取,尤其掺进"洋八股"毒素的中国教育不可取,具体表现在:

其一,不可仪型外国制度。陶行知在《试验主义与新教育》一文中强调:"今之号称新人物者,辄以仪型外国制度为能事;而一般人士,见有能仪型外人者,亦辄谓新人物。虽然,彼岂真能新哉?夫一物之发明,先多秘密。自秘密以迄于公布,项历几何时?自公布以迄于外传，又须历几何时？况吾所仪型者，或出于误会，以误传误，为害非浅。即得其真相，而转辗传述，多需时日。恐吾人之所谓新者，他人已以为旧矣。不特此也，中外情形有同者，有不同者。同者借镜，他山之石，固可攻玉。不同者而效焉，则适于外者未必适于中。试一观今日国中之教育，应有而无，应无而有者，在在皆是。此非仪型外国之过欤？"①

其二，不可全盘抄袭西方学制。在《我们对于新学制草案应持之态度》一文中指出："建筑最忌抄袭：拿别人的图案来造房屋，断难满意。或与经费不符，或与风景不合，或竟不适用。以后虽悔，损失已多。我国兴学以来，最初仿效泰西，继而学日本，民国四年取法德国，近年特生美国热，都非健全的趋向。学来学去，总是三不像。这次学制草案，颇有独到之处。但是不适国情之抄袭，是否完全没有？要请大家注意。诸先进国，办学久的，几百年；短的，亦数十年。他们的经验，可以给我们参考的，却是不少；而不能采取得益的，亦复很多。今当改革之时，我们对于国外学制的经验，应该明辨择善，决不可舍己从人，轻于吸收。"②

其三，不可照搬西方学堂形式。在《中国建设新学制的历史》一文中提出："中国自道光、咸丰以来，与外人交接，总是失败。自己之弱点，逐渐揭破；外人之优点，逐渐发见。再进而推求己之所以弱，和人之所以强。见人以外交强，故设同文馆；见人以海军强，故设水师、船政学堂；见人以制造强，故设机器学堂；见人以陆军强，故设武备学堂；见人以科学强，故设实学馆。同治以后，甲午以前的学堂，几乎全是这一类的。这时各学堂，受泰西的影响最大，大都偏重西文西语，专务抄袭西国学堂的形式。"③

其四，不可仿效洋化教育。在《告生活教育社同志书——为生活教育运动二十周年纪念而作》一文中理性探讨洋化教育，提出真知灼见。"（一）反洋化教育的用意并不是反对外来的知识。我们对于外洋输入的真知识是竭诚的欢迎。但是办学校一定要盖洋楼、说洋话、用洋书才算是真正的学校，那可不敢赞同。有些洋化教育家没有抽水的洋马桶是几乎拉不出屎。尤其是没有工业的生产而他们要工业的享受和花费。中国是个穷国，哪能禁得起这样的浪费。在这一方面浪费，在另一方面的教育便没有钱办了，结果是成了少数人的教育。（二）反传统教育也不是反对固有的优点。我们对于

---

① 华中师范学院教育科学研究所主编.陶行知全集（第一卷）[M].长沙：湖南教育出版社，1984：94.
② 华中师范学院教育科学研究所主编.陶行知全集（第一卷）[M].长沙：湖南教育出版社，1984：189—190.
③ 华中师范学院教育科学研究所主编.陶行知全集（第一卷）[M].长沙：湖南教育出版社，1984：194.

中国固有之美德是竭诚的拥护。但是'满朝朱紫贵,尽是读书人'的升官教育,以及'为教书而教书,为读书而读书'的超然教育,我们都是反对的。至于一般老百姓'出钱给人读死书,自己一个大字也不识'的现象尤其不能缄默。(三)建立争取自由平等的教育原理方法。我们之所以反对洋化教育和传统教育,是要开辟出一条大路,让这半殖民地争取自由平等的教育可以出来。三民主义是我们的工作的最高指导。从一个半殖民地半封建的国家变成一个自由、平等的民有、民治、民享的国家,是要军事、政治、经济、教育几方面配合得好才能达到目的。"①

其五,不可完全模仿西方教育制度。在《民国十三年中国教育状况》一文中慨叹:"在1919年以前,中国教育还处在模仿外国的十字路口。他时而模仿日本制度,时而模仿德国制度,时而模仿美国制度。这种从外国搬来的教育制度,不论它们在本国多么富有成效,经这样照搬过来,是不会结出成功之果的。直到最近,中国的教育界人士和一般群众才开始清醒地认识到:他们只有透彻地研究自己的需要和问题,才能确有把握地制定出一套真正适合中国国情并为中国服务的教育制度来。"②

通过上述几个方面的介绍,简要总结一下"教育洋八股"的危害:一是让中国教育特色日益淡化。让中国人忽略自己丰富的教育文化传统,忘却积淀在真实生活中的育人智慧和育人情怀。二是加强国人对西方教育文化的狂热崇拜。麻木国人,使之不断弱化对本国优秀传统教育资源的认同感,尝试长期霸占中国教育领域,进行文化干预。三是加剧中国人民普及教育的难度。洋教育是不会让中国教育得到快速发展的,只会给被"阉割"的"教育洋八股"以发展机会,培养他们愿意看到的被奴役的畸形的中国教育。不允许中国教育开始注重内在思考和深度改革,不希望看到中国教育开始省思、沉淀,走向自立、自强。因此,要深入了解本土教育伦理文化特色,发现育人合力;认真汲取生活智慧,真实地观察、感受、思考中国教育;学会辨别真实与虚伪,关注属于中国教育的未来发展走势,而非被外部形式所迷惑。最后,教育界的伪君子欺世盗名。通常是伪君子通过不正当手段获取社会上的声望或地位,违背正直、真实的道德准则。然而,这种行为在社会各领域都可能存在。如,生活方面。伪君子的欺世盗名的行为可能表现为虚伪的社交、虚构的成就、欺骗的宣传,这种行为不仅伤害了社会的信任,也破坏了正常的社会秩序。再如,政治方面。伪君子的欺世盗名可能表现为政治人物通过虚假的宣传手段来获取选民的支持,甚至可能涉及舞弊等不正当手段,这在陶行

---

① 华中师范学院教育科学研究所主编.陶行知全集(第三卷)[M].长沙:湖南教育出版社,1984:338.
② 华中师范学院教育科学研究所主编.陶行知全集(第一卷)[M].长沙:湖南教育出版社,1984:510.

知诸多名篇中有涉及。再如,教育文化方面。通过抄袭、混名、强占、挤兑等手段获取教育名声,而非真正的才华和努力。

第二,伦理正名。伦理正名以甲、丙为例做阐释。"(甲)我们开始提倡平民教育的时候,家母是五十七岁。她当时就发了一个宏愿,要读《平民千字课》。舍妹和我都忙于推广工作,没有空闲教她。那时小桃才六岁,读完第一册,我们就请他做小先生,教祖母读书。这大胆的尝试是成功了。祖孙二人一面玩一面读,兴高采烈,一个月就把第二册读完。读了十六天,我依据《千字课》上的生字写了一封信,从张家口寄给家母,她随嘴读起来,耳朵便听懂了。"[1]"(丙)我为自动学校所写的小诗,原稿的第二句是'大孩自动教小孩'。自动学校的小朋友接到这首诗,就写了一封信来谢我,倡是提议把那个'大'字改为'小'字。他们反问我:'大孩能自动,小孩就不能自动吗?大孩能教小孩,小孩就不能教大孩吗?'我是被他们问倒了。从此,这首诗的第二句便改成'小孩自动教小孩'。所以自动学校的小朋友,不是我的学生,乃是我的先生,我的一字师。"[2]以上二则事例,旨在说明小孩子能够教自己,教大人。那么,传统教育中有没有反映小孩去教大人的事例?如《世说新语笺疏》中的"孔融让梨",这是东汉末文学家孔融的真实故事,教育世人凡事都要遵守公序良俗,谦恭礼让,尊长爱幼,自古就是中华民族传统美德,小孩子况可躬身践履,大人怎会不习之。回到当时背景下,人民大众的生活艰苦,每日疾走在温饱线上,当时的社会风气也每况愈下,"人上人"心浮气躁,伪心四起,追名逐利,崇洋媚外,垄断资源,不谈教育,祸国殃民,不顾大众疾苦。但即便是遭受洋八股的侵扰,大众心间仍保存中华民族传统美德,礼义廉耻仍行于心间,一旦接受到更为系统的教育,沉淀于心的美德会大放光彩,助力更多有需大众。优秀传统文化强调修德的交互性,道德修养具有双向互动特征,大孩能教小孩,小孩也能教大孩,此理自古有之。

第三,伦理思考。以乙、丁为例做阐释。"(乙)中华教育改进社十年前在清华学校开年会,要教全体社员唱赵元任先生制的《尽力中华歌》。教导员是请了晏阳初先生担任。这首歌是用简谱写的,临时才知道晏先生不认识简谱。恰巧小桃是方才学会这首歌,我心急计生,便叫小桃把这首歌教晏先生唱了几遍,晏先生一学会,就登台引导全体会众唱起来。会众只知道教导员是晏先生,哪里晓得他们的太上先生是一个六岁的

---

[1] 华中师范学院教育科学研究所主编.陶行知全集(第二卷)[M].长沙:湖南教育出版社,1984:640.
[2] 华中师范学院教育科学研究所主编.陶行知全集(第二卷)[M].长沙:湖南教育出版社,1984:642.

小孩呢?"①"(丁)新安儿童旅行团来沪,不但在中小学演讲,而且在大夏、光华、沪江各大学演讲。我向一位大学教授问:'小孩们讲得如何?'他说:'几乎把我们的饭碗打破!'小孩能教大学生,甚至于几乎把传统教授的饭碗弄得有些不稳,虽然是千古奇闻,但确是铁打的事实。"②其中,"几乎把我们的饭碗打破",体现加强教师教学能力培养的重要性。教师教学是一种道德实践,教师伦理值得进一步关注。教育是以人的发展为直接目的的社会活动,其本身就是"责任"和"爱"的象征,所以,教育在其本质上是"道德的"。而教师作为教育的关键,其职业对象、职业目的、职业内容都离不开育人目标。教师育人能力是其主体性特质,体现教育的伦理关怀。育人能力是教师教育教学能力的核心,具体体现在课堂教学、师生关系等方面。从育人本质出发,教师伦理的核心是责任伦理,责任伦理是对传统伦理的超越,是人的社会属性的本质要求。与传统的道德思维不同,责任伦理"是以他者为逻辑起点的",教师责任伦理中的"他者"是学生,教者为人,学者为人,教学的核心是人。显然,教师要完成的基本任务是授予学生知识,根本任务是育人,二者都是一种行为的介入,是对"责任"的承诺。其中,伦理知识受教师道德意图的推动,试图把有价值的道德教导传递给学生,同时指导学生学习。伦理能力是一种潜能,是由教师的伦理知识转化而来,伦理知识是伦理能力生成的源泉,而伦理知识的不足、消失或退化都会使教师陷入道德困惑,变得束手无策,还会遮蔽教师自身的能力。因此,教师在伦理实践中要整合各种伦理知识,灵活运用,提升伦理能力,主要包括注重自主学习能力、自我发展能力以及道德认知能力等。③

总之,小孩子可能更熟悉当前的教育方法和学习资源,小孩子可以为大人引入更新的知识和技能。小孩子可能在学校中刚刚学过某个知识点,便能够以更简单、直观的方式解释这些概念,使得大人更容易理解和记忆。小孩子可以激发大人对学习的兴趣。与大人共同参与学习可以营造积极的家庭学习氛围。这种共同学习的过程有助于促进大人与小孩子之间的交流和合作,这种互相学习的过程有助于建立良性关系,让大人之间更加平等地分享知识。通过参与教育大人,小孩子有机会传递和强化"小孩能教大人"的理想信念,包括对学习的重视和不断追求知识的精神。那么,"小先生制"在陶行知学前教育思想中的体现又是怎样的?

---

① 华中师范学院教育科学研究所主编.陶行知全集(第二卷)[M].长沙:湖南教育出版社,1984:641—642.
② 华中师范学院教育科学研究所主编.陶行知全集(第二卷)[M].长沙:湖南教育出版社,1984:642.
③ 杨霞,范蔚.论教师伦理发展的三重逻辑[J].教师教育研究,2022(6):20.

第三节 "小先生制"在学前教育思想中的体现

对陶行知学前教育思想特征的理解,需要结合生活教育理论。生活教育理论不仅是学前教育思想的精华与核心,更是学前教育思想的理论支撑。陶行知学前教育思想的体系建构,离不开他对学前教育规律的借鉴,体现出教育为公,为儿童谋幸福的宗旨。

一、陶行知学前教育思想形成历程

陶行知学前教育思想形成历程,大致可以分为萌芽期—发展期—高峰期三个不同阶段,每个阶段又分别反映出陶行知关于学前教育问题的思考程度和实践向度。

第一,学前教育思想形成历程。首先,萌芽期。陶行知学前教育思想的萌芽期,可通过他在金陵大学、伊利诺伊大学、哥伦比亚大学,几个不同阶段的学习统筹研究。陶行知在金陵大学[①]求学时期所发表的与主题相关的教育文论,可通过《金陵光》做整理。

由表2-1可知,陶行知在金陵大学期间,对学前教育的探索虽未有系统研究,但其中诸如对"端正态度""学做真人"等内容的阐释,对今后陶行知就如何创办学前教育这一问题,提供价值启示。其中,《为考试事敬告全国学子》启示广大教师须看本质,要在幼儿时就关爱他们的成长,呵护幼儿健康,不然随着年龄的不断增长,再加以纠治就难了,进行良好的道德教育是开展好学前教育的首要前提。

表2-1 陶行知在金陵大学发表的相关文论

年份	篇名	主要内容	发现问题	解决方法
1913	《因循篇》	识别因循之害	趑趄不行,应前不前	努力前行,自警警人
1913	《为考试事敬告全国学子》	端正态度	欺亲师,自欺	择善而行,见义而为
1913	《伪君子篇》	学做真人	初心是伪,贪名图利	善养浩然之气,善致良知
1914	《民国三年之希望》	认真学习	为残贼影响所耽误	新其体健、学问、道德

---

① 这一时期的思想主要集中在陶行知1913年—1914年间,在《金陵光》发表的文论中。结合本主题研究,仅做与学前教育思想相关的梳理。

续表

年份	篇名	主要内容	发现问题	解决方法
1914	《呜呼某校》	严肃考试	学生欺教员，教员误学生	重视师生角色伦理

1914年9月，陶行知进入伊利诺伊大学①政治学市政专业攻读硕士学位。

由表2-2可知，陶行知在伊利诺伊大学②政治学市政专业学习期间，接触到了较为系统的教育课程，尤其是在夏学期，陶行知接触到了教育学领域的课程与方法，这为今后陶行知回国开办学前教育，创造了必要条件。

表2-2 陶行知在伊利诺伊大学市政专业的学习课程

年份	学期	修业科目
1914—1915	第1学期 第2学期	政治学即公法；都市行政；国家论；教育行政； 政治学及公法；欧洲大陆政治；美国外交； 合众国对外国殖民地贸易
1915	夏学期	单元和评价标准；教育研究方法； 中学课程；教育心理学

1915年9月，陶行知在哥伦比亚大学师范学院学习③。

由表2-3可知，陶行知在哥伦比亚大学学习期间，接触到更为系统的教育学课程，这涉及哲学、历史学、教育学、心理学等诸多领域，极大地拓展了陶行知的教育视野。

表2-3 陶行知在哥伦比亚大学师范学的学习课程

年份	学期	修业科目	课程名称
1915—1916	第1学期	教育行政学 比较教育学 教育哲学 教育史 教育心理学 经济学 社会学	学校制度的组织与行政；实习；美国公共教育行政 外国学校制度的行政和社会基础 现代教育理论家；教育哲学；伦理与教育问题（学校与社会） 教育史 教育心理学 财政学 进步社会的发展

---

① 周洪宇等主编.陶行知与中外文化教育[M].北京：人民教育出版社，1999：269.
② 陶行知于1915年6月，获得伊利诺伊大学"政治学文科硕士"学位。
③ 根据朱宕潜的博士论文、牧野笃教授论文与阿部洋教授论文所附表格，《师范学院通告》《历史、经济和公共法公告1917—1918》《哥大信息手册》等原始文件，整理后得出。

续 表

年份	学期	修业科目	课程名称
1915—1916	第2学期	教育行政学 比较教育学 教育哲学 教育史 教育心理学 经济学 教育社会学	学校制度的组织与行政;实习:美国公共教育行政 外国学校的组织、课程及教学方法 教育哲学;伦理与教育问题(学校与社会) 教育史 教育心理学 财政学 教育社会学:教育方法的社会阐释; 教育社会学实习:中学原理
1916—1917	第1学期	教育社会学 比较教育学 教育史	实习:教育社会学;研讨:教育社会学 外国学校制度的行政和社会基础 实习:美国教育史
1916—1917	第2学期	教育社会学 比较教育学 教育史	实习:教育社会学;研讨:教育社会学 外国学校的组织、课程及教学方法 实习:美国教育史

其次,发展期。1917年,陶行知回到中国,开始进行旧教育改造运动。陶行知学前教育思想的发展期,大致可以三种形式加以表示:其一,关于学前教育的主旨文论;其二,关于学前教育的制度提案;其三,关于学前教育的来往书信。

由表2-4可知,陶行知认识到在中国开展学前教育的必要性,这包括:其一,明确幼儿教育下乡的重要性;其二,培养儿童的创造力;其三,幼儿园需要平民化、经济化和大众化。

表2-4 陶行知关于学前教育的主旨文论

年份	篇名	主要内容
1926	《创设乡村幼稚园宣言书》	建设中国的、省钱的、平民的幼稚园
1926	《幼稚园之新大陆——工厂与农村》	幼稚园下乡运动、进厂运动必须开始
1927	《在燕子矶幼儿园开学典礼上的讲话》	乡村里有设置幼稚园的必要
1927	《小孩子最要紧的是进学校》	读活人的书、做活人的事、过活人的生活
1929	《今日之幼稚园》	幼稚教育要平民化、经济化、适应生活
1932	《幼稚园要重视科学的训练》	幼稚园要开辟新路径,创造新材料
1944	《创造的儿童教育》	认识小孩子有力量,培养创造力
1944	《敲碎儿童的地狱 创造儿童的乐园》	除苦造福

由表 2-5 可知,通过对大纲、简则、启示等内容的整理,体现陶行知回国后经过长期调查幼教情况,针对具体幼教问题,提出了切实有效的解决办法。

表 2-5 陶行知关于学前教育的制度提案

年份	篇名	主要内容
1934	《儿童工学团之表格》	制定小先生履历表,成绩单,报告单模板等
1934	《萧场儿童流通图书馆组织大纲》	定名、组织、借阅、流通办法等
1934	《萧场儿童流通图书馆借书阅书则》	遵守来馆阅书规则(九条)等
1935	《儿童科学通讯学校招生启事》	科学要从小教起,儿童科学教育之重要
1941	《设立中央儿童学园以倡导幼年社会教育案》	丰富儿童学习生活,创办儿童之家,注重儿童爱好,爱护儿童

由表 2-6 可知,陶行知在来往书信中不断交流探讨学前教育问题和分享教育感悟,体现陶行知"爱满天下""捧着一颗心来,不带半根草去"的敬业精神和奉献精神。

表 2-6 陶行知关于学前教育的来往书信

年份	篇名	主要内容
1927	《第一个乡村幼稚园成立——致母亲》	晓庄师范已上轨道
1927	《幼稚园艺友——致汪纯宜》	幼稚园已开学
1929	《向儿童瞄准——致叶刚》	感受儿童生活窘迫,乡村学校须重视生物学等
1932	《儿童教学丛书的用法——致教师、家长和小朋友》	把小朋友改造成科学的孩子
1934	《小孩子有不可思议的力量——致潘一尘》	小孩子是普及成人教育和儿童教育的生力军

总之,通过对陶行知关于学前教育的主旨文论、教育提案、来往书信的整理研究,可以看出陶行知以乡村幼教为重点,开展适合国情的幼稚园实践,以此来普及乡村幼教。陶行知清楚地认识到开展儿童早期教育的重要性,深刻认同办好儿童教育关乎国家前途命运。

最后,高峰期。陶行知学前教育思想的高峰期,主要体现在:一方面,成立幼稚师范院。1927 年 9 月,南京晓庄试验乡村师范学校成立了幼稚师范院,专为培养幼儿教师服务。另一方面,燕子矶幼稚园诞生。1927 年 11 月,南京燕子矶幼稚园诞生,该园强调"把生活材料用于幼儿教育",积极探索幼稚教育方法,深入关注幼儿健康等。尔后,晓庄幼稚园、尧化门幼稚园等也相继成立。1929年10月18日,中国幼教史上唯一的一个专门研究农村幼儿教育的群众性组织——晓庄幼教研究会成立。至此,学前教育开始在中国大地上蓬勃生根。

综上所述,通过对陶行知学前教育思想形成历程的整理,这有助于理解和把握陶行知学前教育思想的一般特征和育人体系。

二、学前教育思想的特征及其体系

陶行知学前教育思想特征离不开本土化的教育场域,离不开"洋文化"对中国教育的冲击,离不开当时农村积贫积弱的状况,离不开劳苦大众对普及教育的渴望,离不开有志之士对中国新教育的不懈探索。

第一,中国化与民族化并重。中国化与民族化并重是前提。陶行知在《〈金陵光〉出版之宣言》中慨叹:"世有厌世之流,悲观之派,昧爱人之宗旨,忘牺牲之大道,谓热心为好事,谓力行为有求。彼既寒心而凉血,吾《金陵光》则以随来之热力,曝其心,温其血,祛其寒,振其衰,使共跻于热忱乐为之学子。"①立志捍国之心久已。在《共和精义》中谈到"人民贫""人民愚"之现象,这些都与国民受不到良好的教育有关。国内幼稚园害有"外国病""花钱病""富贵病"三种大病,这些病在中国大地根深蒂固,西方已然把中国当作是他们输出"洋人""洋货""洋思路"的"洋场",遏制中国学前教育发展,通过"洋玩意"想逐渐奴化国人思想,熏染国人崇洋媚外,不愿意见到中国的学前教育得到发展,不乐意看到中国的广大孩童享受平等教育,加之中国当时社会中不乏有一些"伪君子"们掺和,扰乱正常幼儿教学环境,故意纵容导致只"有富贵子弟可以享受它的幸福"。针对以上三种弊病,陶行知以创办中华民族教育为己任,以中国国情为改造依据,进行尝试:一方面,建设中国人自己的幼稚园。以中国特有的教育元素去化育中国儿童,比如诗教,其表现为以诗育情,能够激发儿童的自然情感,培育儿童的道德情感。另一方面,建设亲民的幼稚园。冲出洋化教育的迷雾,训练国人重拾教育自信,投身学前教育实践中,建设平民普惠的幼稚园。

第二,本土化与公平化并举。本土化与公平化并举是关键。例如,开展幼教场域方面,工厂和女工区域都需要幼儿园,工厂附近有幼儿园,可以增进儿童幸福,减少母

---

① 华中师范学院教育科学研究所主编.陶行知全集(第一卷)[M].长沙:湖南教育出版社,1984:1—2.

亲精神上的痛苦。无论对儿童、女工还是工业而言,工厂附近必须开办幼稚园。农村也是需要幼稚园的。农忙时,田家妇女们忙于农事,无暇照顾小孩,使得乡村小孩子缺乏照料。如果农村里有了幼稚园,就能给这些小孩子一种相当的教育,并能给农民一种最切要的帮助。再如,培养学前师资方面。陶行知主张培养本乡师资,幼稚园教师要做康健之神,把儿童健康当作幼稚园里第一重要的事。[①] 再如,设置幼教内容方面。注重结合乡村生活实际,不要搬洋货,也不要骛时髦,只求适合于乡村儿童的生活,陶行知主张就地取材,没有纸笔就用玉米帮子、麦秆、豆秆等代替,没有教具就自制各种教育和玩具等。陶行知主张学前教育的公平性,这是让儿童在教育的各方面都享有平等机会。教育公平涉及三个层面:其一,教育的社会公平;其二,教育中的公平;其三,教育目的公平。确保教育制度和教育政策的公平,有利于社会关系的协调发展,有利于保障儿童权利,有利于学前教育事业的顺利开展。

第三,平民化与实用化并行。平民化与实用化并行是重点。陶行知认为想要普及好学前教育,那就必须要符合中国的国情,用具有"中国元素"的育人载体去教育儿童,保持中国学前教育的"中国化"。就地取材,开办"经济化"的幼儿园。与此同时,陶行知认为还需不断加强对乡村幼师的培养,让教育"平民化"。陶行知强调我们这里的幼稚园,不是为什么部长、总长的小孩子办的,而是为农工阶级的小孩子而办的,他在《如何使幼稚教育普及》中进一步提出普及幼稚教育的三个步骤:其一,改变我们的态度。陶行知提出要注重对小孩子的需要、能力、兴味和情感的培育,让幼儿父母、教师知晓幼稚教育的重要性。其二,改变幼稚园的方法。陶行知要办省钱且实用的幼儿园,让幼儿园下乡。其三,改变训练教师的制度。陶行知要办符合本国国情的幼儿园,把"徒弟制"的精华发挥出来,改掉以往"徒弟制"中存在的"劳力者不劳心",师傅不肯完全教授徒弟本领之流弊。

陶行知学前教育思想架构体系遵循一般教育规律,这包括教育场所、教育内容、教学方法、教育形式、教育对象等要素。学界对此已有一定的研究。基于此,择取几点,可再做进一步思考。

第一,学前教育思想的传播载体:高素质教师队伍。陶行知在《儿童节对全国教师谈话》中,提出现代教师核心素养,其中把教师要追求真理,讲真话,驳假话放在重要位置。对此,值得深酌。教师要追求真理,讲真话,驳假话,才能教育好学生成为"真人"。

---

① 华中师范学院教育科学研究所主编.陶行知全集(第一卷)[M].长沙:湖南教育出版社,1984:625—626.

但前提是教师首要成为"真人",不可做"小人""假人"更甚者做"伪君子"。在陶行知看来,"小人"并不可怕,只是贪名逐利的一类人。"假人"中虽有假好人、假父子、假母女、假夫妻、假情人、假朋友、假师生等,但这些"假人"都有其共性,即唯利是图,貌合神离。值得注意的是,"伪君子"比前几者危害更大,君子之所以"伪"是因为他们初心是"伪"且贪名逐利。但与"小人""假人"不同,这类人不仅要大名、大利,还要君子的道德外衣,他们需要君子的身份以便索取更大名利,根据具体名利情境,还利于他们快速置换自身的伦理角色,这类人往往比"小人""假人"更具有迷惑性,危害更深远。教师不可做"小人""假人",更不可做"伪君子",要做"真人",追求真理。"真人"品格的核心,即"人中人",相较于"人上人"有傲性、"人下人"有奴性而言,"人中人"更具有韧性,要自信、自立、自强不息。

第二,学前教育思想的理论支撑:生活教育理论。何为生活教育?即是以生活为中心的教育。生活无时不含有教育的意义。学前教育把教育与幼儿生活相联系,学前教育源于生活,学前教育的意义在于让幼儿适应社会生活的变化。生活教育理论是陶行知教育思想的一条主线和核心,这包括"生活即教育""社会即学校""教学做合一"三大基石。具体而言,"生活即教育",即强调寓教育于儿童的一日生活之中,使生活无时不含教育的意义。"社会即学校",即教育机构的教育不能仅局限于狭小的教室里,大自然、大社会都是教育的场所、范围和内容。"教学做合一",即对儿童的教育切忌空口说教,而应将教与学统一在做上,教师在儿童的活动中进行教育、教学。具体来说,陶行知强调学前教育要扩展到社会中去,要让整个社会都成为学前教育的范围。结合幼儿实际开展教学,要注重知识与幼儿生活的衔接,要转变以往口耳相传的固化教育形式,倡导全方位的学前教育,注重对幼儿手、脑、嘴等方面的综合开发与良性培育,让学前教育扎根乡村,让每一个儿童都有受教育的机会,让学前教育平民化、经济化、大众化。通过前文表2-4、2-5和2-6的整理,陶行知正是这样不懈努力着。学前教育注重启发幼儿在生活过程中思考,不因"坏生活""糊涂的生活""少爷的生活"的影响过上"迷信生活"。

第三,学前教育思想的践行方法:教学做合一。在学前教育中,如何贯彻教学做合一,需要首先理解何为教学合一。陶行知在《教学合一》中认为教与学不可分,当时社会上有"只会教书"的教师和教学生需要的教师,虽后者优于前者,但学生还是学到得少。只有教学生把教和学结合起来,才具有科学性和实效性。于《教学合一》而言,陶行知继承《教学合一》中关于教与学的精华,在《教学做合一》中把教、学、做统一起来,并以做为中心:其一,研究教、做关系。倡导以学生为主体要学以致用。其二,彰显做之效用。比如,陶行知创造"艺友制",即"用朋友之道教人学做艺术或手艺"。其特点主要表现在学、用结合,学习周期为半年时间。教师要"教你的学生做先生",以朋友之道授人技巧,重视做。其三,明晰教、学、做三者的边界。教,即对于他人的影响。学,即自己的体会领悟。做,即对于要做的事情本身。教学相长,幼儿和教师彼此都可以互为老师,同学同做。这在《艺友制师范教育答客问——关于南京六校招收艺友之解释》《艺友制的教育》等篇目中都有论述。

综上所述,陶行知学前教育思想特征及其体系,彰显教育为公理念。陶行知倡导教育要民治、民有、民享,即教育理应面向大众,人人都有享受教育的机会,深信教育能为大众谋幸福。

三、"小先生制"在学前教育思想中的体现

第一,继续注重孩子个性发展。陶行知在《创造的儿童教育》《小孩子有不可思议的力量——致潘一尘》等文、信中,强调儿童都具有独特的潜能和特长,尊重和发展学生个性。陶行知强调,教人要从小教起,幼儿好比幼苗,必须培养得宜,方能发荣滋长,"松树和牡丹花所需要的肥料不同,你用松树的肥料培养牡丹,牡丹会瘦死;反之,你用牡丹的肥料培养松树,松树受不了,会被烧死。培养儿童的创造力要同园丁一样,首先要认识他们,发现他们的特点,而予以适宜之肥料、水分、太阳光,并须除害虫。这样,他们才能欣欣向荣,否则不能免于枯萎"[①],如果孩子幼年受了损伤,即使不夭折,也很难成才,幼稚教育尤为根本之根本,要保护孩子的天性。陶行知还从福禄倍尔发明幼稚园谈起,认为"世人渐渐地觉得幼儿教育之重要",一个人的人生态度、生活习惯、行为倾向等,"皆可在幼稚时代立一适当基础",小先生制的开展要充分尊重和发展孩子的个性,提供多样化的学习机会和路径。

第二,持续培养孩子学会"除障"。结合陶行知的《小先生歌》,能给予我们很大启示:

一

我是小学生,

变做小先生。

---

① 华中师范学院教育科学研究所主编.陶行知全集(第三卷)[M].长沙:湖南教育出版社,1984:528.

粉碎那私有知识，
要把时代划分。

二

我是小先生，
教书不害耕。
你没有工夫来学，
我教你在牛背上哼。

三

我是小先生，
看见鸟笼头昏。
爱把小鸟放出，
飞向森林投奔。

四

我是小先生，
这样指导学生：
"学会赶快去教人，
教了又来做学生。"

五

我是小先生，
烈焰好比火山喷。
生来不怕碰钉子，
碰了一根化一根。

六

我是小先生，
爱与病魔斗争。
肃清苍蝇与疟蚊，
好叫人间不发瘟。

七

我是小先生，
填平害人坑。

把帝国主义打倒,

活捉妖怪一口吞。

八

我是小先生,

要与众人谋生。

上天无道造条路,

入地无门开扇门。①

二十三年三月十六日

  陶行知的《小先生歌》中,蕴含诸如乐于分享、甘于奉献、心灵纯洁、勤奋好学、勇于攀登、注意卫生、关心时政、志向远大等优秀品质,在当下同样有助于学生成熟个性的养成。新时代下的小先生,要结合《小先生歌》做创造性转化,要努力做到善辨公私、乐于助人、解放心灵、乐于分享、乾健有为、热爱劳动、热爱祖国、勇于创新。要注重结合当下教育发展,立于实践导向。小先生制强调实践教育的重要性,鼓励学生参与社会实践、科研项目、社区服务等各类实际活动,以提升他们的实际能力和创新思维。陶行知在《攻破普及教育之难关》中提到,据教育部统计,全国学龄儿童总数为四千九百十一万。又据十九年统计,全国有一千零九十四万小学生,共需要五十六万八千教职员。② 当时中国没有足够数量教师去普及教育,这是事实。"小先生"在没有任何训练的情况下随便找人去教别人,"规范化的教材和教材所承载的知识是儿童必须掌握的基础",两者交织在一起,每个小先生都具备各种特殊的教育才能,会灵活运用不同艺术形式开展普及教育。"小先生制"的前提是平等的对话教育,这里没有教与被教的概念,通过一系列的实践检验之后,大众开始接受且信服"小先生"的教育服务,学习到规范的知识内容——《平民千字课》。"陶行知把育才学校的学生们从刚入校时都是各顾各的难童们培养成了富有集体主义精神的小领袖",而这些小领袖通过各自擅长的教育方法,在一段很短的时间内,将大众召集起来,用各种有趣的方式和他们一起玩,一起交流。在这里,学生是老师,老师是学生。小先生很善于说服老一代继续进步。有个故事可能大家都感兴趣。西湖附近有个烟霞洞,洞上边有个小茶场叫翁家山。山上小庙里有个小学。这所学校大约有 100 名"小先生"。

---

① 华中师范学院教育科学研究所主编.陶行知全集(第四卷)[M].长沙:湖南教育出版社,1984:217—219.
② 华中师范学院教育科学研究所主编.陶行知全集(第二卷)[M].长沙:湖南教育出版社,1984:783—784.

有一次,一个年仅12岁的小先生对我讲了个非常有趣的故事,说的是他如何说服祖母跟他学习。他拿着一本漂亮的书走到祖母身边:"奶奶,如果您想学这本书,我很高兴帮助您。"老太太回答道:"好孩子,奶奶太老了学不进去。我都是快死的人了,学习对我有什么用呢?"对一个小男孩来说,这可是个棘手的问题。一阵困惑之后,小男孩又回到祖母身旁:"您死后到哪儿去呢?""我是个规规矩矩的好人,死后可以进天堂。"孩子说:"恭喜恭喜!如果天堂的守门神要您签名后才能进去,您怎么办呢?"祖母似乎完全相信了孙儿的话,马上要他教她写名字。"给我一支铅笔。给我一张纸。"她开始练习写自己的名字了。①

第三,接续开创全方位的学习路径。陶行知的《创造的儿童教育》为当下开创全方位的学习路径提供了可鉴思路。首先,小先生制激发孩子的创造力和动手能力。在传统教育模式中,学生往往被动接受知识,缺乏实际操作的机会。而小先生制则通过让孩子亲自动手设计、制作,培养了他们的创造性思维和动手能力。这种实践性的学习方式让孩子更加主动、积极,激发创造力,在学习中体验无限乐趣。其次,小先生制培养团队协作和社交能力。小先生制通常是以小组为单位进行的,每个小组的成员在项目中扮演不同的角色,需要相互合作。在这个过程中,每一个成员不仅仅学到了专业知识,还培养了团队协作和社交能力,为未来社会生活打下了坚实基础。最后,小先生制促进自身实践运用知识的能力。全人教育注重将知识应用于实际生活,而小先生制正是实现这一目标的有效途径。在小先生制中,孩子们需要将学到的知识应用于实际制作过程中,从而更好地理解和掌握知识。这种实践性的学习方式使孩子在知识应用方面更具自信,增强了自身实操能力。

四、价值与意义

陶行知在20世纪20年代就已提出学前教育相关理论,结合当时国内学前教育问题,陶行知对此做了一系列大刀阔斧的改革,提出先进的学前教育理论,制定贴合乡村实际的学前教育方案,在中国大地开办学前教育,并获得卓越成效。

第一,陶行知学前教育思想的时代价值。20世纪20年代,平民教育思潮在中国开始兴起,当时大众对接受教育普遍渴望,社会上出现了多种多样的求学形式,如工人

---

① 华中师范学院教育科学研究所主编.陶行知全集(第三卷)[M].长沙:湖南教育出版社,1984:216.

求学,以工兼学、工学结合等。其目的就是享有教育权,希望教育不再是那些少数"少爷""小姐"们的私制品。陶行知对此做的不懈努力,对当时的中国教育产生了深远的现实影响。首先,促使小先生教育体系化。陶行知对学前教育的探索,体现在其规范性。由于篇幅有限,讨论几点:其一,对学前教育与幼儿环境的探讨。例如,对幼儿环境的分析。陶行知指出幼儿教育就是要以儿童为主人翁,要过滤不利于儿童发展的环境因素,保留利于儿童发展的环境影响,从小培养儿童的创造力,成才贡献民族与人类。其二,对幼儿园教育政策的探讨。例如,凸显幼儿园教育的任务、制定学前教育政策与文件等。其三,对落实"幼小"衔接问题的探讨。陶行知经常关注如何把幼儿教育和小学教育有效衔接,认为虽受时局所限,但不可不发展"小先生制",如果晓庄教师、师范生不能回到晓庄小学任职,那就让小孩自己组织起来去教、去学、去做,发挥小先生"即知即传"特点去传播知识。要借鉴他人的经验,不断创新,建设有本国特色、适合我国儿童实际情况的幼儿园。其次,促发幼师职业专业化。陶行知对幼儿师资的探索不断深入。其一,对教师职业理念的研究。例如,对教育观的研究。陶行知倡导教师要和学生、大众在一起,要为追求真理而战,教师学生以及大众都要为这个共同目标而奋斗,要统一起战线。要为教育救国出力。再如,对幼儿观的研究。幼儿教师要尊重小朋友,不打人,摆威风,鼓励儿童"做小先生",让自己所学惠及到更多的小朋友。其二,对教师职业道德的研究。"教师要有勇气站起来驳假话。真理是太阳,歪曲的理论是黑云。"[1]其三,对师生权利与义务的研究。承认儿童的人权,了解儿童的能力需要。因为,儿童大多痛苦,究其根本,这大都是由于父兄师长的不了解、不沟通、不信任所导致的。任何时代的发展都需要创造力,创造力开发得越早,其发展潜力越大,因此创造力的开发应从幼儿开始。简言之,这包括三个方面:在学习活动中开发幼儿创造思维;灵活运用陶行知的"创造的儿童教育"[2]理念;强调因人施教。最后,促进幼儿身心健康化。其一,对幼儿的保健问题研究。儿童卫生是民族健康之基础,父母要为儿童的卫生负责。例如,以往好多父母喜欢把食物嚼碎喂给小孩吃的行为是错误的,如果这时有的父母患有肺病,这只会使家庭的肺病一代代传下去。至于幼儿的营养要充足,幼儿生活环境要卫生等就更不必多论了。陶行知对幼儿身体发育与卫生保健进行探索,对幼儿常见疾病及其预防护理进行讨论。其二,对幼儿成长环境的探索。古人云:"过犹不及。"儿童成长成才对于家长而言,既不能忽视,也不能过高期望,"合理教导"

---

[1] 华中师范学院教育科学研究所主编.陶行知全集(第三卷)[M].长沙:湖南教育出版社,1984:30.
[2] 华中师范学院教育科学研究所主编.陶行知全集(第三卷)[M].长沙:湖南教育出版社,1984:524—527.

是解除儿童痛苦,增进儿童幸福之正确路线。作为我国一位早期幼儿教育开拓者,陶行知提出的幼儿教育理论,值得我们继承和发扬。这主要包括三个方面:教学内容贴近生活;教育场域联通社会;教育方法"教、学、做、创"。陶行知先生大声疾呼:"我们必须唤醒国人明白幼年的生活是最重要的生活,幼年的教育是最重要的教育。"[①]幼儿教育必须以幼儿为中心,和幼儿的生活实际相联系,要充分利用眼前的音乐、诗歌故事、玩具及自然界陶冶儿童,使儿童快快乐乐地玩。我们要拆除学校与社会之间的高墙,把幼儿放到自由的天空,使他们任意地翱翔。

第二,陶行知学前教育思想的现实意义。当前我国学前教育建设,可试从学前教育政策、师资队伍建设、学前教育理念等方面切入,汲取陶行知学前教育思想内涵,使其意义不断融渗到现阶段我国学前教育发展的各个环节之中,为当今幼儿教育发展赋能。首先,出台切实有效的幼教措施。陶行知为大众创建平民幼稚园,提出一系列有关学前教育的制度方案。例如,《幼稚园要重视科学的训练》《儿童保育问题》《小先生解》《手脑相长》《儿童科学教育》等,这对当时的学前教育起到了积极效用。这些制度方案既包括育人规则,又体现育人模式,这是一种在良性教育结构中规范个体行为的有效性尝试。近年来,我国出台一系列关于学前教育的纲领性文件。例如,《幼儿园建设标准》《幼儿园园长专业标准》《幼儿园教师专业标准》《中共中央 国务院关于学前教育深化改革规范发展的若干意见》《"十四五"学前教育发展提升行动计划》《"十四五"县域普通高中发展提升行动计划》等,这些学前教育文件,切实把立德树人根本任务落细,落小,落实,为提高我国幼儿园办园水平发挥出重要作用。其次,建设愿为人梯的幼师队伍。幼教举措丰富幼师队伍建设内涵。例如,对乡村幼教的编制配备、幼师的职业发展需求等方面都有合理规划。《幼儿园教师专业标准》[②]中提到师德为先、幼儿为本等理念,这在《"十四五"学前教育发展提升行动计划》[③]中,进一步深化为坚持以幼儿为本,遵循幼儿学习特点和身心发展规律。坚持以游戏为基本活动,促进每名幼儿富有个性地发展。陶行知在《晓庄三岁敬告同志书》《如何使幼稚教育普及》《学生的精神》《怎样做大众的教师》等多篇文论中也相继谈到教师要有爱心、责任心等重要内容,倡导广大教师要坚定职业理想,要以无私赤诚的爱投身于学前教育事业。最后,树

---

① 华中师范学院教育科学研究所主编.陶行知全集(第二卷)[M].长沙:湖南教育出版社,1984:81.
② 教育部.幼儿园教师专业标准(试行)[EB/OL].2012-2-10/2023-4-6.
③ 教育部等."十四五"学前教育发展提升行动计划和"十四五"县域普通高中发展提升行动计划[EB/OL].2021-12-14/2023-4-6.

立以人为本的幼儿理念。高素质幼师队伍是落实以人为本幼儿理念的关键。当前我国学前教育仍是薄弱环节,尤其在一些欠发达、不发达的农村地区等存有学前教育教学质量偏低,幼师队伍素质不高等问题,亟待进一步解决。此外,加之一些农村幼教中不科学的儿童教育观影响,导致各种教育问题时有发生,如性别歧视、弃童、虐童等,这时刻牵扯着人们的育人神经,正如陶行知在《儿童教育的任务——致业勤》《难童患病需治愈——致罗又玄》《为难童订购优价布——致唐必直》《为难童庆幸——致战时儿童保育会》《为国家培养科学幼苗——致张亚生》等书信中所谈,教育的任务除了积极发扬每个儿童固有的优点以外,还要根据儿童的实际情况,给予关心和照顾,让他们感到人文关怀的温暖。

综上所述,陶行知学前教育思想的时代价值对当今学前教育具有映射效用。学前教育、幼儿成长与社会发展关系紧密。树立以儿童为本位的幼儿教育理念,需要在儿童与成人间建立相互理解、相互信赖、相互进步之关系。

第三章　践行"小先生制"的重要育人教材

"小先生制"不仅仅是在向学生传播文化知识,教育学生懂得生活道理,更是在传播教育救国的理念,其中教国人学会辨奸、识伪是解决当时社会出现的各类"伪君子"问题的重要方法之一!陶行知认为:"儿童用书即是以指导儿童做工为主要目的。那么,一本书之好坏,可以拿下列三种标准判断它:(一)我们要看这本书有没有引导人动作的力量,有没有引导人干了一个动作又干一个动作的力量;(二)我们要看这本书有没有引导人思想的力量,有没有引导人想了又想的力量;(三)我们要看这本书有没有引导人产生新价值的力量,有没有引导人产生新益求新的价值的力量。"①鉴于此,那么是否有这样一本书,即它可以同时把"引导人动作的力量""引导人思想的力量""引导人产生新价值的力量"以及"引导人产生新益求新的价值的力量",同时传递给需要的人?是否可以把传递知识、传播人生道理、传授理想信念等育人内容,集中在一起传递给需要的人?这要首推《平民千字课》。

第一节　何为《平民千字课》

《平民千字课》是陶行知进行平民教育的教材,集中体现了陶行知的语文教育理论。全书共九十六篇课文,内容包括爱国主义、历史传统、文化哲学、审美精神、节日风俗、时事政治、自然科学等。其宗旨在于培养人生与共和国国民必不可少之精神态度;训练处理家常信札、账目和别的应用文件的能力以及培养继续读书看报领受优良教育之志愿和基本能力。② 据《〈平民千字课〉编辑大意》,试对《平民千字课》酌一二要

---

① 华中师范学院教育科学研究所主编.陶行知全集(第二卷)[M].长沙:湖南教育出版社,1984:475.
② 华中师范学院教育科学研究所主编.陶行知全集(第一卷)[M].长沙:湖南教育出版社,1984:361.

点,作进一步阐释:

一、《平民千字课》之选材

《平民千字课》所选的教材,"一方面极力顾到一般人民切身的需要,使教育成效可以速现,并使一般人民对于教育之信仰可以坚固;一方面顾到全国共同的需要,偏于一方面的从缺;但虽为一方的情形,而彼此有交换沟通了解之必要的,也是要顾到的"。① 其一,"一般人民切身的需要"。切身,有关系到自身,切身体验之意。陶行知在《不费钱的课本》中,强调:"一张发票,一张签诗,也可以当作教科书读。"②"一般人民切身的需要"乃识字认字的需要。"内容采用《平民文学》这部书,注重平民文学。除通常应用之书信、账目、契据、字条、单帖外,还加入平民诗歌、故事,培养他们的欣赏力并陶冶他们的性情。"③结合陶行知《〈平民千字课〉编辑主旨》,《平民千字课》中蕴含丰富的化育内容,这包括历史教育、政治教育、科学教育、哲学教育等方面。

二、《平民千字课》之德育

首先,德育故事有节奏感,立场鲜明突出。《平民千字课》中每一个故事,都会在叙述中,态度鲜明地表达所要论述的对象,表明作者自身的态度,应用生活中常见的事物,或赋予人的情感或直接、间接的表达含义,加深读者对此观点的理解认同,不仅读起来有趣味性,更有启发性。其次,德育内容有吸引力。内容贴近生活,语言通俗易懂。《平民千字课》内容的选取均来自大众生活。如第二册第三十一课《分米》中乐吾(尽管自己家里也很贫穷)在给饥饿的邻居一家分米时,不存在丝毫的心理负担,其中一句"有饭大家吃"是多么深刻的人生体会,让读者也感受到乐吾一家人的善良,好的品质可以获得人们的认可和赞同,同时还具有很大的感召力,能把榜样的力量内化于心,并把深刻的理解付诸日后的实践中,培养利他品格。最后,富有哲理耐人寻味,发人深思。《平民千字课》中不乏有深刻且耐人寻味的哲理哲思。如,注重事物的因果性,所谓"因果联系"揭示的是事物之间引起与被引起关系的一对范畴。它的意义在于能为人们有目的的活动提供方法论的指导,第二册第三十课《有谁知道》就体现这一哲理。因为高尚之人的因,才导致产生高尚行为的果,告诫我们要善于从某一社会活动

---

① 华中师范学院教育科学研究所主编.陶行知全集(第一卷)[M].长沙:湖南教育出版社,1984:363.
② 华中师范学院教育科学研究所主编.陶行知全集(第二卷)[M].长沙:湖南教育出版社,1984:764.
③ 华中师范学院教育科学研究所主编.陶行知全集(第一卷)[M].长沙:湖南教育出版社,1984:363.

的后果分析其原因,这有利于消除不利的原因,达到我们所需要的结果。

三、《平民千字课》之哲理

《平民千字课》中还有要透过事物现象看本质的哲理,如第二册第三十七课《荒年不怕》之"王振东,很有先见之明""几年来余积下来的米,如今可以行个方便了"①等句,体现这一哲理。"图画指示全课要义。图画是辅助了解课文和引起学习兴味的工具。我们要尽力使图画符合课文的精神并充分包含课文的情节;我们还希望借图画逐渐的培养些美术观念。"②插图是理解文字信息的重要部分,其意图在于,借助插图可以使人们进行思维训练。一般而言,插图的功能主要体现在以下几个方面:其一,装饰功能。其二,解释功能。其三,促进功能。图文合一有助于信息传递,起到"以图助读""以图助解""以图助释"的效用,插图有助于读者进入情境,让文字"活起来",插图可以提供文字提供不了的"信息"。如五十八课《害了谁》的插图将抽象的"因果律"转化到具体的"毛不拔"上,起到解释功能。七十二课《有赏有罚》,插图起到解释作用,加深读者对"骂人无礼"的印象。此外,陶行知对《平民千字课》的后续发展做了进一步指引,即"读完《千字课》的成人、儿童是一天比一天多了""我们再读什么",我们如何选择读本,如何"读的下去"?陶行知认为可以读大众画报,需要注意的是:"(一)灌输现代知识,培养前进思想;(二)要大众语写,要趣味胜过正经;(三)用连环图画写,要图画多用于文字;(四)编排清楚;(五)价钱便宜。"③那么,有没有一种"民用"而非"高级民众用的"读本或者民用丛书?即《大众生活》,它是一种大众读的杂志。《大众画报》《大众生活》等是对《平民千字课》中"图""文"的进一步提升,换言之,二者都是民众的"高级读本"。回到这部书是为谁而编这一根本落脚点上,即"特为十二岁以上不识字的人民编的,所以对于这些人最为合用。年龄小些老些的人也可学,但是要觉得困难一点。如果符合这个年龄的标准,就是在私塾里读过书的学生,再读这种课本也是很有益处的"④,这是符合"一般人民切身的需要"的。陶行知强调如何教人写大众文,他要求大众要做耳朵先生、大众先生、生活先生、新文字先生,教时不取学费。陶行知在再谈《怎样写大众文》一文中,谈及"我们听得懂的文章,大众有时听不懂。所以顶靠得住的先

---

① 华中师范学院教育科学研究所主编.陶行知全集(第六卷)[M].长沙:湖南教育出版社,1984:61.
② 华中师范学院教育科学研究所主编.陶行知全集(第一卷)[M].长沙:湖南教育出版社,1984:363.
③ 华中师范学院教育科学研究所主编.陶行知全集(第二卷)[M].长沙:湖南教育出版社,1984:912—913.
④ 华中师范学院教育科学研究所主编.陶行知全集(第一卷)[M].长沙:湖南教育出版社,1984:363.

生是大众的耳朵。工人、农人、车夫、老妈子、小孩子的耳朵都靠得住。你做好一篇文章,读给他们听听。如果他们听不懂,你要努力的修改,改到他们听懂了,才能写成大众文。小众听得懂而大众听不懂的文章,决不能冒充大众文。好的大众文还要大众高兴听。如果小众高兴听而大众不高兴听,决不能算为好的大众文"。①陶行知如此初心诚挚的育人情怀,能使一般人民对于教育之信仰得以坚固。普及教育是"顾到全国共同的需要"的重要内容之一。陶行知对此着墨很浓。如流通图书馆(在各省市提倡识字运动,成千成万的大众继续不断地加入到读书的队伍里来,这也是每一位热心提高大众文化水准的人都能做得到的一件事)、"普及教育的四大法宝"(手提留声机一架与几张民众爱听的唱片;小药库一个与几种民众急需的药品;图画书数十册;小皮球几个)、"普及初步教育的工具"(连环画)、"开放家庭"(家庭妇女普及教育)、"店铺店员"(普及教育的一员)等,这些都是为普及教育做出的重要实践尝试,可以让教育之信仰更加坚固。其中,陶行知专有一篇《连环画》之文论,教给小先生育人之道,"连环画是初级民众教育的重要工具,这是大家所公认的了。为什么民众欢喜看连环画?连环画应该怎样画法?我想对这两个问题说几句话。民众欢喜看连环画和民众欢迎看戏是一样的道理。连环画可以说是最经济的戏。没有钱看戏的人,只须拿一本连环画看看,就好比是过了看戏的瘾儿。因此我们知道,连环画一定要画得像哑巴戏和无声电影一般才容易成功。如果要把文字插在图画里,那么就得跟着"话剧"和"有声电影"学。这样,连环画就成了手上舞台或袖珍电影,一定可以成为普及初步教育之有意义有趣味之工具,而受大众的欢迎。"②

　　总之,《平民千字课》的教学对象,为十二岁以上不识字的国人。年龄小些、老些的人也可学,但是要觉得困难一点。如果符合这个年龄的标准,就是在私塾里读过书的学生,再读这种课本也是很有益处的。与此同时,《平民千字课》对母语非汉语者的中文学习同样适用,对20世纪40年代的国际中文教材编写产生了极大影响,如曾长期在华北协和华语学校任教的俄侨汉学家卜郎特编写的,由北平法文图书馆出版的《华言拾级》(1940)就认为《平民千字课》第一册的课文语句简短,韵律和谐,朗朗上口,这样的特点正符合编选者的要求。

---

① 华中师范学院教育科学研究所主编.陶行知全集(第二卷)[M].长沙:湖南教育出版社,1984:889.
② 华中师范学院教育科学研究所主编.陶行知全集(第二卷)[M].长沙:湖南教育出版社,1984:893.

第二节　何需《平民千字课》

《平民千字课》是开展小先生制的重要教材。陶行知在《〈平民千字课〉编辑主旨》中谈道:"中国是赖债国,又是土匪国①。大多数人都饥荒极了,不但肉体上,而且精神上。我和朱经农②先生就是担任的厨子。第一主旨是要使他们吃的刚好,不多不少;第二是要合乎卫生;第三是要有味。书中有诗歌、故事,就为的是要有味;而请哲学、史学、政治、科学、教育各专家订出目标,就为的是要合乎卫生;至于多少,更是酌量审慎,不肯草率的了。"③

一、何为有味

《平民千字课》的味道在于内容形式多样,意涵丰富。对《平民千字课》中诗歌、故事的味道阐释可以分为两种情况,其一,对故事的阐释。第一册第二十课《到底如何》阐释了空想先生臆想而得意忘形的苦。第一册第十一课《劳小姐》阐释了读到书的幸福感等。其二,对诗歌的阐释。诗之味,与"情"密不可分,据《礼记·礼运》中对"七情"的阐释,即"喜、怒、哀、惧、爱、恶、欲"且有着丰富的伦理意蕴,可借鉴到《平民千字课》的诗篇中。第二册第二十五课《读书好》谈到读书好,把读书的好处体现到各个职业中,"喜"强调情感,而"生成""手艺""生意""护国"强调在遵循"喜"的情感基础上要对自己的职业"尽职尽责",而"少年不读书,一世苦到老"④给予读书好、读书使人"喜"以合宜的"时中"规劝,以"一世苦到老"来强调读书当以时。

二、何为合乎卫生

《平民千字课》要"卫生达标",在于哲学、史学、政治、科学、教育之育人目的。以哲学为例。培根有"哲理使人深刻"之言。冯友兰认为学哲学的目的就是"使人作为人能够成为人",让人的生活更加美好,而非"成为某种人"。孙正聿认为,关于"人"的哲学,是具有"人类性情怀"的哲学,是探索"人类性问题"的哲学,是指向"人类性价值"的哲

---

① 指当时北洋军阀政府统治下的旧中国。
② 朱经农,曾获美国华盛顿大学硕士学位,当时任北京大学教授。
③ 华中师范学院教育科学研究所主编.陶行知全集(第一卷)[M].长沙:湖南教育出版社,1984:409.
④ 华中师范学院教育科学研究所主编.陶行知全集(第六卷)[M].长沙:湖南教育出版社,1984:43.

学。源于对自己所处时代的人类境遇的焦虑,无不是指向对人类未来的美好生活的向往和追求,而绝不是离开对人类生活的挚爱和对人类命运的关切的"无病呻吟"和"概念游戏"。求索的是"人与世界的关系",它表征的是"人类文明的逻辑",它展示的是"人生在世"和"人在途中"的"人的目光"。实现"每个人"的"全面自由"的"发展",是"全人类的共同价值",也是哲学所指向、所追求的最高的"人类性价值"①。《平民千字课》要"卫生达标",是哲学、史学、政治、科学、教育等多个学科,依自身学科育人优长,综合发力的结果。

三、何为吃得刚好,不多不少

取舍得当,选材恰当,育人成效恰到好处。《平民千字课》中有很多涉及家庭伦理教育的内容,如《好家庭》《孟母》等。《好家庭》涉及家庭伦理,如"个个人都要相敬相爱。遇了不如意的事,就须彼此原谅,决不可吵嘴斗气"②等。对此,仅以家庭伦理教育的一个方面,婚恋时中为例,结合中国优秀传统文化,对男女双方"都要相敬相爱",双方"遇了不如意的事,就须彼此原谅,决不可吵嘴斗气"作伦理学视域下的阐释:首先,何为"婚恋时中"。对于"婚恋时中"的解读,应遵循"时""中"—"时中"—"婚恋时中"的逻辑发展来展开。何为"时""中"?《尔雅》释"时"为:"是,是也。"③即此、这之意。释"中"为:"殷,齐。"④即中间、当中之意。《说文解字》释"时"为:"時,四時也。"⑤释"中"为:"中,内也。从口丨,上下通。"⑥对《尔雅》的"时"与"中"做了进一步的延伸。《康熙字典》又对两者做以补充,释时为,是也、伺也、中也等;释"中"为,民受天地之中,举正于中,天地之中、民则不惑、宅中圆大等,又丰富了"时"与"中"的内涵。上述考释可见,"时"与"中"合意却有得当、恰好、当中之意。何为"时中"?源头当寻至《周易》,《象》曰:"蒙亨,以亨行时中也。"⑦即要亨行与合适的时机。《周易》的"时中"思想被儒家吸收形成"中庸",首创于孔子,子思进一步丰富了中庸的"时中""中行"和"中和"内涵。何为"婚恋时中"?这需放入《诗经》婚恋诗歌中去谈。仔细观察这些婚

---

① 孙正聿.哲学的追求[N].光明日报,2023-9-18(15).
② 华中师范学院教育科学研究所主编.陶行知全集(第六卷)[M].长沙:湖南教育出版社,1984:157.
③ 管锡华译注.尔雅[M].北京:中华书局,2014:148.
④ 管锡华译注.尔雅[M].北京:中华书局,2014:152.
⑤ [汉]许慎撰,[宋]徐铉校订.说文解字[M].北京:中华书局,2013:134.
⑥ [汉]许慎撰,[宋]徐铉校订.说文解字[M].北京:中华书局,2013:8.
⑦ 杨天才,张善文译注.周易[M].北京:中华书局,2011:54.

恋诗歌会发现,"婚恋时中"思想已十分明显。以《周南·关雎》与《陈风·衡门》为例,《关雎》有云:"关关雎鸠,在河之洲。窈窕淑女,君子好逑。"①《陈风·衡门》有云:"岂其食鱼,必何之鲂?岂其娶妻,必齐之姜?"②这两句诗歌看似前后没有密切联系,其实不然。"雎鸠""食鱼"已涉及"婚恋时中"之娶妻"以时"的思想。日本学者白川静曾在《诗经研究》中对雎鸟在人们心中的形象一直都是善鸟的结论存有疑虑,认为这可能是深受《关雎》整体诗风影响所致,因为雎鸠是一种栖息于河边攫鱼而生的水鸟,把它用作淑女和君子的代名词未必恰当。张启成教授对此以"食鱼"隐喻为"娶妻"的解答就顺意畅达很多,这与《关雎》所表达出的,君子如何努力践行娶妻"以时"而得佳人与家庭的诗旨配搭吻合。《衡门》诗旨在表达君子本该娶齐姜这样的高贵妻子,但由于贫困而娶不起所引发的两个反问是对娶妻"以时"不当的追悔反思。在婚恋过程中,应知晓有"中"无"时",会闭塞婚恋之道,无法适应不同境遇的要求;知晓有"时"无"中",也会因缺少变化的标准与最终的理想追求背道而驰。因此,"时"与"中"表里为一,缺一不可,"时中"就是在个人所处不断变化之时势环境等情况下,"得其时而中,使无过与不及",而"婚恋时中"就是在具体境遇中的实践运用。其次,"婚恋时中"在于《大学》。从"大学孔氏之遗书。而初学入德之门也。于今可见古人为学次第者,独赖此篇之存,而孟论次之。学者必由是而学焉,则庶乎其不差矣"③中可见《大学》之于儒家思想的特殊地位。子思学派对《中庸》的诠释,同样被视为"孔门传授心法"为后世所推崇。《大学》与《中庸》原本只是孤存于《礼记》中的单篇,但到了宋代朱熹时,却被升格为与《五经》并称的《四书》中的重要组成部分,且在《四书》的阅读次第中,两者呈现呼应之势,这对儒家"一以贯之"之道无疑提供了许多思考的空间。故想以《诗经》中《小雅·桃夭》《小雅·棠棣》二篇为线索,在重新梳理《大学》《中庸》内在联系的基础上,以"时中"思想为切入点,再度探索"婚恋时中"的内涵。其一,《桃夭》之于《大学》。《周南·桃夭》是《诗经》中的名篇,位于《周南》第八首。之所以要提《桃夭》与《大学》的关系,是由于两者之间实则蕴含着一种很特殊的内在关系。这一点仅从一个基本事实中可见一斑:《大学》虽篇幅不长,却多处引用《诗经》。然而,其所引文句多来自雅、颂,唯一一处引用国风中的诗句便出自此诗,"故治国在齐家。诗云,'桃之夭夭,其叶蓁蓁,之子於

---

① 王秀梅译注. 诗经[M]. 北京:中华书局,2002:2.
② 王秀梅译注. 诗经[M]. 北京:中华书局,2002:271.
③ [宋]朱熹注,王华宝整理. 四书集注[M]. 南京:凤凰出版社,2016:4.

归,宜其家人',宜其家人,而后可以教国人"。① 此段出现在《大学》第九章,即论述"齐家"的一章中。在《大学》中引选自《大雅》《周颂》的诗句屡见不鲜,但为什么偏在《大学》中引《周南》这一句?《桃夭》与"齐家"思想又有着什么样的关联?对此我们还需返归到文本中。关于《桃夭》的诗旨,毛序云:"后妃之所致也。不妒忌,则男女已正,婚姻以时,国务鳏民。"②郑玄所作的笺注也认同此说,仅有的补充只是对"鳏"进行了解释:"老而无妻曰鳏。"三家诗以及后世对此都基本认同。例如朱子认为:"文王之化,自家而国,男女以正,婚姻以时,故诗人因所见以起兴,而叹其女子之贤,知其必有以宜其室家也。"③由此可见,《毛诗序》所言几乎就是传统经学的标准解释。而其核心观念便是"时"——"婚姻以时"。《桃夭》首章写道:"桃之夭夭,灼灼其华,宜其室家。"但桃花并不能永久绽放,流逝的时间会冲刷一切美好,人事自然不能逃脱,未免有些伤感。但《桃夭》的二、三章就给予了我们答案,"桃之夭夭,有蕡其实,之子于归,宜其室家。桃之夭夭,其叶蓁蓁,子之于归,宜其家人"。从花到果实再到叶蔓,从其宜其"室家"到"家室"再到"家人",此种情绪不降反升,且通过桃花与佳人的呼应,形成了一派万物祥和,蓬勃向上的大气象。这一极不寻常的诗意表达,为我们提供了一个绝佳的反思契机。为何会出现如此一以贯之的美好?前文《毛诗序》已经给出了答案,即"婚姻以时"。这种"合时"就是对妙龄女子美好青春的真实保留。在恰当的时间点,做出恰如其分的决定,就会得到满意的回报。诗中的女子确实是循序渐进地遵循"婚姻以时"的原则。女子的幸福就是一家人的幸福,自然与《大学》中"齐家"思想不谋而合。虽然也有学者认为:"《桃夭》是民间嫁娶之诗,《大学》何由即指为实能宜家而可以教国?详《易林》之语,似是武王娶邑姜事,然则《大学》引之非虚词矣。"④即认为诗中的桃花女子并非虚指或普通家庭的女子而是特指武王与邑姜的嫁娶之事。但无论与否,倘若不遵循"婚姻以时",想必武王也不会名留青史,武王伐纣建立周朝的卓越功勋不也从侧面证实了《大学》齐家、治国、平天下之说,这一点与《大学》之理念不谋而合。所以我们应当从《桃夭》的义理层面去阐释与《大学》的关联,而不是固守一家之言一面之词。正因于此,"时"这一概念无疑具有重要的意义。"时"可理解为"时中",这样就又与《中庸》密切联系起来。

---

① [宋]朱熹注,王华宝整理. 四书集注[M]. 南京:凤凰出版社,2016:10.
② [清]王先谦. 诗三家义集疏[M]. 北京:中华书局,1987:40.
③ [宋]朱熹注. 诗集传[M]. 北京:中华书局,2011:6.
④ [清]王先谦. 诗三家义集疏[M]. 北京:中华书局,1987:40.

总之,《平民千字课》中的"吃得刚好,不多不少",就"个个人都要相敬相爱。遇了不如意的事,就须彼此原谅,决不可吵嘴斗气"而言,在于表达其"时中"到位,"婚恋时中"被旨在宣扬"时中"得位,这里涉及对心、性、情、行的合理培育。"婚恋时中"承认婚恋行为无时无刻不在运动变化,"婚恋时中"的本质在于依时而中,依据时位、时势的变化而因时制宜,随时处中,"婚恋时中"的实质在变通,在于时新,在于执两用中,在于协调长久,在于处事适度,不卑不亢,随时而中。

第三节 如何学习《平民千字课》

《平民千字课》,全书共96篇课文,这是陶行知进行平民教育的教材,集中体现陶行知丰富的教育思想。试以《平民千字课》中主要德育主题为切口,其目的在于表达《平民千字课》中主要德育主题内涵及其联系,体现《平民千字课》的德育价值。

一、《平民千字课》的德育主题

《平民千字课》的主要德育主题,大致可以分为以下7个方面,这些题旨充分反映《平民千字课》中德育主题类别。

由表3-1可知,《平民千字课》的德育主题涵盖范围较为广泛,对此作简要阐释:

表3-1 《平民千字课》德育主题类别

序号	1	2	3	4	5	6	7
主要德育主题	爱国主义教育	生活礼仪教育	道德规范教育	家庭伦理教育	传统理念教育	传统德目教育	道德修养教育
代表篇目	《爱国歌》	《有客来》	《是谁偷的》	《好家庭》	《孔夫子》	《老实人卖牛》	《有谁知道》

其一,爱国主义教育。《平民千字课》还通过几首歌曲的形式向学生传递了对祖国的热爱之情。比如第一册第十二课《爱国歌》中"四万万人的中华,四万万人的国家,四万万人一心一意地爱他!要是你爱他,莫让人害他。等到人害他,更要你爱他。倘有你爱他,人如何害他?中华!中华!四万万人的中华,四万万人的国家,四万万人一心一意的爱他!"[1]爱国主义教育有助于个体建立对国家的认同感,形成对国家的归属感

---

[1] 华中师范学院教育科学研究所主编.陶行知全集(第六卷)[M].长沙:湖南教育出版社,1984:21.

和认同感,使其对国家的存在和价值产生深厚的情感,有助于培养个体的民族自尊心,促使个体对自己的文化、历史和传统保持自豪感,形成积极向上的精神状态。

其二,生活礼仪教育。第一册第十课《有客来》提到,"客人快来了,我们要泡茶。用柴生火;用火烧水;用水泡茶;用茶请客。客来了! 泡茶!"①礼貌和尊重是建立信任关系的关键,良好的生活礼仪能够提高与他人交往时的信任度,生活礼仪教育有助于培养个体良好的社交技能,使其在各种场合能够得体、得体地与他人相处。这对于建立积极的人际关系非常重要。

其三,道德规范教育。第二册第三十二课《是谁偷的》"黄大家里只有他一个人,平日里省吃俭用,有钱就积起来。过了好几年,居然余了三十两银子! 他因为有要事出门去,不便把银子拿着走,只得放在家中。又怕给人家偷去,就想了一个方法,把银子埋在墙底下,上面用泥土盖好了。他还不放心,在墙上写了七个大字:'这里无银三十两。'写好就动身去了。对门有个杨二,平时知道他积了;一看墙上的字,就疑心他埋了银子。他马上把墙底下的泥土弄开,细细地看了一看,果然有银子在里头。他快乐得不得了,就把银子一起偷去了。他怕黄大回来,要疑心他,也照着黄大的方法,在墙上写了七个字,就是:'对门杨二不曾偷。'"②道德规范教育有助于塑造个体的良好品德。它培养了个体的道德观念,使其具备正直、诚实、守信、友善等良好品德。通过教育个体尊重他人、理解差异、团结合作,道德规范教育有助于建立和谐稳定的社会关系,减少社会冲突和矛盾。道德规范教育强调个体对社会的责任感,激发了公民参与社会事务、关心社会问题、为社会贡献的意识等。

其四,家庭伦理教育。第三册第六十课《孟母》提到,"孟夫子所以能够做圣贤,全靠小时候母亲教得好。孟母对于儿子的教育非常留心。他知道小孩子最欢喜看人家的榜样,人家做什么事,他就去学。所以看了好榜样,就学做好事,看了坏榜样,就学做坏事。孟母因为邻居榜样不好,所以三次搬家。后来搬到一个庙的近边住家,孟夫子就学会了种种礼节,孟母心中欢喜,就在那里长住了。"③家庭是孩子人生的最早学校,家庭伦理教育有助于在孩子心中形成健康、积极的道德价值观。父母在家庭中的言传身教对孩子的道德发展起到决定性的作用。第四册九十二课《好家庭》讲到,"一个人家里头最要紧的是和气。个个人都要相敬相爱。遇了不如意的事,就须彼此原谅,决

---

① 华中师范学院教育科学研究所主编.陶行知全集(第六卷)[M].长沙:湖南教育出版社,1984:17.
② 华中师范学院教育科学研究所主编.陶行知全集(第六卷)[M].长沙:湖南教育出版社,1984:53.
③ 华中师范学院教育科学研究所主编.陶行知全集(第六卷)[M].长沙:湖南教育出版社,1984:98.

不可吵嘴斗气。就生计一方面说，无论男女，人人都要自食其力。就是小孩子，也要想法子使他们渐渐的学自立的道理。如果人人能自立，家声是不会倒的。家务事都要亲自过问。有些妇人当家，连油、盐、柴、米的价钱，都不知道，很是不对。一家的人，要分工，要互助。每天做事、休息，都有一定的时候。用钱必须有详细的预算。有余的时候，要节省、要储蓄。如此，倘有意外的事发生，就可以不怕了。家里饮食起居，都要讲卫生，求清洁。一切陈设都要有条有理，合乎美术的原则。对于子女最要紧的，是要把他们抚养得好，并且教他们读书、明理、做好人"。① 一个良好的家庭环境可以激发孩子的潜能，培养他们的兴趣爱好，促进他们的全面发展，反之也能无情地毁掉一个孩子。家庭伦理教育有助于传承家族文化、传统和价值观，形成个体对自己文化的认同感。

其五，传统理念教育。第三册第五十六《孔夫子》（一）和五十七课《孔夫子》（二）先后介绍了孔子生平及其"忠恕"义理，指出忠就是"帮人做事从头到尾都肯尽心尽力。'恕'就是处处能体谅人。自己不愿做的，就不要给人家去做；自己不愿受的，也不要给人家去受。"②第三册第五十九课《孟夫子》："孟夫子看见各国天天打仗，那不打仗的，也都喜欢用阴险的手段来欺人，心里觉得很难过。所以他拼命反对打仗。他说：各国争城争地，杀人无数，打仗真是一种大罪过。会打仗的，都应该受最重的刑罚！他又说：我们应当爱人，应当讲公理。他周游列国，总把这些话，和各国的国王说，却没有人肯听。孟夫子以为一国之内，最责重的就是人民。国王做事总要顺从人民的意思。全国的人都说某人可用，方可以用他，全国的人都说某人可杀，方才可以杀他。国王万不可照着自己一个人的意思去杀人用人。所以大家说孟夫子是中国第一个提倡民权的人。"③学习以后不难理解，孟子是以仁作为施政的出发点，要求统治者"施仁政于民"。

其六，传统德目教育。《平民千字课》中对内容的编排，注重"连续性"。如在第二册第二十八课《破缸救人》中讲述司马光七岁时砸缸救人的事，体现司马光的沉稳、冷静、机智、果敢等品性，在第二册第三十六课《老实人卖牛》中继续讲述："一个主人叫他的老家人把一条牛牵出去卖，并对老家人说：'我这条牛去年生过肺病，如果有人要买，你要老实对他说，不要给人家上当。'老家人说：'是。'他就把牛牵出去卖。走了一天，

---

① 华中师范学院教育科学研究所主编. 陶行知全集(第六卷)[M]. 长沙：湖南教育出版社，1984：157—158.
② 华中师范学院教育科学研究所主编. 陶行知全集(第六卷)[M]. 长沙：湖南教育出版社，1984：95.
③ 华中师范学院教育科学研究所主编. 陶行知全集(第六卷)[M]. 长沙：湖南教育出版社，1984：97.

卖不出去。等到太阳下山的时候,才有一个农夫来买他的牛。说好了价钱,农夫就把牛拿过来细细的看了一看,觉得没有毛病,就一面收下来,一面拿钱给老人家。老家人拿了钱回去,一路走,一路想,越想越觉得难过。为什么呢?他觉得没有把牛生过肺病这句话对农夫说明白,总有点不对。一来是欺农人,二来是欺主人,三来是欺自己的良心。想到这里,他就跑回去,把牛的病一五一十说给农夫听,并和农夫说:'你如果不要买我可以把银子还给你。'农夫听见这句话,自然是不要买了。看看天色已晚,老家人牵着牛走回家去,把这回事的经过,细细的对主人说了一遍。主人说:'你真是个老实的人!'这个主人是谁?就是司马光。"①两则故事从不同侧面充实了司马光的品性,强调个体在社会中的责任、道德规范以及对他人和社会的关怀,凸显优秀道德德目在日常生活中对一个人的德性培育具有重要价值。

其七,道德修养教育。第二册第三十课《有谁知道》中讲述:"杨伯起做了知府,有个县知事来会他。一早就来和他谈话,谈了又谈,总不回去。等到半夜里,大家都睡了,这个县知事才拿出一点东西出来送伯起。伯起打开一看,不是别的,就是十斤黄金。伯起变了面色说:'这是什么意思?你当我是什么人?'县知事说:'你收了,不妨事。半夜三更有谁知道?'伯起说:'天知,地知,你知,我知,怎么没有人知道呢?'县知事听了这话,心中不好意思,只得把金子收了回去。"②这旨在教育世人为官原则,做官应该廉洁自律,不谋取个人私利,忠诚于公共利益,做官要保持公正,不偏袒个人或特定群体,维护社会的公平正义,目的是服务人民,关心民生,解决社会问题,提高人民的福祉,要遵守法律法规,言行举止要符合规范,不得违法乱纪,勤勉工作,实事求是,解决实际问题,不搞虚文浮夸,保持清白操守,不贪污受贿,不沾染腐化之风,面对问题和困难时,要敢于担当责任,勇于承担风险等。

二、《平民千字课》的核心道德品质

在《平民千字课》中,绝大部分内容是有关情性滋育的,这些内容在中国的传统文化中也都可以找到根源,主要采选 13 个核心品质,并择取其中几个核心品质加以阐释:

据表 3-2,主要探讨五个方面:

---

① 华中师范学院教育科学研究所主编.陶行知全集(第六卷)[M].长沙:湖南教育出版社,1984:59—60.
② 华中师范学院教育科学研究所主编.陶行知全集(第六卷)[M].长沙:湖南教育出版社,1984:50.

表 3－2 《平民千字课》中的核心道德品质

序号	1	2	3	4	5	6	7	8	9	10	11	12	13
核心品质	责任感	同理心	和谐与共	持之以恒	倡施仁爱	居安思危	正义	自立立人	诚实守信	尚孝	宽以待人	尚忠	尚廉
代表篇目	《尽力中华》	《埋蛇免害》	《郑和下西洋》	《愚公移山》	《你真要买人吗》	《荒年不怕》	《墨子》	《王春江》	《席下明珠》	《哑孝子》	《我待他还是很好》	《岳飞》	《有谁知道》

其一，责任感。责任感是《平民千字课》突出强调的内容。它所包含的子题还有热爱祖国、无私奉献、以身作则、恪尽职守等。在内容编排上，对责任感的教育也是循序渐进的。第一册第十二课《爱国歌》中"四万万人的中华，四万万人的国家，四万万人一心一意的爱他！要是你爱他，莫让人害他。等到人害他，更要你爱他。倘有你爱他，人如何害他？中华！中华！四万万人的中华，四万万人的国家，四万万人一心一意的爱他！"①强调爱国情感。第二册第三十四课《尽力中华》中"听我们同唱中华，中华，中华！听，君不闻亚东四万万声的中华，中华！都同气同声的同调同歌中华，中华！来，三呼万岁中华，中华，中华！听，君不闻亚东四万万声的中华，中华！都同气同声的同调同歌中华，中华！""看我们唤醒中华，中华，中华！看，君不见亚东四万万人的中华，中华！同种同胞同志同心的中华，中华！来，发愤尽力中华，中华，中华！看，君不见亚东四万万人的中华，中华！都振起精神来振作振兴中华，中华！同心尽力中华！"②强调爱国志向。第三册第六十九课《国旗歌》强化爱国理想。第四册第八十五课《守法》、第八十八课《法治精神》等进一步深化爱国价值观。古有以"世道、人心、民生、国计"为君子四大责任，这种责任感更是以维护真理，维护正义为贵。责任感要激发人们的爱国情怀和奉献精神，责任感启迪人们奋发图强。因此，《平民千字课》对国人责任感的教育，遵循以下逻辑：情感——志向——理想——价值观。

其二，同理心。我国自古就是一个以家庭为本位的注重伦理情感的国家。这一主题包含多个子题，诸如温柔、贤良、宽容、机敏、聪慧等一系列道德品质无不在伦理关系中得以体现。《平民千字课》中的伦理情感内容丰富，有对他人赞扬的《田兴》；有对善良人性讴歌的《埋蛇免害》；有对忠君之人称颂的《范大夫》等几大类。可见，对伦理情

---

① 华中师范学院教育科学研究所主编.陶行知全集(第六卷)[M].长沙:湖南教育出版社,1984:21.
② 华中师范学院教育科学研究所主编.陶行知全集(第六卷)[M].长沙:湖南教育出版社,1984:56.

感的德育开展,散见于《平民千字课》中,并没有一个刚性的模式框架。

其三,和谐与共。"贵和"是中国传统伦理道德的基本精神之一。何为和者？即"天地之所生成也""贵和"利于事物协调发展。和谐与共包含人与人之间的和谐、人与自己的和处、人与自然的共生三个方面：其一,人与人之间的和谐。这主要体现在人际关系方面的和谐。人际关系和谐体现人与他人、人与社会的和谐。人际关系和谐与否,关乎到个人的立身与发展,重视人际关系的和谐也是儒家"贵和"思想的核心。其二,人与自己的和处。这主要体现在人欲与德性方面,即正确处理理欲关系。合理人欲理应满足,但不可过度,对喜怒哀乐之情感要加以节制,古人要求君子深学诗礼乐,其目的在于：学诗可以育情,学礼可以导情,学乐可以统情。其三,人与自然的共生。人与自然是一个整体,人是在敬畏自然的基础上去探索自然,认识自然规律后为人世谋求福利,古有"钓而不纲""斧斤以时入山林""斧斤不入山林"之言,其意在表明人对于自然的索取要有时,用要有节。和谐共生在《平民千字课》中具有显性与隐性两种表现。这里以人与物的和谐为例,显性可在第三册第五十四课《郑和下西洋》中体会："每逢到一个地方,都以好意待他们,并不欺负他们。"①隐性可在《孔夫子》中体会,孔子的"发愤忘食,乐以忘忧"是建立在对"学而不厌"的乐学之境上的,达到学与思的和谐。

其四,持之以恒。持之以恒的子题主要有锲而不舍、矢志不渝、一如既往等。《周易》有云"君子以自强不息",君子要奋发图强,坚持不懈。王充有言"凿不休则沟深",梁启超有云"有恒则无所不破"。对于持之以恒而言,具有坚毅品格、高尚志向尤为重要。曾子曰"士不可不弘毅",朱熹对此释义道"毅便是担得远去"。反之而言,心力不毅,就会"中道沮废",持之以恒贵在自强自胜。结合孔子克己之论,老子自胜之言,梁启超在《新民说》对其进一步释为："以己克己谓之自胜",即能够战胜自己缺点的人,才可能成就事业。持之以恒中涵盖自强、自胜等更为精深的中国传统伦理道德,持恒之人须对众多德目有所了解和体会,克服自身弱点,实现自我完善,魏源对此总结道"克己之谓强",这是一个新我胜旧我的过程,要求自己各方面尽可能做到"日新"。回到《平民千字课》中,其中既有(自己受穷时仍不忘接济邻人的)"有饭大家吃"之无私,也有"振起精神来振作振兴中华,中华！同心尽力中华"之豪迈。

其五,倡施仁爱。仁爱在《平民千字课》中主要以国学经典为重要支撑,典籍中的"仁爱"之义并不相同,如《孟子》侧重由仁爱生发而出仁义,《荀子》则在吸取仁爱之义

---

① 华中师范学院教育科学研究所主编.陶行知全集(第六卷)[M].长沙：湖南教育出版社,1984：92.

的基础上隆礼重法。仁爱具有以下几层含义：其一，仁爱是一种质朴情感。《说文解字》释"仁"为"亲也"，基本意涵是爱，仁者，具有仁德、仁爱之人。孔子特别强调孝悌方面，认为处理一切人伦关系，第一要从孝敬父母、尊敬兄长做起。孔子认为"孝悌者"须"为仁之本"，"爱人"就要从孝敬父母、尊敬兄长做起。孝悌是道德伦理的根本和基础。唯有能施行孝悌的人，才有能力对别人施行仁爱。其二，仁爱是一种规范。《齐风·卢令》有"洵美且仁"之句，其中"岂无饮酒"之"饮酒"，即燕饮，属礼制。孔子提出克己复礼是实现仁的一种方法，其中仁与礼具有内在联系，仁作为内在基础，而礼是仁的要求的外在规范和标准。孔子认为要及时做起，加强自身道德修养和内在体悟，做好自我表率，他人才会从风而化，各种社会关系才可能实现和谐。其三，仁爱是一种处世之道。儒家推行君子人格，倡导把仁爱内化于心，外化于行，融通在日常生活中，把仁爱作为生活行为准则去践行。

三、《平民千字课》的化育特征

《平民千字课》的化育特征主要体现在：其一，强调弘扬中国优秀传统文化是有效进行民众德育的重要基石。《平民千字课》中有大量的传统文化编排，注重优秀文化在不同时代的传承，重视关系与延展。其二，注重个人道德修养。加强对道德修养的学习。《平民千字课》中供人学习的范围很宽，基本涉及社会的方方面面，小到生活技巧，大到治国安邦。其三，彰显个人成就与社会责任密不可分。二者的关系往往通过故事展示，以一定的人生道理加以呈现，图文并茂，加深读者对故事背后寓意的领会。显然，传统德育主题不是天生承继而来，人类或许与生具备仁义礼智的善端，将此潜在的善性充分展开需要依赖教育上的循序渐进来引导，然而"一旦我们去掉了片面思想的蒙蔽，实现了对虚幻道德的祛魅，就能够重新回到人的道德本身，回到有人性的道德"。[1] 教育要首先确定本质中善性的一面，继续教育国人坚定对中国传统伦理道德观念的笃信与践行。

四、陶行知、朱经农版《平民千字课》[2]识字总数

阿哀爱安岸按案暗敖八拔把坝罢白百摆败拜班般搬办半帮榜胞宝饱保报抱

---

[1] 王正平. 人性与道德的伦理之思[J]. 上海师范大学学报(哲学社会科学版),2021(1):57.
[2] 本书由陶行知与朱经农共同编写。

悲碑北备背被奔本鼻比彼笔必壁避挤便变遍表别宾兵饼并病波伯不布步部才财
采莱蔡参苍藏操曹草厕测查茶察差柴产长尝常厂畅倡唱朝潮吵车尘臣陈称撑成
呈承诚城乘程吃痴池迟尺耻虫崇仇绸愁筹出初除锄储楚处川穿传船囱疮窗春慈
辞此次聪粗翠村寸错达答打大代带待贷袋戴担耽胆淡蛋当党荡刀倒到盗道稻得
德的灯登等低敌底抵地弟帝第滇点电店钓调掉跌钉订定丢东动洞都斗豆督读独
肚度渡端段断缎队对顿多夺躲舵惰鹅恶饿儿而耳二发罚番翻烦反犯饭范方芳
防妨房放飞非肥匪废肺费分奋愤丰风封逢凤奉佛服福抚府釜辅父付妇负副富该
改盖干甘赶敢感刚缸皋高篙歌革格葛个各给根更耕工公功攻宫共贡狗够孤辜古
骨鼓固故顾雇瓜挂关观官管惯光归规贵跪滚棍锅国果过哈孩海骇害寒喊汉旱豪
好号合何和河黑很恨横轰红洪后候乎呼忽胡壶湖虎互户护华化画话坏欢还唤换
患荒皇黄蝗灰辉徽回悔会活火或货机鸡积基绩及吉级极急疾几计记纪既济继加
家甲价假奸兼监煎俭减剪检见件贱健渐箭江将疆桨匠交骄焦蛟角脚叫教皆接
节洁姐解戒界诫借今斤金紧谨锦尽近进禁京惊晴精井景警径竞敬境静镜究九久
酒旧救就居拘局举句具据捐倦决绝觉军君开凯看康糠考靠科可刻客课肯垦空口
哭苦块快宽况矿亏扩阔来蓝篮懒浪劳痨老乐雷泪冷离鹂礼里理力历立吏利隶笠
连怜练良凉粮两亮谅量了料列猎邻林临令刘流留柳六龙楼漏露庐鲁陆鹿路律绿
乱略轮论洛落妈马骂吗埋买麦卖满忙猫毛茅么没每美妹门们蒙孟梦米秘密免
勉面苗秒妙庙灭闽名明鸣命末莫墨某母牧墓拿内那耐南难闹呢能泥你逆年念娘
鸟宁牛农弄努怒女疟暖偶怕拍牌派判抛炮跑泡配朋彭皮疲匹篇飘票贫平凭瓶颇
鄱破仆普七戚欺齐奇萁骑祺旗起气汽泣契器千牵前钱强墙抢敲桥巧且亲侵勤青
轻清情晴请穷秋求球曲娶去权劝缺却确然燃染让扰热人仁忍认任仍日绒肉如弱
箬塞赛三散丧色森杀沙痧山衫闪陕扇善伤商赏上尚烧少舌蛇设社射身绅深神审
慎升生声胜省圣盛失诗施十什时识实食使士氏世事侍势室是释收手守首寿受
书叔疏输熟署术束述恕耍衰双霜爽谁水税睡顺舜说司私思死四寺似宋送苏稣俗
诉肃宿算虽绥随岁孙损簑所他塔太泰谈痰叹汤堂倘涛逃桃陶讨特提题体天田条
迢跳铁厅听亭庭停通同童潼痛偷头投图徒途土吐团推退脱妥瓦外玩晚万亡王
妄望危威微为围违尾卫未位文闻蚊稳问翁我污屋无吴吾五午武舞务误西吸希息
习洗喜戏细霞下吓夏仙先掀贤显险县现宪乡相香湘箱襄详响想向像消逍潇小晓
孝笑些携鞋写泻谢心新信兴刑行形醒幸性兄雄休修秀须许序嗅宣选学雪血勋训
鸭哑亚烟淹严研掩眼演厌燕央扬羊阳杨洋养样摇药要爷耶也野夜一衣医夷移疑

已以椅义议艺益意翼因阴音淫银引隐印应英鹰迎营蝇硬佣拥永勇用忧由油游友有又右于余鱼渔愚舆与雨语育狱预域遇元员原圆袁缘远院约月越云允运宰再在赞脏糟早澡造泽责贼怎曾增赠斩战站张章涨掌丈仗帐瘴找兆照折这浙针真阵振争蒸整正证郑政之支枝知织执直职植只旨指至志制治致智中忠终钟种众重州舟周朱珠诸猪竹主煮住筑专庄状捉桌浊着资子字自踪纵走租足族组祖嘴最罪尊左作坐做(音序,1225字)

陶行知、朱经农版《平民千字课》中的重复字如表3-3所示：

表3-3　陶行知版《平民千字课》中的重复字

重复字	藏	斗	恶	福	干	共	几	计	间	径	里	历	料	蒙	内	难	念	贫	桥	肉	少	省	思	头	性	烟	已	狱	责	曾	掌	制	捉	走
重复次数	2	2	2	2	2	2	2	2	2	2	2	2	2	2	2	2	2	2	2	2	2	2	2	2	2	2	2	2	2	2	2	2	2	2

五、晏阳初版《平民千字课》识字总数

爱碍安岸按暗澳八巴把白百柏拜班般搬版办半帮胞宝保报卑杯北备倍被本鼻比彼笔必壁边便变遍表别兵并病波伯博薄补不布步部簿擦才材财彩菜参残苍藏草册厕策查茶察差柴产昌长肠尝常厂场倡唱朝潮车尘称成诚城程吃迟持侈齿耻充冲虫抽仇绸愁稠臭出初除厨础储楚触揣川穿传船窗吹春唇此次从聪丛凑促醋摧村存错达答打大代带单胆旦蛋当刀岛倒到盗道得德灯登等低底抵地弟帝点电店蝶丁订定丢东冬懂动洞都斗豆痘督毒读独赌肚渡端短断缎对兑敦顿多躲俄恶饿儿而尔耳二发乏法番翻凡烦繁反犯泛饭范方防妨房纺放飞非啡废肺费分粉份粪丰风封峰锋蜂逢佛夫服福府腐父付妇富改盖概干甘杆肝赶感高告哥割歌革格葛隔个各给根更工公供共贡构垢够姑古骨固故顾挂关官馆管惯光广归规鬼柜贵国果过哈孩海害含汉汗航毫好号喝合何和河很恨恒横红喉吼后厚候呼忽壶湖糊互户护花华化画话淮坏欢还环换荒慌皇黄灰挥徽回悔汇会秽毁婚混活火或货获祸霍机迹积基激吉极急疾集己计记纪技际既济寄加家价驾架假嫁

坚间兼俭剪检简见件建贱健江将疆讲匠酱交郊角脚叫较皆街节洁结姐解介戒界
借今斤金筋紧尽近进晋烬禁京经惊睛兢精景净敬境静镜究九久酒旧救就舅居局
举拒具俱聚捐决绝觉军均菌开看康抗考靠科可客课肯垦空孔恐口苦库夸块快
宽款狂矿亏困扩阔来赖兰蓝览懒浪劳痨老乐雷类累离黎李里理力历立丽利励连
怜廉脸良凉粮梁两量辽了料列邻林吝零领令流留柳六龍漏庐路律率绿乱略伦轮
论罗妈麻马码吗买麦卖脉满忙毛冒帽没眉媒煤每美妹门们蒙盂梦米密眠棉免勉
面妙民名明鸣命摸模麽摩莫漠墨谋母木目牧慕拿内那男南难恼脑呢能你年念娘
鸟尿宁牛农奴努女欧偶爬怕排牌判旁跑陪赔佩配盆批皮匹譬片票贫品平坡迫破
铺葡普七妻期欺齐其奇岂起气弃器千铅前钱浅强墙侨巧切且亲侵秦勤青轻清情
请庆穷秋求球区取娶去趣圈全权劝缺群然燃染让绕热人认任仍日绒容柔肉如辱
入褥软瑞若弱三散桑丧扫色嗇森沙纱痧晒山杉陕善伤商赏上尚少绍奢舌设社涉
身深神审甚慎升生声胜省圣盛剩失狮湿十什石时识实食使始士世市式事势视室
恃是收手守受兽书叔疏输鼠树数刷衰双爽谁水睡顺说丝司私思斯死四似松讼宋
送叟稣俗诉肃速算虽绥隋随岁孙所他台太贪谈探唐堂棠糖滔萄特腾提体替天田
甜条贴铁听庭艇通同桐铜童统筒痛偷头投图徒涂土吐团推退挖外湾完玩晚碗万
亡王往枉望危威微为围违惟维伟卫未位味畏胃慰温文闻蚊问我卧污屋无吴五武
侮舞勿务物误悟雾西吸希息惜习席洗戏系细郤瞎狭霞下夏仙先鲜显险县现线限
宪美献乡相箱详响想向项像橡消销小晓孝校笑些协鞋写泄泻械谢心辛欣新薪信
兴星行形型姓幸性兄雄修羞秀锈须虚需徐许蓄悬选学雪血寻压押鸦牙亚烟延岩
沿研盐颜眼央羊阳杨洋氧样摇药要耶也业叶夜液一衣医依移已以义亿艺议易疫
益意因阴音银尹引饮瘾印应英樱迎营蝇赢影拥用优忧尤由邮油游友有又右于余
鱼渔愚虞与雨语育预域欲御遇誉冤元员园原圆源远院愿约月越云运灾载再在暂
赞早造则择泽责怎增赠沾展占战张章仗帐兆照这浙针真疹争征蒸整正政症之支
知织隻执值职止只志制治质致智置中终种重州周洲猪竹烛主煮住助注祝筑专转赚
装壮追浊着资子姊梓字自宗总纵走租足族阻组祖最罪尊左作座做（音序，1251 字）

晏阳初版《平民千字课》中的重复字如"表 3-4"所示：

表 3-4 晏阳初版《平民千字课》中的重复字

重复字	干	延	征	毁	后	面	达	吗	制	里	致	匹	记	发	增	前
重复次数	3	2	2	2	2	2	2	2	2	2	2	2	2	2	2	2

第四节 "小先生制"与平民读书处、工学团

平民读书处是开展小先生制的重要场域,山海工学团是小先生制的发源地。"小先生制"的正式诞生,是以在山海工学团纪念"一·二八"两周年大会上,以陶行知举行"小先生普及教育队授旗典礼及宣誓"仪式为标志。

一、平民读书处是开展"小先生制"的重要场域

陶行知在《平民读书处之试验》明确指出平民读书处开始试验源于两个原因。"读书是要紧的,管家谋生也是要紧的。有没有两全的方法,使那一班人民于管家谋生之外还能读书?这是我对于学校式平民教育效力上的怀疑,也是我对于平民读书处开始试验的第一个原因。"①"如果八岁的小孩子能教五岁的小孩子,那么十几岁以上识字的人,更能够教十几岁以下不识字的人了。这个假设,引导我打破非师范生不能办平民教育的偶像,引导我去试验种种识字的人去教种种不识字的人。这是我开始试验平民读书处的第二个原因。"②鉴于两个原因,其一,对于学校式平民教育效力上的怀疑。陶行知在《新教育》一文中强调"新"教师要有信仰,要有责任心,要有共和精神,要有开辟精神。对自由、平等、民胞之信条充分理解。反观之,当时的教育,"旧"教师在教育信仰、教育责任感、教育创新方面存在问题,教师对此"见若不见"且"闻若不闻",学校式平民教育效力为何如此良莠不齐?陶行知对此道出原因,即"实际上究竟有哪几种人在那里从事教育?大学堂的毕业生、专门学校的毕业生、高等师范的毕业生、中学校的毕业生、初级师范的毕业生、实业学校的毕业生,甚至从高等小学出来的科举出身的先生,都是实际上在那里操教育权。除开高等和初级师范的学生外,其余的几乎是完全没有受过特别训练的。他们既在那里实施教育,自有受训练的必要。论到教师所能受的训练,学校出身与科举出身的教师,当然不能一致。"③这些都体现出学校式平民教育的某些短板。其二,打破非师范生不能办平民教育的偶像。陶行知在《师范教育之新趋势》一文中明确提出"要造成适当的国民,须有适当的教员。譬如裁缝制衣,一定要估量身材的长短肥瘦,还要知道人们的心理,然后配以适当的颜色。所以不但和

---

① 华中师范学院教育科学研究所主编.陶行知全集(第一卷)[M].长沙:湖南教育出版社,1984:424.
② 华中师范学院教育科学研究所主编.陶行知全集(第一卷)[M].长沙:湖南教育出版社,1984:424—425.
③ 华中师范学院教育科学研究所主编.陶行知全集(第一卷)[M].长沙:湖南教育出版社,1984:218.

身体有关,和精神亦很有关系"。① 提出师范教育无论在身体还是精神层面都将焕然一新,因为"师范教育,当发展各人的特长,以适合社会上的需要"②,突出以社会所需,因材施教,发挥人的主观能动性,对师资指明了新的方向,随后在《关于师范教育的意见》一文中,分别从师范课程、教材教法、实地教学等方面提出修正意见,这些举措都体现出师范生能办平民教育。在《师范生的第一变——变个孙悟空》《师范生的第二变——变个小孩子》中分别提出"师范教育是什么？教学生变成先生。先生是什么？自己会变而又会教人变的是先生。师范生不是别的,是一个学变先生的学生"③"未来的先生们！忘了你们的年纪,变个十足的小孩子,加入在小孩子的队伍里去吧！您若变成小孩子,便有惊人的奇迹出现:师生立刻成为朋友,学校立刻成为乐园;您立刻觉得是和小孩子一般儿大,一块儿玩,一处儿做工,谁也不觉得您是先生,您便成了真正的先生"④,师范生的育人效果大有可观。最终,陶行知认为,通过平民读书处的开办,达到"识字的同事可以教不识字的同事;识字的家人可以教不识字的家人;识字的夫役可以教不识字的夫役;识字的车夫可以教不识字的车夫;识字的和尚可以教不识字的和尚;识字的犯人可以教不识字的犯人。凡是识字的人都可以教不识字的,都可以做平民读书处的助教或教师"⑤,"平民读书处就是一种家常便饭的平民教育"。

二、平民读书处的得与失

陶行知把平民读书处的成功总结为:其一,主人要肯负督促之责。其二,至少必须有一个会认字的人能助教。其三,助教要有专责感。其四,指导要有定期。其五,全体要一律读书。其六,读书要与饭碗发生关系。⑥ 与此同时,平民读书处需回避忌讳四个方面:"(一)忌生。平民读书处要在熟人的地方尽先推行。因为熟的地方对于我们本人既无怀疑,那么对于我们介绍的平民教育也就可以放心,若没有特别困难,必定是欢迎的;并且开办之后可以按着定期过去指导,很少不便的地方。至于生的地方,他们对于我们本人既不相知,自然不晓得我们葫芦里要卖什么药。客气的敷衍我们几句话,不客气的就要给我们钉子碰了。纵然开得起来,只怕时常去指导,他们又要觉得我

---

① 华中师范学院教育科学研究所主编.陶行知全集(第一卷)[M].长沙:湖南教育出版社,1984:166.
② 华中师范学院教育科学研究所主编.陶行知全集(第一卷)[M].长沙:湖南教育出版社,1984:168.
③ 华中师范学院教育科学研究所主编.陶行知全集(第二卷)[M].长沙:湖南教育出版社,1984:237.
④ 华中师范学院教育科学研究所主编.陶行知全集(第二卷)[M].长沙:湖南教育出版社,1984:244.
⑤ 华中师范学院教育科学研究所主编.陶行知全集(第一卷)[M].长沙:湖南教育出版社,1984:426.
⑥ 华中师范学院教育科学研究所主编.陶行知全集(第一卷)[M].长沙:湖南教育出版社,1984:452—454.

们讨厌了。所以平民读书处要在熟的地方推行,不可在生的地方推行。我们自己的家庭、商店和自己主管的机关,都是我们用武之地。渐渐的我们可以把读书处的办法,介绍给朋友亲戚。我们可以拿我们自己的地方做一个中心,渐渐的对凡与我们有往来,有关系的人去介绍或推行。凡与我们有关系的裁缝司务、剃头司务、送煤炭的、卖柴的、挑水的、布店、米店、纸店、杂货店,等等。凡是认得我们的地方,都是我们推行平民读书处的地方。不过生的地方,假使有自动的要求,我们当然是可以替他开办的。(二)恳招外面学生。平民读书处和平民学校根本不同的地方就是以内里的人教内里的人。因为他们一个根本原则就是为着那些不能进学校的人设立的。那外面的人既能到别人家的平民读书处去读书,就应当到平民学校去读书了。招外面的人到自己家里或店里来读书有种种不方便的地方。有好多人起初的时候热心过度,要收纳外面的学生,到了后来,很觉得不讨好,或者就变成平民学校了。殊不知外面来学的人既多,我们开始的时候,就要照平民学校办理,不可照读书处的办法办理。(三)忌引生人参观。平民读书处不宜引生人参观。参观平民学校是可以行的,参观平民读书处是要讨人厌的。我们有几处成绩优良的平民读书处,就是因为参观、照相破坏掉了。(四)忌带政治、宗教色彩。我们办平民教育就要纯粹的去办平民教育,断不可带一丝一毫政治、宗教的作用。我们办平民读书处对于这点更要格外留意,一不谨慎就要失败。"[1]尤其是第四点,危害甚大。陶行知反对教育中悬带政治、宗教的观点在他的《政治家与政客》一文中就有体现,"政治家的存心只是一个诚字,一伪就变为政客了。政治家的动机是为公众谋幸福的,有所私就变成政客了。政治家的进退以是非为依据,若随利害转移,就变为政客了。政治家的目光注射在久远,若贪近功,就变为政客了。政治家为目的而择手段,政客只管达他的目的而不择手段。"[2]悬带的政治、宗教会破坏教育发展,"办平民教育就要纯粹的去办平民教育,断不可带一丝一毫政治、宗教的作用",把宗教作用融入教育,会给教育蒙上一层神圣性。教育是一项神圣且高尚的事业,但绝非是一项神性的事业。倘若教育中混杂宗教作用,某些神性原则就会渗透或者凌驾在教育原则之上、伦理原则之上,会导致课程狭窄,削弱人们对科学、哲学和其他学科的广泛了解。政治中夹杂"伪"心之举,同样会使教育沦为人上人获取名利的工具。陶行知指出政治家与政客间角色的微妙转化,同时也是呼吁教育界,在办教育时同样需要明辨是非,胸怀诚心,立足长远,具有大局观,要为大众谋幸福。

---

[1] 华中师范学院教育科学研究所主编.陶行知全集(第一卷)[M].长沙:湖南教育出版社,1984:454—456.
[2] 华中师范学院教育科学研究所主编.陶行知全集(第二卷)[M].长沙:湖南教育出版社,1984:39.

三、工学团

"工学团"是开展小先生制的"加速器"。"什么叫做工学团？工是工作，学是科学，团是团体。说得清楚些是，工以养生，学以明生，团以保生。说得更清楚些是，以大众的工作，养活大众的生命；以大众的科学，明了大众的生命；以大众的团体的力量，保护大众的生命。工学团是一个小工场，一个小学校，一个小社会。在这里面是包含着生产的意义，长进的意义，平等互助、自卫卫人的意义。它是将工场、学校、社会打成一片，产生一个富有生活力的新细胞。"① "'山海工学团'与'小先生'运动适应了反对1931年及1932年外来侵略的需要。"陶行知在《创立山海工学团的呈文》中明确指出："呈为设立实验乡村学校，遵照部颁规程订定校董会章，仰祈鉴核备案事：窃以乡村教育为建国要图之一，非实验无以确定进行之路线，立廷等历年研究所得，深信工学团为一最有效力之教育方法，亦即最有效力之乡村改造方法。"所谓工学团即同时是一个工场，一个学校，一个团体，在这里面是包含着生产的意义，长进的意义，平等互助、自卫卫人的意义。本校实验即以工学团为中心，并参用下列七种主张：（一）社会即学校；（二）生活即教育；（三）相学相师，会者教人，不会者跟人学；（四）先生在做上教，学生在做上学，教与学都以做为中心；（五）在劳力上劳心；（六）行是知之始；（七）与大众共甘苦，同休戚，以取得整个中华民族之出路。拟以余庆桥二华里内之村庄为初步实验区域。此区域位在上海特别市与宝山县之交界处，故定名"山海实验乡村学校"。② 当时的中国有80%的人都不识字，乡村识字的人更少，没有识字的机会。许多学生学习也只是为获取文凭，并没有很深刻的教育救国理念，大多学生的心不在乡村，而在城市。老师在教学上也只是"死教课本"，缺乏责任心，也从不关心学生学习情况，把教、学与做割裂开来。陶行知希望在校学习的小学生，可以课余时间到村里、到家里教那些不识字的人识字，做他们的先生，让这些小学生成为普及生活教育的主力。

山海工学团成为"小先生制"发源地，并制定儿童工学团寒期生活具体计划：一、在自己村庄创办儿童自动工学团一所，或联合附近村庄共同创办一所；二、每一自动工学团推举一人至三人负责召集筹备。三、每天和同村或附近小朋友放风筝一小时。四、每日帮助爸爸妈妈做事三小时。五、每天用书一小时。六、每天用数半小时。七、教不识字的小朋友至少二人，每天费一小时。八、每天记日记一篇。九、每星期日下午二时，到团本部总集合一次。十、每星期请工学团大朋友到各村庄指导至少一次。十一、

---

① 华中师范学院教育科学研究所主编.陶行知全集(第二卷)[M].长沙:湖南教育出版社,1984:636.
② 华中师范学院教育科学研究所主编.陶行知全集(第二卷)[M].长沙:湖南教育出版社,1984:650.

每天做游戏一小时;(一)踢毽子;(二)跳绳;(三)踢皮球;(四)跟人学新的游戏;(五)发明新的游戏。十二、每天睡眠九小时,不睡懒觉。① 计划书通过十二项内容,不仅提高学生组织能力、自学能力,而且还能实现"即知即传人"的教育目的,儿童自动工学团的成功推动了普及教育的进行。工学团还专门为普及教育做了令旗:黄色,三角形中有一锄头。1934年1月28日为了纪念淞沪血战的"一·二八"两周年工学团举行会议并举行普及教育总动员令授旗典礼。每村都发给一面令旗。每个自动工学团团员发绿布条一方,上面写着"山海某某村儿童自动工学团某某等"。符号分两种:教别人学习的小先生挂的是带金星的,刚刚上学的小朋友因为还没有指导过别人,所以挂的是没有金星的。如果在小先生的指导下,没有挂金星的小朋友开始指导别人,那么就在小朋友的符号上增加一颗金星,而且负责指导的小先生因为指导了两代学生,所以也要增加一颗金星。也就是说小先生只要增加一代学生就增加一颗金星②。

陶行知认为自动工学团虽然在普及教育中发挥了很大的作用,但是为了更好地发挥小先生的作用,让小先生必须对他们进行"扼要指导、严密考核",归纳"关于社会不信任小先生和培养小先生案"办法五点;"关于辅导方法案"办法十一点;"关于不认识求学重要案"意见两点。工学团还专门制作了几种表格作为拟用:一种表格由每村的儿童工学团小团长填写,每周报告一次。儿童工学团最注重的是大家共同进行的团体活动,每村每周必须共同干一件值得报告的事;第二种表格是小先生的履历表,由小先生自填或由导师指导他填;第三种表格系电子团员的履历表,由小先生填写;第四种表格为小先生的每周报告单,由小先生填写,交导师收存考核;第五种表格系小先生成绩的登记表,由导师根据小先生每周报告单进行填写,以资比较。③ 小先生们自身也通过多种多样的活动来接受进步教育,徐福庭是山海的第二代小先生,他介绍他们山海的老师经常举办活动,为了提高小先生的身体素质,他们开办运动会,在平时也鼓励他们参加各种体育活动。老师还安排他们做比他们年级低的同学的小先生,教他们唱歌,给他们讲故事,带领他们开展文娱活动,除了在学校内部举办活动外,学校还经常组织他们去社会上开展义卖、募捐、演讲等活动,他们到市区复兴公园、中山公园、圣约翰大学等很多地方义卖陶行知的著作,因为当时山海工学团缺少经费,所以在义卖的

---

① 马侣贤.山海工学团[M].上海:儿童书局,1934:117—118.
② 上海市宝山区史志学会,上海市山海工学团编.山海钟声——陶行知与山海工学团[M].上海:上海市新闻出版局,2001:46.
③ 马侣贤.山海工学团[M].上海:儿童书局,1934:146—147.

同时他们还进行募捐,"争取热心教育的社会人士的了解和支援"。在老师的带领下,他们勇敢地在社会的公众场合进行演讲,向人们展示山海学生的风貌,并向观众展现小先生的才艺,通过不断在社会中历练开阔自己的眼界。经过山海工学团每个成员的努力,小先生制终于推广了起来,当时凡是山海总校、分校的教学点所在地,都有小先生在活动。在有两个以上小先生的地方,都尝试成立小先生团,并设团长一名,依据公约处理日常事务,与此同时,在小先生团里还设书记员和监察员负责记录和监督。小先生团的成立有很重要的意义:其一,让小先生过集体的生活。小先生们平时都是单独行动,还不曾深刻体会过集体生活的好处,小先生团的成立,能进一步将分散的小先生凝聚在一起过集体的生活。孩子过集体的生活,利于保障身心健康,免于发生在《敲碎儿童的地狱,创造儿童的乐园》中出现的揪心一幕,让孩子在集体生活中感受温暖,感受知识的温度和力量。其二,让小先生感受群策群力的实效。小先生在社会认知、人生阅历等方面较成年人而言是不足的,当个人在生活中遇到问题时需要听他人的意见,小先生团可以把孩子们聚到一起讨论问题,群策群力,使得做事情事半功倍。其三,让小先生感受团结的力量。小先生团建立后,小先生们都有四大法宝用于走进大众中去,即一架留声机和几张民众爱听的唱片;一个小药库和几种民众急需的药品;法宝是数十册图画书;法宝是几个小皮球。音乐、药品、画册、玩具丰富了"教具"形式,在生活中传播知识,增添教学活力。虽然小先生制具有一些不足,如如何及时解决教学过程中的突发情况,如何传播较为系统的知识,但这都不能抹杀小先生制在当时历史背景下的巨大教育贡献。陶行知多次强调,平民教育运动是需要落实到民间去的运动。"据估计中国每一百人中,有八十五个都在乡下,所以平民教育要到乡下去运动。在寒暑假的期间,各校学生回到本乡,都可以去办的……我们就把这些人集合拢来,每天教以《平民千字课》四课;每教完一次,就叫他们回去再教别人一课;假如教过的一人,可以另教四人,则教完五十人,就可以再教二百人;如此推行,恐怕不到一两年,就可以使全乡的人都识字了。所以利用寒暑假去推行乡村教育,是平民教育运动中的最好方法。①""随着《平民千字课》在扫盲教育中的巨大成功,平教会后来又相继编纂出版了《农民千字课》《市民千字课》以及《士兵千字课》等各种课本,以提供给不同身份的读者使用。一时之间,'千字课'几乎成了扫盲教材的代名词,导致国内很多出版社都以《平民千字课》为蓝本来编写扫盲教材,计有50多种,其书名则大同小异,甚至国民

---

① 华中师范学院教育科学研究所主编.陶行知全集(第一卷)[M].长沙:湖南教育出版社,1984:419.

政府教育部编印的扫盲教材也取名为《三民主义千字课》,而国外如印度、菲律宾推行识字教育的课本,都是仿照《平民千字课》来编的,由此即可略见该教材影响之一斑。"①

---

① 潘胜强.中国近代经典扫盲教材《平民千字课》述论[J].安康学院学报,2022(5):114.

第四章　新时代"小先生"人格省辨与形塑

——一种结合《伪君子篇》与《诗》的思维拓展

习近平总书记多次指出,中华优秀传统文化是中华文明的智慧结晶和精华所在,是中华民族的根和魂,是我们在世界文化激荡中站稳脚跟的根基。对新时代"小先生制"中的人格省辨与形塑探索,需要结合中国优秀传统文化、陶行知人格培育内涵等方面统筹来论。新时代背景下,小先生如何形塑好自身人格,在未来成为"大先生",需要重返陶行知《伪君子篇》中加以研究赋能,"伪君子"如何去"伪"是陶行知一直关心的人格培育问题。"伪君子"是君子被异化后的产物。君子为何被异化,历来受学界所关注,并也尝试从诸多视域(如人性、修养、义利等方面)进行合理阐释。《伪君子篇》是对前人就君子为何而"伪"的又一创新揭示,即名利观,这旨在启发国人要对"真人""伪君子""真小人"等错综复杂的人格进行辩证思考,劝诫国人不要做贪图虚名薄利的"伪君子",要做去伪存真、表里如一的"真人"。

第一节　"伪君子"的伦理审思

对理想人格的探索历来被世人所重视,且不断对其赋予时代新意。在《伪君子篇》中,陶行知结合时弊,对"伪君子"作了犀利评判:"综天下而论,伪君子惟吾国为最多,统古今而论,伪君子惟今世为最盛"[1],向国人清晰地展示"伪君子"的本来面貌和社会危害,呼吁世人向"真人"学习,"不做伪人",不断精进,锤炼人格,完善自我。

---

[1] 华中师范学院教育科学研究所主编.陶行知全集(第一卷)[M].长沙:湖南教育出版社,1984:27.

一、知名懂利

"'伪君子'之由来,名利为之也。"①君子为何而伪,名利所驱也。陶行知在《伪君子篇》中已给出"'伪君子'非趋利即求名,而趋利求名者,必是'伪君子'"②的论断,为何趋利求名者是"伪君子",而非趋利即求名者未必全是"伪君子",反而大都为"真小人"。何解?子曰:"君子喻于义,小人喻于利。"③《荀子·劝学》又云:"义则不可须臾舍也。为之,人也;舍之,禽兽也。"④从义或从利是一个人成为真君子或真小人的分水岭。义利尚且,名利趋同。真小人只需名或利,若名利双收更是欢喜,而"伪君子"要以君子人格自居,就须持有君子名义,只求名或利,不符合"伪君子"对真君子虚伪的伦理认同和道德追求,因为"伪君子"不仅要名,要义,还要大私利。"人之有誉,而己不能行,不敢行或不愿行,又欲邀其誉,则不得不假之。人之所毁而明由之,必损于名;又欲邀毁中之名,而避名中之毁,则不得不掩之。"⑤"伪君子"趋名逐利、欺世盗名的形象在以往传统典籍中也层出不穷,陶行知作《伪君子篇》以抨击,以表达他对真君子的赞许:"天下之名,莫美于君子,而非分之利,则舍小人之道莫由趋。世人慕真君子,而真君子之墙数仞,不得其门而入。真小人则亡国败家,身死为天下笑,复凛然可惧。为真君子难,为真小人不易。"⑥《国语》释利为"百物之所生",人类生存,离不开利,但要知名懂利,即言名必及利。名本身就体现对利有所需求,离利而言名不可顺遂,离名而言利不可长久,故有"'伪君子'虽百出而莫穷,然自外言之,其所以为诱者则一。一者何?名利而已"⑦一言,名利会随祸福毁誉改变自己的底色,并非人人都想求名获利。一旦人欲既求名又欲有誉,既趋利又想避害,必然会导致"伪"的产生。现实生活中,一些打着大名大义旗号的"伪君子"们,在贪得巨大私利的同时,又不想损其名誉,千方百计形塑好"君子"形象,将恶的动机予以藏掩伪装,让其"似君子非君子、似小人非小人"⑧,这些人既不是真君子,也不是真小人,而是只要有名利可图,他们就是可以随时毫无原则地在君子与小人之间快速置换伦理角色的一类社会蛀虫。陶行知劝诫国人,毋为"伪

---

① 华中师范学院教育科学研究所主编.陶行知全集(第一卷)[M].长沙:湖南教育出版社,1984:24.
② 华中师范学院教育科学研究所主编.陶行知全集(第一卷)[M].长沙:湖南教育出版社,1984:24.
③ 杨伯峻译注.论语译注[M].北京:中华书局,2012:54.
④ 张觉撰.荀子译注[M].上海:上海古籍出版社,2012:6.
⑤ 华中师范学院教育科学研究所主编.陶行知全集(第一卷)[M].长沙:湖南教育出版社,1984:24.
⑥ 华中师范学院教育科学研究所主编.陶行知全集(第一卷)[M].长沙:湖南教育出版社,1984:24.
⑦ 华中师范学院教育科学研究所主编.陶行知全集(第一卷)[M].长沙:湖南教育出版社,1984:26.
⑧ 华中师范学院教育科学研究所主编.陶行知全集(第一卷)[M].长沙:湖南教育出版社,1984:24.

君子",因为真小人一眼能识破,"人得而知之"且"人得而避之",而"伪君子"是"虽是实非""虽假而难以察之也"。"伪君子"的祸患更甚于真小人,真小人易知,而"伪君子"隐蔽,当他们披上道德的外衣时更易于迷惑世人。"伪君子"们会将自己内心真实的恶意动机层层包裹,让人们很难察觉发现,以这种骗术包藏祸心,利己以害他,故"真小人之为患,深之不过数世,浅则殃及其身而已;伪君子则直酿成伪家声、伪国风、伪世俗,灾及万世而不可穷。"①

二、去伪存真

《伪君子篇》有云:"自内言之,人之所以受名利之诱,而演出千百之伪状者亦一。一者何?心伪而已。"②关于君子为何而伪,陶行知认为源自内在品性,这些人被外在名利诱惑,导致心伪。名利实然存在但不被诱惑很难成为"伪君子",心里作祟"受名之诱",难免"演出千百之伪状","人而心伪,则耳目口舌俨然人也,而实假人矣"。③那么,何以让人做到心真?陶行知在《伪君子篇》中提出要做"真人",即人的心要真诚,为人须诚实,这一理念常见于陶行知一生的著作之中,如《育才十二要》中的做人"要诚实无欺"。"真人"必然心诚,"心伪与否是判断真人与假人的根本标准"。诚既是我国传统文化中极为重要的道德规范,也是道德修养的重要方法。诚的基本要求就是做人要真,诚具有丰富内涵,先贤孔子所言信、笃,均有诚之意涵,尔后孟子承继,《中庸》深化。孟子曰:"思诚者,人之道也。"④荀子曰:"君子养心莫善于诚,致诚则无它事矣。"⑤《礼记·中庸》有云:"君子诚之为贵"。诚是做人之根本。笃诚之人,必是真心实意地履行自身义务和责任。这意在表明诚是道德修养的重要一环,更是事业取得成功的保证。孟子有云:"反身而诚,乐莫大焉。"⑥诚是一种积极健康的心态,守诚之人心中坦然,无所顾虑。总之,诚有以下含义:其一,为人处世之根本;其二,道德修养之关键;其三,健康精神之境界。"真人"品格要求做人要诚于内心,遵守做人底线,时刻对自己的内心涤除玄览,正如"其胜其败,是在及早努力,百折不回,在心中建立真主宰,以防闲伪魔。

---

① 华中师范学院教育科学研究所主编.陶行知全集(第一卷)[M].长沙:湖南教育出版社,1984:26—27.
② 华中师范学院教育科学研究所主编.陶行知全集(第一卷)[M].长沙:湖南教育出版社,1984:26.
③ 华中师范学院教育科学研究所主编.陶行知全集(第一卷)[M].长沙:湖南教育出版社,1984:26.
④ 方勇译注.孟子[M].北京:中华书局,2010:138.
⑤ 张觉撰.荀子译注[M].上海:上海古籍出版社,2012:25.
⑥ 方勇译注.孟子[M].北京:中华书局,2010:258.

行出一真是一真,谢绝一伪是一伪。譬如淘金,期在沙尽金现,顾可因其难而忽之哉"①所言,"真人"品格在承继古代"诚"之意蕴的基础上,更加主张人应及早践行不要怕困难,在自己心中建立真主宰,切莫懒漫散堕让真心陷入歧途无法自拔,以善之诚心驱除恶之伪心,就像淘金一般,沙不尽金不现,君子不伪需要破除名利,去除诱心,要让自身内心诚敬,以"真我"驱"伪我",以"真心"去"伪心",以"真行"去"假行",由"行"达到"真"。通过对"伪君子"的伦理思考,便于理解陶行知"真人"品格意蕴。

第二节 "伪君子"的蜕变主因:缺乏廉洁教育

2022年,中共中央办公厅印发《关于加强新时代廉洁文化建设的意见》,指出一体推进不敢腐、不能腐、不想腐,不仅是反腐败斗争的基本方针,而且也是新时代全面从严治党的重要方略。对陶行知廉洁教育的内涵挖掘,要结合历史场域、陶行知育人思想、陶行知育人名篇等来综合研究。陶行知曾在《伪君子篇》中严厉揭示"初心是伪""追名逐利"的"伪君子""假小人"的劣行,明确提出要培养"真人"品格,加强人格修养,自觉抵制不良社会行为。结合陶行知其他名篇,如《我们的信条》之"最高尚的精神是人生无价之宝,非金钱所能买得来,就不必靠金钱而后振作,尤不可因钱少而推诿"②;《因循篇》之"因循既由畏、惰、自满、自私、宴安诸念所致,则欲远离因循,自非排去畏、惰、自满、自私、宴安五念不可"③等论述,其中人之"伪""私"等,无不体现道德教育重要性,若细化研之,"名""利""伪"等更与一个人受廉洁教育的程度相关。

一、廉洁教育内涵与意蕴

陶行知廉洁教育内涵主要体现在,树立廉洁意识,培养诚信自律,强调社会责任。

第一,强化廉洁意识。陶行知在《尊重公共财产》一文中,明确指出"损坏公物,不是公民应有的习惯。这种坏习惯如不斩草除根,让它蔓延出来,渐渐的可以盗卖公产,甚至于可以盗卖国权"④,要坚决反对这种行径,"在合理的前提下,执行社会道德标

---

① 华中师范学院教育科学研究所主编.陶行知全集(第一卷)[M].长沙:湖南教育出版社,1984:28.
② 华中师范学院教育科学研究所主编.陶行知全集(第一卷)[M].长沙:湖南教育出版社,1984:652.
③ 华中师范学院教育科学研究所主编.陶行知全集(第一卷)[M].长沙:湖南教育出版社,1984:15.
④ 华中师范学院教育科学研究所主编.陶行知全集(第一卷)[M].长沙:湖南教育出版社,1984:612.

准,对人表示谦虚礼貌之义务"。① 公民道德是关涉社会公共生活领域的道德要求,体现的是对社会公共生活秩序及其公正性的追求;其核心是个人对于完美人格、理想人生价值的追求,开展廉洁教育要知晓以下几种情况,即"使人不敢取是刑法之事,使人不可取是会计严谨之事,公民教育之事乃在使人自得一种不愿取之精神"②,陶行知希望国人能够把廉洁品质内化于心,外化于行,不敢取、不可取是因为主体内心道德信念充实,而非惧于规范、制度,做到廉洁自觉,从而到达道德自觉,培育健全人格。陶行知廉洁教育思想对国家、民族未来之发展尤为重视,希望国人能把自身发展与国家发展、民族发展紧密结合,破障除弊,廉洁做人,和谐共生。

第二,强调诚信意识。强化廉洁意识是强调诚信意识的前提。"诚""信"各有含义,前者为处世之本,后者为呈实之证,即"以实之谓信"。诚的反面,即不诚。何为不诚,包括妄、诞、欺、诈四个方面。陶行知廉洁教育离不开对四者的道德教育。尤其要注意"伪"之意涵有四:其一,假装。其二,弃信背约。其三,伪善。其四,伪造。诚在于真,信在于实。信,是重要的基本道德要求,不仅要求对人要诚实不欺,在道德修养,道德践履中也要诚实不欺。《老子·六十三章》有云:"轻诺必寡信。"《朱子语类·卷二十二》有云:"度其事之合义与不合义。"做人要守大信,且不可轻诺。《论语·卫灵公》有云:"君子贞而不谅。"贞,即正,指固守正道,这里指大信。谅,即信,指不分是非而守信,这里指小信。然而,诚与信的共同特点,在于二者与情感有关。诚是不虚妄的情感抒发,信是不隐藏的情感认同,不虚妄与不隐藏都是诚的直解。《礼记·祭统》有云:"故贤者之祭也,致其诚信与其忠敬。"③这反映祭与诚、忠、敬的关系。为何有德之人要把诚、忠、敬融入到祭祀? 即有自尊。诚信含有忠、敬品质。诚,是人的一种真实的内心态度和品质,其基本要求在于"真",需要人择善而固执,且不"骗"己(他)。陶行知在《共和精义》中言之:"有大奸巨猾,以媚民手段,占窃神器,然朝违民意,夕可弹劾。"④有诚方有德,无诚则无德,做人一旦离开诚的德,势必会沦为空伪。

第三,强实社会责任。强调诚信意识是强实社会责任的关键。陶行知认为公开预算、清楚账目、爱护公物以及划分公私界限,做公民的不可无此精神。《尚书·说命下》

---

① 华中师范学院教育科学研究所主编. 陶行知全集(第三卷)[M]. 长沙:湖南教育出版社,1984:785.
② 华中师范学院教育科学研究所主编. 陶行知全集(第一卷)[M]. 长沙:湖南教育出版社,1984:612.
③ 王文锦译解. 礼记译解[M]. 北京:中华书局,2016:632.
④ 华中师范学院教育科学研究所主编. 陶行知全集(第一卷)[M]. 长沙:湖南教育出版社,1984:48.

有云:"其心愧耻,若挞于市。"①这说明耻与心相连,知耻是君子的必修课,是对优秀传统文化的承继,更是诚信的重要体现。《中庸》之"恐惧乎其所不闻"是继《尚书》之后续说诚信的表现。"相鼠有齿,人而无止"②,人应知耻,知耻是一个心理到生理的连锁反应,陶行知廉洁教育注重知耻教育,其言"人自私之念大过,则所为莫非扩张一己之利益。有益于我则求之,惟恐不力;利益少杀,则泄沓从之。"③陶行知希望国人把社会责任上升到爱国自觉,言之"吾人果爱人爱国,尤不当因循"。④

陶行知廉洁教育伦理意蕴,主要包含两个方面:一方面,知名懂利。子曰:"君子喻于义,小人喻于利。"⑤从义或从利是一个人成为真君子或真小人的分水岭。"社会里有一种人叫做守财奴。这种人的惟一的嗜好是把金子、银子弄到自己的腰包里来。腰包装满了,藏到皮箱里去。皮箱藏满了,埋到地下去。他惟一的遗憾是棺材太小。"⑥《荀子·劝学》云:"义则不可须臾舍也。为之,人也;舍之,禽兽也。"⑦义利尚且,名利趋同。另一方面,廉洁自律。陶行知在《育才二周岁前夜》一文中强调:"我们要渡过经济难关,是要开源节流,标本兼治。治标的办法,是在节约捐款。根本之计,则在从事有效之生产,以十年树木之手段,贯彻百年树人应大计。"⑧陶行知深信高尚的精神如同山间明月、江上清风一样,是用之不穷的。从《中华教育改进社全国乡村教育运动计划预算书》《中华教育改进社试验乡村师范及中心学校会计规程》《中华教育改进社试验乡村师范学校董事会章程》中,陶行知认为要免公有财产的损失,最要紧的就是需要把预算决算公开化,"到处要求一个公开的预算与决算",这是每一个公民应肩负的责任。

二、廉洁教育化育旨归

第一,"渐知自加检点"。陶行知廉洁教育的化育旨归,培养正直的"真人"。陶行知论道:"只知恶人之为伪,不知恶己之有时亦为伪,且每以得行其伪为得计。"⑨恶人

---

① 王世舜、王翠叶译注.尚书[M].北京:中华书局,2016:425.
② 王秀梅译注.诗经[M].北京:中华书局,2015:104.
③ 华中师范学院教育科学研究所主编.陶行知全集(第一卷)[M].长沙:湖南教育出版社,1984:13.
④ 华中师范学院教育科学研究所主编.陶行知全集(第一卷)[M].长沙:湖南教育出版社,1984:15.
⑤ 杨伯峻译注.论语译注[M].北京:中华书局,2012:54.
⑥ 华中师范学院教育科学研究所主编.陶行知全集(第二卷)[M].长沙:湖南教育出版社,1984:653.
⑦ 张觉撰.荀子译注[M].上海:上海古籍出版社,2012:6.
⑧ 华中师范学院教育科学研究所主编.陶行知全集(第三卷)[M].长沙:湖南教育出版社,1984:443.
⑨ 华中师范学院教育科学研究所主编.陶行知全集(第一卷)[M].长沙:湖南教育出版社,1984:27.

之所以伪,在于不顾自尊,不想堂堂正正,有尊严的活,做人要"渐知自加检点"。检点就是要重视自尊,发现自身之弊病而及时改之,不让愚弊偏蔽之情,冲动暴戾之气加身,要"了解一个人"。"真人"须自尊尊人,需要独立人格,更要具有"大丈夫"精神。诱惑前坚守真我,富贵时节制不挥霍,贫贱时坚守独立意志,强权下不妥协,此之谓大丈夫。陶行知在阐发"真人"品格时不仅吸收孟子关于"大丈夫"精神的主张,还做了进一步伸发。孟子认为做人的道理有很多,但最要紧的是一个人要有富贵不能淫,贫贱不能移,威武不能屈的精神,"大丈夫"要有自尊心,还要有骨气,有知耻心,时刻约束自己的行为,善于把一些社会不良现象转化为正向的自我道德律令来加以持戒,这就需要慎独,简单来理解就是自律,自律是为了自尊。

第二,自信自立自证本心。"'涂人之可以为禹'曷谓也? 曰:凡禹之所以为禹者,以其为仁义法正也。然则仁义法正有可知可能之理,然而涂之人也,皆有可以知仁义法正之质,皆有可以能仁义法正之具,然则其可以为禹明矣。"①普通人通过化性起伪,同样可以达善,自信是成功的关键。"外似斋庄,中实忿戾;表似密察,里实琐细;貌似正而志在矫,容似和而神在流。"这些都是一个人内心空虚不自信的体现。"自信而是,断然必行,虽遁世不见,是而无闷;自信而非,断然必不行,虽行一不义而得天下,不为。"②"真人"除了要有自尊,要有自信,相信自己能学好做好,从而学会自立。自信自立为顶天立地的精神,自信本心便不会自诬自欺,自信自立是出世的"大豪杰",是"整个的人",陶行知劝诫国人"要做一个整个的人,别做一个不完全、命分式的人"。③ 何为不是一个整个的人? 陶行知认为那些依赖他人的人、为他人当作工具用的人、被他人买卖的人等,这些人都有其共性,即不独立,受支配。

第三,培育奉献尽职的伦理情怀。子曰:"君子求诸己,小人求诸人。"④做人不可整日怨天尤人,自怨自艾。"伪君子服尧之服,诵尧之言,而处心积虑,设阱伏机,则桀纣也。桀纣,汤武得而诛之也。桀纣而尧,则虽善实恶,虽恶而难以罪之也;虽是实非,虽非而难以攻之也;真中藏假,虽假而难以察之也。博尧之名,而无尧之艰;享桀纣之利,而无桀纣之祸。无人非,无物议,伪君子以此自鸣,世人以此相隐慕。"⑤无论尧舜还是桀纣,定其善与恶尚有经可证,有典可查,反观伪君子"博尧之名,而无尧之艰;享

---

① 张觉撰. 荀子译注[M]. 上海:上海古籍出版社,2012:345.
② 华中师范学院教育科学研究所主编. 陶行知全集(第一卷)[M]. 长沙:湖南教育出版社,1984:28.
③ 华中师范学院教育科学研究所主编. 陶行知全集(第一卷)[M]. 长沙:湖南教育出版社,1984:594.
④ 杨伯峻译注. 论语译注[M]. 北京:中华书局,2012:232.
⑤ 华中师范学院教育科学研究所主编. 陶行知全集(第一卷)[M]. 长沙:湖南教育出版社,1984:26.

桀纣之利,而无桀纣之祸"实属名实不副,表里不一,德位不配。"小人可以为君子而不肯为君子,君子可以为小人而不肯为小人"①,"仁义礼智本自修"的君子受人钦崇,而"放僻邪侈本自贼"之小人受人轻鄙,何况"伪君子"既不是君子,也不是小人。德行高与低要靠自身躬行践履,自造自取,这旨在告诫世人失去自强品质,会招致很多麻烦,贫贱富贵、事业成败均会受此牵连。自愿,即一种整合自尊自律和自信自立后的处世境界,一种甘愿奉献的精神。在陶行知看来,做"真人"要有奉献尽职的伦理情怀。"真人"品格中要有社会责任感,还要有奉献精神。古人曾把"世道""人心""民生""国计"视为君子的"四大责任",反观《伪君子篇》伪君子的种种恶劣行径,做好"真人"何尝不把这四条作为终身奋斗目标。

三、廉洁教育模式建构

陶行知廉洁教育模式的一般建构,遵循"明义利,行廉能,守俭耻"之范式。具体而言,"明义利"是对传统文化的认同与汲取,"行廉能"是对尚廉的综合思考,"守俭耻"蕴含着丰富的辩证思维。综合来看,体现廉洁教育的义利观、廉能观和俭耻观。

第一,明义利。传统义利观是建构陶行知廉洁教育模式的基础。传统义利观主要探讨的是道义与利益之间的关系,特别是对公利与私利的关系探讨。孔子主张"先义后利"的义利观。即由"仁"这一最高的道德原则和这一原则所指导的道德规范体系。他对于"利"的理解,一个人在多种可能的道德选择中如何处理"义、利"关系,是道德评价的一个重要标准。这也就是他所说的"君子喻于义"。他并不完全排斥"利"的重要性,只要某些个人利益符合道德原则,那么这些利益也是应该的。"富而可求也,虽执鞭之士,吾亦为之。如不可求,从吾所好。"②"利"和"得"指个人利益,"放于利而行,多怨。"③"富与贵,是人之所欲也,不以其道得之,不处也。"④只要是应得的财富和地位,就应该泰然处之。但他并没有否认"利"的重要性,只是没有明确地区分"私利"与"公利",因此,似乎在反对一切利益。孟子继承并发展了孔子的"重义轻利"的伦理思想。作为一种处事的原则,只能讲义,不能讲利。他认为对人民进行教育,处理人和人之间、国与国之间的关系,也只能讲义,不能讲利。但他并不反对统治者要注意人民生活

---

① 张觉撰,荀子译注[M].上海:上海古籍出版社,2012:346.
② 龙汉宸,论语[M].北京:北京燕山出版社,2009:60.
③ 龙汉宸,论语[M].北京:北京燕山出版社,2009:31.
④ 龙汉宸,论语[M].北京:北京燕山出版社,2009:29.

的改善。《梁惠王章句上》中,就可以看出,只有讲究义,才能维护当时的等级制度。在孟子看来,统治者只讲利不讲义,丢掉了君臣、父子、夫妇、兄弟等人和人之间的人伦关系,就会导致社会上的相互争斗,人们将会为了自身的利益不顾一切。孟子主张用仁义道德去教育人民,要人民都不要去计较物质利益,完全按照道德的要求行事。如果统治者肯这样去做,不但国民归服,而其人还将统治整个天下。荀子提出"义与利者,人之所两有也"的理论。从某种意义上来说是荀子对"性善论"的一种让步和妥协。对于义利两者,要根据情况,分析比较,既不能只重视义而轻视利,也不能重利而轻视义。他认为"利",即"欲利",是人人生而就有的生存欲望,是不可能从人的身上消失的,要想去除人的"欲利",也就必然会消除人本身。人们的道德原则并不是和人的"欲利"相矛盾的,只是在两者关系上,让其"欲利"服从其道德原则,不能反之,即以义制利。荀子是一个新兴地主阶级的思想家,在利欲问题上也提出了比较进步的思想,从"养"来进行等级的分工,使人们在"礼"的制度下,"养人之欲,给人之求"。他的"礼"的作用,即用"养"和"分"的关系来调节人与人之间的关系,包含着一定程度上也要照顾到劳动人民的某些最必要的生活要求,有着某些合理的因素。义利之义,即公利、公义、道义,而义利之义,除了有熟识的等级关系涵义之外,义还有恰当之意,尤其是对善恶是非的恰当决裁。当面对利益时,凡符合道义可取,不符合道义要弃。《管子·五辅》有云"义有七体",即"孝悌慈惠以养亲戚",对于君上要恭敬忠信,以行礼节要中正比宜,"整齐搏拙以辟刑戮",学会"纤啬省用以备饥馑",掌握"敦懞纯固以备祸乱"以及"和协辑睦以备寇戎",义与具体的伦理关系、道德德目紧密相关。如"孝悌慈惠以养亲戚",如何孝养内外亲属,即用孝、悌、慈、惠以待之,其中孝慈就是具体德目。儒家倡导父慈子孝,父子即一种伦理关系,而孝慈就是与父子这种伦理关系相对应的"义",即具体的做法,这里"义"与德同义,无较大差异。陶行知在《伪君子篇》中使用了大量的道德德目,此篇不仅是一篇教人辨伪的文章,更是教人学德习德,以德修身,从而以德养廉的名篇,其言道:"任情则曰率性"[丙],"矫饰则曰尽伦,拘迫则曰存心,粘缀则曰改过,比拟则曰取善"[乙],"虚见则曰超悟"[丙],"持位保禄则曰老成持重,躲闲避事则曰收敛定静,柔媚谐俗则曰谦和逊顺"[丁],"意气用事则曰独立不惧"[己],漫然苟出则曰如苍生何,逐物意移则曰随事省察,心志不定则曰讼悔迁改,苟贱无耻则饰以忍耐……假警惕以说滞,借自然以释荡"[①],这些纯粹利己的虚伪情状显然不符合义利之举,更与陶行知廉

---

① 华中师范学院教育科学研究所主编.陶行知全集(第一卷)[M].长沙:湖南教育出版社,1984:25.

洁教育思想相悖。尚廉,即做人要情性圆融,尽职尽伦,表里如一,德位相配,名实相符等,这些都是廉洁教育中的重要组成部分,达到一个目的,就是明义利,知廉洁,但当时的"伪君子"们利欲熏心,无往不利。

第二,行廉能。践行廉能是建构陶行知廉洁教育模式的核心。明义利,便于倡行廉能。何以见得?《谈武训精神》谈到:"武训精神可以三无与四有来回答。一无钱,二无靠山,三无学校教育。有此三无,照一般想法,那能做什么事?可是他有四有,即是:一有合乎大众需要的宏愿,二有合乎自己能力的办法,三有公私分明的廉洁,四有尽其在我、坚持到底的决心。"①廉能是一个复合概念,公私分明属于明义利范畴。《每天四问》中也谈到:"私德不讲究的人,每每就是成为妨害公德的人。"②"私德最重要的是'廉洁',一切坏心术坏行为,都由不廉洁而起。"③何谓廉能?古人常把它与廉善、廉敬、廉正、廉法和廉辨相统一来论。与以往的"清、慎、勤"而言,对廉能的阐释更为深入。这里需要区分廉之"善""敬""正""法""辨"与廉之"能"的意涵。通过郑玄的解读,即善,善其事有辞誉;能,政令行;敬,不懈于位;正,行无倾邪;法,守法不失;辨,辨然不疑惑。推行政令的成效如何与善于办事、谨慎勤劳、公正客观、遵纪守法、明辨是非等相关,这里充满着通达智慧,但前提是要廉。实际上,廉能还可以细分为三个层面。首先,浅层。对"清、慎、勤"的本义理解。这包括两个方面:其一,以三者是平行关系来看。清廉只是其中一个方面,只做到清廉还不够,还需要"慎"的参与,可以理解为慎独等义,慎独在儒家思想中占有重要地位,它与诚密切相关,慎独倡导做人首要学会"独"而后"慎",独处可以检验清廉之结果,同时少不了"勤",即有尽力、经常、担心等涵义。其二,以三者是递进关系来看。"慎""勤"是对"清"的高阶检验。前者检验内心境况,后者检验外在行为。其次,中层,即对"善""敬""正""法""辨"与"能"的拓展理解。最后,深层,即为人廉洁的一种较高境界,"高官廉而不贪财",是一种引申理解。这种"高官廉而不贪财"的境界把明义利与行廉能做了高度融通,包含对十六种善恶行为(如利己以害他、完全害己、害他以利他等)的深度理解,自觉守廉。

第三,守俭、耻。熟识俭德、耻德是建构陶行知廉洁教育模式的关键。这也是学界普遍认可的结论。二德侧面检视廉能。《说文解字》释义"廉"为"仄",其本义指堂屋的侧边,后多用"廉"来喻人清正、高洁,而"俭"为"约",《说文解字注》释"约"为"缠束",为

---

① 华中师范学院教育科学研究所主编.陶行知全集(第三卷)[M].长沙:湖南教育出版社,1984:521.
② 华中师范学院教育科学研究所主编.陶行知全集(第三卷)[M].长沙:湖南教育出版社,1984:471.
③ 华中师范学院教育科学研究所主编.陶行知全集(第三卷)[M].长沙:湖南教育出版社,1984:472.

约束、节制，后引申为节俭、俭省。"俭"如何养"廉"，即寡欲以养廉。廉与耻是儒家道德规范体系的重要范畴，二者都是道德规范在个体身上的体现，廉与敛相通，是"在本义上包含自我身心体认之后的行为选择"，"耻是廉的先决因素"，知耻可以让人达廉。培根在《人生论》中对"私利"的阐释值得深思，"臣仆所获得的利益与他们自己的命运成比例，但他们为了获得那个利益而带来的伤害，却是与他们的主人的命运成比例"。①廉洁与义利、知耻等关系紧密，陶行知在《为各省征购粮食弊端百出苛扰不堪请政府迅速申明禁令以纾民困而维系战区人心案》一文中强调："公家所定购粮现款及运费，皆为数至俭。在此生活昂贵之时，率不能供运夫一饱，且大多扣不发给。"②廉洁与私利、公正、尚忠等关系紧密，如"廉之谓公正""忠非廉则欺"，同时俭也养廉，"俭则无贪淫之累"，古人认为以廉自律，也可以俭自律，耻跟廉就更好理解了，"人有耻则能有所不为"，知耻而自律，"知耻是一种自觉的求荣免辱之心"。

四、廉洁教育模式建构的价值启思

第一，注重文化传承。道德情感。梁启超有云："真能自尊者，有皑皑冰雪之志节，人后能显其落落云鹤之精神；有谡谡松风之德操，然后能载其岳岳千仞之气概。"③高尚的情操、德性、志气等好品质都从自尊中获得，"真人"品格也必承继"大丈夫"精神，但"真人"更要与广大人民群众打成一片，从大众中来到大众中去，更要具有不同于一般民众的"摇不动"的"国人气节"，"真人"要有历史责任感，要有社会使命感，要了解一个"中国人"。

第二，加强廉洁教育。落实自律教育，陶行知认为需具有健康体魄、独立思想、独立职业，这些人也有其共性，即有担当，有思想。自立与独立还略有不同，自立是一个人获取物质的能力，而独立更偏向人际协调，侧重个体思维、灵魂等精神世界。然而，世间能够自立的人很多，但能做到完全独立的人却很少。发自内心欣然接受廉洁教育思想的人，不可能是自私自利的。此外，陶行知在《中华教育改进社试验乡村师范学校董事会章程》《中华教育改进社试验乡村师范及中心学校会计规程》等相关规章制度中提出较为系统的防腐举措，如要有合理且有效的预决算制度；建立有效的监管机制；管理财产的工作人员必须要有明晰的账本、收据；收支明细要清晰等。

---

① 培根著，王义国译.论人性[M].北京：东方出版社，2011：89.
② 华中师范学院教育科学研究所主编.陶行知全集（第三卷）[M].长沙：湖南教育出版社，1984：798.
③ 梁启超著.新民说[M].北京：商务印书馆，2016：141.

第三,厚植高尚人格。陶行知把《大学》篇中的"在止于至善"阐发为"在止于人民之幸福"。将"至善"的目标更加明晰化,要"不贪、不敢、不想",为人民幸福而努力。如何达到幸福,这与一个人的力、才、命、德与欲密切相关,值得深思。"至善"为高尚人格的培养又提出具体要求:其一,理解明德。德有私德、公德、大德(如大功德)之分,要明确自己践履的是何种德性。明明德,在于体现道德素养的重要性,知道人伦之理,履行好自身的社会伦理角色。其二,知晓亲民。亲民,在于体现人的道与德"成就"程度的具体使用,其中这里的"民"应是教而可改的。"至善"教人达到一种境界,体现"时中之法",把"内用"至善与"外用"至善结合,自立立人,自强奉献。陶行知认可"天下为公"是大德,主张学做"真人"应有合理的物欲追求,但关键在于要能正确处理公德与私德的关系,认为个体、团体、民族乃至国家能否长久兴盛,关键在于每个社会成员能否一如既往地秉持社会公德。

第三节 真"君子"的应然之态:以《诗》为据的追溯

"君子"一词贯穿古今含义久远。古代典籍中,如《尔雅》对"君"则阐释为:"林、烝、天、帝、皇、王、后、辟、公、侯,君也。"①这里认为"君"是一个含义众多的称谓,对"子"的解释为:"子之子为孙,孙之子为曾孙……"②这里主要涉及伦理亲属方面。又如《说文解字》对"君"的解释为:"尊也。从尹發號,古文象君坐形。故从口。"③对"子"的解释为:"十一月,陽气動,萬物滋,人以爲偁。象形。凡子之屬皆从子。"④到了现当代,胡适先生认为:"'君子'本意为'君之子',乃是阶级社会中贵族一部分的统称。"⑤童书业先生也有"'君子'本是阶级的名词,就是贵族;但孔子所谓'君子',许多已是人格的名词,就是好人。以称贵族的名词来称好人,可见当时统治阶级所认为好人的,只是贵族阶级的好人,所以作为人格名词的'君子'仍有阶级性"。⑥ 由此可见,虽然"君子"属于贵族阶级,天子理应包含在其中,但是对于"君子"称谓的落实并不真正落实在天子这一层面,而是借助其他外在的媒介(如大夫、宾朋、友人的行为表现)来虚指天子。金景

---

① 管锡华. 尔雅[M]. 北京:中华书局,2014:2.
② 管锡华. 尔雅[M]. 北京:中华书局,2014:330.
③ [汉]许慎撰,[宋]徐校订. 说文解字[M]. 北京:中华书局,2013:26.
④ [汉]许慎撰,[宋]徐校订. 说文解字[M]. 北京:中华书局,2013:311.
⑤ 胡适. 中国哲学史大纲[M]. 北京:东方出版社,1996:99.
⑥ 童书业. 先秦七子思想研究[M]. 济南:齐鲁书社,1982:25.

芳、吕绍纲二位先生认为:"'君子'最早肯定是个阶级的概念。就像诸侯之子称公子,天子之子称王子一样,君子就是君之子。君之子当然是贵族,是统治阶级。"[1]叶舒宪先生对"君子"一词也有独到的解释,他认为:"最初的'君'与'尹'既是部落酋长,又是祭祀长,这正符合人类学上所说的祭祀王的双重条件。再细究之,'君'的含义不指君主,而是圣职和神权的标记。因为祭祀王首先必须是神权的把持者,祭祀礼仪乃部落社会的头等大事。……君子概念产生于'君'的世俗化之后,'子'为男性美称'君'与'子'合成新词,本指脱胎于祭祀王传统的上层统治者,主要应用于原始儒家的著述中,其后又经历了一个道德化的过程和宽泛化的过程。"[2]总之,上述对"君子"概念的探讨十分激烈,从而引发笔者兴趣就《诗经》中的"君子"内涵作相应研究。

在解释《诗经》中的"君子"人格前,有必要对"君子"与"人格"作一阐释,因为"君子"人格是一个复合概念。"君子"在前诸子时代的元典中就已存在,"人格"则是现代社会发展过程中的一个心理学术语,而"君子"人格更是侧重于君子的道德人格,它是君子"道德修养"的内在规定性,也是儒家提倡的理想人格。学界之所以对"君子"与"人格"两个概念如此重视,在笔者看来主要原因:首先,强调有"位"无"德"的危害性。如殷商作为一个大邦国,最终却被小邦周以牧野一役而取代,这就是"殷德"不配"时位"的很好例证。其次,彰显"位""德"互补的和谐性。周人取得天下,并有序地制定出一系列治世思想如"有孝有德""修德配命""敬德保民"等,即处理好"德与宗法""德与天命""德与臣民"间的和谐关系,其实这也是充分认识到"德与位"两者间的辩证关系。最后,提出"德"优于"位"的重要性。时隔千年的《尚书·康诰》中就记录了周公对康叔上任之前所做的训诫之辞,周公早就着重强调实行"德政"的重要性,因为这是巩固政权的有效手段,他甚至认为对于统治者而言,"德"比"位"更重要,希望康叔可以"德裕乃身",这样才"不废在王命"。

一、《诗经》"君子"诗

"君子"一词在《诗经》中所占比重很大,除了像我们平常认为的如有道德的人之外,《诗经》中"君子"还有其他丰富的意蕴,《诗经》"君子"诗涉及多个生活场合,赋予"君子"以不同身份称谓。总的来说,《诗经》"君子"诗歌所涉及的内容概括起来主要有:其一,对"君子"的期盼与追怀(如《唐风·有杕之杜》《小雅·裳裳者华》)。其二,对

---

[1] 金景芳,吕绍纲.周易全解[M].长春:吉林大学出版社,1989:20.
[2] 叶舒宪.诗经的文化研究[M].武汉:湖北人民出版社,1994:239.

"君子"宴饮之乐的描述与勾勒(如《小雅·鹿鸣》)。其三,对"君子"祈诚与尚德的刻画与描写(如《周南·樛木》)。其四,对"君子"昏庸与无道的指责与劝诫(如《小雅·小弁》)。其五,对"君子"等级与身份差异的称谓与确立(如《卫风·淇奥》《小雅·庭燎》)。

第一,"君子":一个身份多维的意蕴称谓。在《诗经》中"君子"一词的含义十分丰富,经整理:《诗经·国风》中主要有十二种对"君子"的称谓。即其一,对适婚男子的称谓(如《周南·关雎》)。其二,对神明的称谓(如《周南·樛木》)。其三,对在外服役征夫的称谓(如《周南·汝坟》)。其四,对外久不归丈夫的称谓(如《召南·草虫》)。其五,对在位且有官职的人(大夫)的称谓(如《邶风·雄雉》)。其六,对昏庸无道君主的称谓(如《鄘风·君子偕老》)。其七,对诗人自己的称谓(如《鄘风·载驰》)。其八,对一国之君的美称(如《卫风·淇奥》)。其九,对在家夫君的称谓(如《王风·君子阳阳》)。其十,对情郎的称谓(如《唐风·扬之水》)。其十一,对贤者的称谓(如《唐风·有杕之杜》)。其十二,对品德高尚一类人的称谓(如《曹风·鸤鸠》)。《诗经·小雅》中主要有十三种对"君子"的称谓。即其一,对宴饮宾客的称谓(如《鹿鸣》)。其二,对作战将军的称谓(如《采薇》)。其三,对行军统帅的称谓(如《出车》)。其四,对宴饮宾客的君王的称谓(如《南有嘉鱼》)。其五,对天子的称谓(如《蓼萧》)。其六,对祭祀神明的称谓(如《菁菁者莪》)。其七,对诸侯大臣的称谓(如《庭燎》)。其八,对朝中群臣的统称(如《雨无正》)。其九,对昏庸君主的戏称(如《小弁》)。其十,对贵族的称谓(如《大东》)。其十一,对流放之人的称谓(如《四月》)。其十二,对古之明王的称谓(如《裳裳者华》)。其十三,对丈夫的称谓(如《隰桑》)。《诗经·大雅》中主要有四种对"君子"的称谓。即其一,对祭祀神明的称谓(如《旱麓》)。其二,对忠将良臣的称谓(如《桑柔》)。其三,对君长的称谓(如《抑》)。其四,对大夫的称谓(如《云汉》)。《诗经·鲁颂》中仅有一种对"君子"的称谓。即对国君的称谓(《有駜》)。

第二,对《诗经》君子诗的几点思考。一方面,"君子"是一个多元价值评价称谓。以往多数人对"君子"的定性都是褒义的,尤其是经过孔子《论语》的"熏陶",如日原利国所认为:"随着以孔子为代表的原始儒家思想在道德、文化方面的主导地位的不断加强,'君子'一词逐渐演变为对具儒教德性、教养,人格高尚者的指称。"[①]马克斯·韦伯在《儒教与道教》一书中也认为:"在儒家的学说里,这个词用来形容有教养的儒教

---

① 日原利国.中国思想辞典[M].东京:研文出版,1984:91.

徒,而在孔子本人的眼里,这个名词就相当于'有教养的人'。"①这就使得"君子"的地位更是越加崇高。但是《诗经》中的"君子"除了上述含义外,还具有讽刺含义,这在整部《诗经》中尤为常见,同时也占据着重要篇幅。如,"君子"一词带有明显刺世含义的诗歌,如《邶风·雄雉》《魏风·伐檀》。另一方面,"君子"具有神圣性与世俗性特征。在《诗经》各部分中"君子"所涉及的领域十分广泛,包括政治、军事、文化、生活等方面,如日原利国在《中国思想辞典》中就认为:"从《诗经》《书经》的用例中可以知道,上古时期的"君子"是对周王朝贵族统治者的一种身份称谓,也是对体现一定生活行为方式(贵族文化)的王、侯、大夫、主人、贤者等人群的美称。"②翟相君就《诗经》中"君子"一词也概括道:"我考察了《诗经》中的'君子',多数可以断定为周王、诸侯、大夫、贤者,凡身份不明的君子,都按这四种身份去验证。"③但人文学者张岩先生在《从部落文明到礼乐制度》中则认为:"先秦典籍中并没有将'天子'称为'君子'的明显例证。"④他还以《毛诗小序》中的《假乐》为例,作了进一步补充明,这就牵扯到《诗经》中"君子"适用受约的方面。笔者以《小雅·蓼萧》和《小雅·南山有台》中的称谓指代为例加以阐释。通过对诗文的熟识,我们认为《小雅·蓼萧》这首诗中的"君子"即周天子,从"既见君子,我心写兮"⑤"既见君子,为龙为光"(p.363)等句就可以看出这是诸侯对天子的敬称,"既见"这里省略了主语,即已经看到了"君子"的诸侯,而"我心"则是泛指众诸侯的内心世界,"写兮"即真心舒畅,来体现出天子独有的人格魅力,光亮且具有映照性。而《小雅·南山有台》这首诗中的"君子"就并非天子了,对于"乐只君子,万寿无疆"(p.360)中的"君子"的解释如张岩先生认为的那样,这是来自他者的祝福,正是周天子直接向神的祈福,故此"君子"即神灵。以上两种观点都有一定的道理,倘若偏向一隅难免会得出存有偏颇的结论,得出这样的结论的其中一个重要的原因,在于研究视角以及对诗旨内容的理解不同而存有差异。简要来说,前面的学者是从传统文化的角度来阐述,"君子"具有世俗性,而后者是特定从宗教伦理的角度来阐述,"君子"具有神圣性,而这一特征在以后的评述中,尤其是经过儒家,由于"子不语怪力乱神"的前期铺垫,"君子"的神圣性特征在尘世间已消失殆尽。

---

① 马克斯·韦伯,洪天富译.儒家与道教[M].南京:江苏人民出版社,2010:52.
② 日原利国.中国思想辞典[M].东京:研文出版,1984:91.
③ 翟相君.诗经新解[M].郑州:中州古籍出版社,1993:5.
④ 张岩.从部落文明到礼乐制度[M].上海:上海三联书社,2004:314.
⑤ 王秀梅译.诗经[M].北京:中华书局,2015:363,以后文中所出引用语句,如若没有明确标注出处,均出自该版本《诗经》,在此只注明相应页码。

第三,"君子"的适用范围因地而异。这里所指的"因地而异",主要体现在不同地区由于受到不同环境的影响,而产生对于"君子"不同惯用的适用特点。这里主要牵扯到《诗经》"君子"诗歌产生的影响因素,其中的根本因素,即自然环境因素。这里主要表现在对《诗经》"君子"诗歌伦理情感表达的影响。古人对自然环境与人的情绪情感及创作之间的关系关注已久,如梁代钟嵘《诗品序》中有云:"气之动物,物之感人,故摇荡性情,形诸舞咏。"①可见自然环境对人的性情有着极为密切的关系,这对《诗经》的"君子"诗歌中"君子"指代方面也同样会有影响,以《诗经·秦风》中的"君子"指代为例,这跟秦地所辖地区(大致包括今陕西中部和甘肃东南部)的自然环境旷达雄浑有关,加之秦地有尚武风俗,致使《诗经·秦风》总体给人以豪迈奋进的伦理情感体验,最后导致《诗经·秦风》中所出现的"君子"主要指代秦襄公、征夫两类人。而在《诗经·周南》中"君子"的适用范围则有很大不同,经整理这里的"君子"主要指代未婚男子、已婚男子、思妇之夫三类,加之周南所辖地区(大致包括今河南西南部及湖北西北部一带)的自然环境温暖湿润,又是周公姬旦的封地,与前者相比自然少了许多征战杀伐,戍守边疆,反之而来的是婚姻爱情与礼俗风尚。

第四,《诗经》"君子"之德具有层级性。首先,统治者要仁爱为先,夙夜为公。《诗经》的"仁爱"思想最早雏形可以追溯到《周易》一书,"君子体仁足以长人"②就表明如果君子实践仁德之本,就足以为人们的尊长。"安民以惠,黎明怀之"③进一步表达出统治者若给臣民以恩惠,他们就会把你牢记在心的仁爱理念。《诗经》对于此种思想的阐发则更为明确,"之子于征,劬劳于野。爰及矜人,哀此鳏寡"(p.389)通过详细描写一件周王派出臣子四野奔波救急流民的事,来证明周王的仁爱之心。除了"仁爱"之外,"九三,君子终日乾乾,夕惕若厉。无咎"④还提出了君子夙夜勤勉健进,可免于灾祸的启蒙之见。"自今至于后日,各恭尔事,齐乃位,度乃口"⑤则进一步要求统治者努力做好本职工作,不可懈怠的重要性。周代的统治者更是加强了对勤政为公的迫切需求,"夙夜匪懈,虔共尔位"(p.714)就强烈地表达出周王对百官发出的勿要懈怠忠于职守的警告。显然仁爱与勤政是一个统治者必不可少的基本素质,这在元典之中早已被

---

① [梁]钟嵘,周振甫注.诗品译注[M].北京:中华书局,1998:16.
② 杨天才,张善文译注.周易[M].北京:中华书局,2011:10.
③ 王世舜,王翠叶译注.尚书[M].北京:中华书局,2012:35.
④ 杨天才,张善文译注.周易[M].北京:中华书局,2011:3.
⑤ 王世舜,王翠叶译注.尚书[M].北京:中华书局,2012:110.

提出并予以不断重视与发展。其次,贵族要居安思危,忠诚可信。"君子以思患而预防之"①就提到了"居安思危"的思想,此后的"惟事事,乃其有备,有备无患"②更是进一步发展了此思想。《诗经》中"不敢暴虎,不敢冯河。人知其一,莫知其他。战战兢兢,如临深渊,如履薄冰"(p.446)更是进一步强调居安思危心存敬畏,时刻谨慎处政切勿肆意妄为。但在这我们还需要注意"居安思危"的一个匹配条件,即如果一个贵族的居安思危只是为了让自己活得更好,这有悖于国家的长治久安,因此必须对忠诚度加以规定。那么"用六,利永贞"③就给出了启示:如果一个人始终坚持追随正道,那么必然会有好的结果,这就能让我们为体悟到"昔公勤劳王家,惟予冲人弗及知。今天动威,以彰周公之德"④的深刻涵义打下重要基础。然而《诗经》对于"君子"在这方面的要求更是明显,"羔裘如濡,洵直且侯。彼其之子,舍命不渝"(p.163)就着重诠释了一个中正不阿为君劳的忠诚君子形象。最后,平民要尽职尽责,守礼致中。"六三,含章,可贞,或从往王事,无成有终。"⑤这直接指出尽职尽责的好处,其中的"无成"并不是无所作为,是功成而不居,尽职尽责做好自己的事。"惟日孜孜,无敢逸豫"⑥进一步把尽职尽责具体到不贪图安逸和快乐。"载驰载驱,周爰咨度"(p.328)更是看重做事要尽职尽责不辞劳苦。我国先秦社会十分看重对礼的正名定分作用,这是因为"礼"所具有的独特社会功能,"夫礼禁乱之所由生,犹坊止水之所自来也"(p.653)就说明了礼的作用。"守礼致中"即维序求中,这里的求中并不是求一个结果的中间,而是一个蕴含有"时中"含义,体现在发展过程中可以及时给予应对的能力,这需要及时恰当地给予最为贴切的秩序维护的适宜表现,周代的青年男女在邂逅相遇后,往往互相馈赠但又不失礼节。"投我以木瓜,报之以琼琚。"(p.132)"投我以木桃,报之以琼瑶。"(p.132)这反映出周时卫地男女自由恋爱的礼节,"投木报琼"在表达上要比"投桃报李"情感表达更深,男女双方要把自认为最好的东西赠予对方才是完成馈赠的最为致中的方式,从"匪报也"就可看出彼此珍惜之状。

第五,《诗经》"君子"内涵与文献考释间存在演变差异性。这主要体现为以下几点:其一,对"君子"的文献考释大体沿袭了《诗经》"君子"的原有含义。如许慎在《说文

---

① 杨天才,张善文译注.周易[M].北京:中华书局,2011:544.
② 王世舜,王翠叶.尚书[M].北京:中华书局,2012:419.
③ 杨天才,张善文译.周易[M].北京:中华书局,2011:37.
④ 王世舜,王翠叶.尚书[M].北京:中华书局,2012:165.
⑤ 杨天才,张善文译注.周易[M].北京:中华书局,2011:32.
⑥ 王世舜,王翠叶.尚书[M].北京:中华书局,2012:475.

解字》中对"君"和"子"的解释:君尊也,从尹发号,故从口,举云切。古文象君坐形①;子,十一月阳气动,万物滋,人以为称,象形。凡子之属皆从子。古文子,从"巛",象发也。籀文子,囟有发,臂胫在几上也。②可见,"君"有"君主"之意,"子"含有对小儿在襁褓中的象形描述,而"君子"即君主之子,故表明"君子"具有高贵身份,这与《诗经》中的"统治者"一层含义相同。其二,《诗经》"君子"的内涵被进一步阐发。《尔雅》对"君"则阐释为:"林、烝、天、帝、皇、王、后、辟、公、侯,君也。"③这里认为"君"是一个含义众多的称谓,对"子"的解释为:"子之子为孙,孙之子为曾孙。"④这里主要涉及伦理亲属方面,然而这些在《诗经》中却没有这么多对"君"的分类。其三,对《诗经》"君子"内涵的出处提出了质疑。学界一般有两种观点。一种观点认为"君子"来自《尚书》。《虞书·大禹谟》:"济济有众,咸听朕命!蠢兹有苗,昏迷不恭,侮慢自大,反道败德,君子在野,小人在位,民弃不保,天降之咎,肆予以尔众士,奉辞伐罪。尔尚一乃心力,其克有勋。"⑤"君子在野,小人在位"是我国元典最早关于君子与小人的记载。另一种观点认为"君子"来自《周易》。如《周易·乾卦·九三》:"君子终日乾乾,夕惕若,厉无咎。"⑥《周易·坤卦》:"君子有攸往,先迷;后得主,利。"⑦前者从爻辞的演变过程来分析君子的吉凶,后者是从君子所处方位来判定实际利弊。

二、"君子"人格内涵

《诗经》中的"君子"人格内涵,令德令仪是其重要的内容,它包含着内在(令德)与外在(令仪)两个方面,但值得注意的是对"令德"的内在道德要求绝非仅仅只有品行一个内容,下面将作分别论述:

第一,令德令仪。这是对"君子"人格内涵的宏观表述。《诗经》中的"德"主要涉及德音孔昭、德音不已、其德不犹以及德音秩秩,即"令德令仪"的具体体现。首先,礼与德的关系。李泽厚先生以为:"'德'大概最先与献身牺牲以祭祖先的巫术有关,是巫师

---

① [汉]许慎撰,[宋]徐铉校订.说文解字[M].北京:中华书局,2013:26.
② 中华书局编辑部.康熙字典[M].北京:中华书局,2010:311.
③ 管锡华.尔雅[M].北京:中华书局,2014:2.
④ 管锡华.尔雅[M].北京:中华书局,2014:330.
⑤ 王世舜,王翠叶.尚书[M].北京:中华书局,2012:364.
⑥ 黄寿祺,张善文.周易译注[M].北京:中华书局,2016:3.
⑦ 黄寿祺,张善文.周易译注[M].北京:中华书局,2016:26.

所具有的神奇品质,继而转化成为'各氏族的习惯法规'。"①"原始巫君所拥有与神明交通的内在神秘力量的'德',变而为要求后世天子所具有的内在的道德、品质、操守。这种道德、品质、操守,仍然具有某种自我牺牲、自我惩罚、自我克制(如祭祀时必须禁欲、斋戒等等)特色,同时它又具有魔法般的神秘力量。所有这些,便都是原巫术礼仪的遗迹残痕。'德'的外在方面便演化成为'礼'。"②因此"德"和"礼"的结合表明人们的思考趋理性化。其次,神与德的关系。两者还处于一种感性化阶段,不过"德"的内在特质正如李泽厚先生而言,并没有发生重大改变,"德"的外在方面演化成为"礼","德"的内在演化。所以"德"与"神"之间依靠尘世间的"敬"去连接,总体以德配天—天佑苍生为发展路径,这里的以德配天不仅仅指君王,臣子百姓的道德品行同样受到上天的监视。"神"与"德"的关系在巫觋文化中表现十分明显,但在礼乐文明阶段"神"的强大作用逐渐被弱化,"敬"的作用则日益增强,当然礼乐文明这里所凸显的"敬"的含义与巫觋文化中的含义截然不同,由于篇幅原因在此略去不论。最后,君子与神、德、礼的关系。"君子"是"神"与"德"和"礼"的沟通桥梁。在"神"与"德"和"礼"中,"德""礼"依附于"君子"的表现得以呈现,"神"根据"君子"的德行予以保佑和守护,可见"君子"在三者之间起到中介作用,然而"君子"具体的德行主要是以内在与外在两方面加以表现,即:"君子"的德能楷模与德能政绩。"我有嘉宾,德音孔昭。视民不恌,君子是则是效。"(p.325)简要来理解,我的嘉宾满客座,自身贪图高雅明辨事理并且宽厚待人,不轻视他人,是君子学习的好榜样。"不恌""德音孔昭"是在表明一个人的内在修养,这里的"君子"具有传播道德品性与榜样树立的功能,之所以君王可以有"我有旨酒,以燕乐嘉宾之心"(p.325)的祥和安稳的精神享受,这全归功于"君子"自身的德行感触上天,以获得神的赐福与保佑。"岂弟君子,俾尔弥尔性,百神尔主矣。"(p.652)这表明君王与上天神灵的独特关系,"君子之车,既庶且多。君子之马,既闲且驰。"(p.655)君子的车马之多暗示着装载的祭祀品也多,这又再进一步说明了君王对祭祀的忠贞德行与百神的保佑密不可分,祭祀品的繁多间接说明了国力的不断壮大,表明了君王的丰功伟绩以及对礼的坚守,正因如此君子才试图以自身的政绩来取悦于上天,以祈求更多的赐福。

总之,在"令德令仪"中,"令仪"生"令德"而"令德"生"威仪",前者是指由美好的仪

---

① 李泽厚.由巫到礼 释礼归仁[M].北京:生活·读书·新知三联书店,2015:21.
② 李泽厚.由巫到礼 释礼归仁[M].北京:生活·读书·新知三联书店,2015:23.

态而产生美好的德行,而后者指君子的内在表现,包含仪容、仪表、行为举止等。"令德令仪"是以正面视角来参看"君子"应具有的德行,反映了特有时代对人的全面发展的要求,而"德""仪"兼备的君子充分满足了当时社会对人的全面发展的素质要求。

第二,防微杜渐。防微杜渐是对"令德令仪"中的"令德"部分的重要补充,因为正如上文说述,品性方面的道德要求并不是"令德"内在的全部内容,它还需要有防微杜渐,即对机遇的良好把握加以支撑。在《诗经》中的 62 首"君子"诗歌中,"防微杜渐"的思想充斥着《诗经》26 首诗歌。《诗经》中"防微杜渐"的一大特点就是通过他者劝诫来表达对"君子"人格的要求,大致可以总结两点:靡哲不愚。《诗经》的一大魅力就在于它可以用含蓄温婉的词语搭配诚恳用心的语调来阐释和说明一个重要的人生道理。以我们对孔子的了解,当他对诗歌做篇章次序调整时一定做到了精益求精,并且也一定设定好了预设读者,这少不了他把当时社会发展的亟待解决的问题与个人的钟爱进行综合的考量,但在并不能抹杀《诗经》诸诗原意里就早已含有的"防微杜渐"的启蒙思想。首先,靡哲不愚。这就是其中一个启蒙思想,即没有人不会犯错误。它的首个预设读者应是统治者,要求其体恤民情。体恤民情又可细分为体恤臣子和洞察民情。在《诗经》"既见君子,愁如调饥"(p.20)"振振君子,归哉归哉"(p.37)"百尔君子,不知德行。不忮不求,何用不臧"(p.65)这些诗中,其共性都是以妇人的视角来抒发心中对在外征夫的无限思念,从侧面表达希望统治者应体恤下属让其归家探亲,长期的征战杀伐征夫已苦不堪言,倘若再不去适当排解他们的思家之苦,照此势必会造成恶果,这显然是以妇人的口吻告诫统治者,既显致中之道又不乏诗之本色。《圣彼得堡宣言》也认同这种养民的理念,《宣言》认为:"作战的目的在于削弱敌人之军事威力,即使敌方军队失去其战斗能力。故使用使交战者过分痛苦而死亡的武器,实为超越此目的之范围""战争之行动应服从人道之原则,故需限制技术使用之范围。"①这里的人道主义之原则,就含有要让生命得到一定程度的休养。另外,在《诗经》"王事靡盬,不遑启处。忧心孔疚,我行不来"(p.345)"天方荐瘥,丧乱弘多。民言无嘉,惨莫惩嗟"(p.416)这些诗中,以贤臣的视角再次抒发心中对统治者昏庸误国的强烈谴责,认为统治者应当勤政爱民、励精图治。其次,淑慎度思。淑慎度思是对靡哲不愚的进一步拓展,更加注重借他言以反思的作用,受众范围更加宽广。"民之讹言,宁莫之惩。我友敬矣。"(p.395)"君子秉心,维其忍之。心之忧矣,涕既陨之。"(p.456)"岂弟君子,无信谗言。"

---

① 刘戟锋,曾华锋.战争伦理:一种世界观念[J].伦理学研究,2006(4):86.

(p. 532)这些都是以"亲朋好友"为规劝者的视角来抒发"君子"不应当听信风言风语，害己伤他，这里"卓识"体现在辨识巧言。"胡然而天也！胡然而帝也。"(p. 94)"彼君子兮，不素餐兮。"(p. 216)"佩玉将将，寿考不忘。"(p. 256)这些都是以"百姓"为规劝者来讽刺世间不公不和的事情，主要体现在"君子"应反躬自省。"无竞维人，四方其训之。"(p. 674)"颠覆厥德，荒湛于酒。"(p. 675)"慎尔出话，敬尔威仪。"(p. 676)这些都是以"爱国者"为规劝者来抒发"君子"不应当狂妄不羁不知礼节，体现"君子"应当要自我提升，归结起来为慎言、慎行、慎思三个方面。显然，这里的劝言不仅仅只是受用于统治者，对于其他三类人，即品德高尚者、诗人自身、夫君同样适用。

总之，防微杜渐是一种守正之道，这也是一个人对"君子安而不忘危，存而不忘亡，治而不忘乱，是以身安而国家可保也"①的深刻阐释。《诗经》中防微杜渐的"君子"人格是一个审视夺度的过程，这不仅对发生不善之事的小苗头予以及时终结，还有进一步对小苗头所带来的种种恶果进行翔实的预测，不为完结而完结或许才是对此人格的适度解读。

第三，忧盛危明。在"令德"中虽然有了品行保证和对机遇的良好把握，但还需要有忧盛危明，即对事物发展变化过程中的前瞻预判，这样才能完整体现出"令德"的内在涵义。在《诗经》"君子"诗歌中，"忧"贯穿于"君子"诗歌中。所"忧"对象也不同，如"求之不得，寤寐思服。"(p. 3)—忧思服者；"驱马悠悠，言至于漕。大夫跋涉，我心则忧。"(p. 107)—忧国势；"展如之人兮！邦之媛也！"(p. 95)—忧国君；"我友敬矣，谗言其兴。"(p. 395)—忧亲朋好友等等。可见"忧"在"君子"诗歌中起到独特的伦理作用：首先，由牵挂续思愁。"何斯违斯，莫敢或遑？振振君子，归哉归哉。"(p. 36)丈夫因临时有公务冒雨离家，妻子在家望雨期盼丈夫快些回来，深深夫妻情谊溢于言表，"瞻彼日月，悠悠我思。道之云远，曷云能来。"(p. 65)望日月昼夜更替，思夫之情永不断绝，为何道路如此遥远，夫君何时才能归还。妻子有些思念成恨，斥责在位的君子少些贪欲，不要把自身的荣华富贵强加于可怜的丈夫这一类人身上，再添离愁之苦，其中也更能看出夫妻感情真挚。这突出了在位者理应"亲民"的思想。徐复观先生把"亲民"理解为："总是将自然生命不断地向德性上提，决不在自然生命上立足，决不在自然生命的要求上安设人生的价值"，对于统治者而言务"必以人民的自然生命的要求居于第一的地位。治人的、政治上的价值，首先是安设在人民的自然生命的要求之上，其他价值

---

① 杨天才，张善文译注.周易[M].北京：中华书局，2011：622.

必附丽于此一价值而始有其价值。"①其次,遭冷漠懂温情。"嗟我兄弟,邦人诸友。莫肯念乱,谁无父母。"(p. 394)谗言当道,世道动荡不安,诗人评述谗言危害,劝诫亲朋好友警惕谗言,表达对亲情的看重。又如,"死丧无日,无几相见。乐酒今夕,君子维宴。"(p. 528)周幽王之际,世道衰微,人心不古,表达出对兄弟亲戚的依恋。马克思就曾认为:"人与人之间的关系也靠恩情联接,大到国与国之间,地区与地区之间,小到家庭与家庭之间、人与人之间。"②因此培养以爱、包容、尊重、理解等价值内容为取向的个体感恩情感和行动尤为重要。最后,受绝望寻希冀。"心之忧矣,云如之何"(p. 452)"心之忧矣,疢如疾首。"(p. 452)诗人内心无比凄苦,难抚遭受弃逐的愤懑,无奈之下只有"鹿斯之奔,维足伎伎。雉之朝雊,尚求其雌。"(p. 454)或许从这里才能感到一丝丝希望,在一个搬弄是非巧言善辩,好人受诬现象的社会中,诗人真诚地想"凡百君子,敬而听之。"(p. 470)莫尔特曼的《希望神学》或许能给予我们启示:如果人们把希望变成了一种虚无的幻想,让希望在我们的生活中变得没有一点实用性的话,那么希望只能被人们归为无法与现实抗衡的梦幻,因为它根本没有丝毫可以与现实发生可能性的潜在力量,只能让人们深陷绝望而无所希冀。因此,应该明白绝望和希冀的内联关系,懂得绝望和希冀之间的较量始终存在。

总之,"忧盛危明"的"君子"人格是周人忧患意识的集中代表,徐复观先生认为周人的这种忧患意识影响了中国人的人性,它渗透到了中国人的骨子里。对"忧盛危明"的理解可视其为一种坚强意志的积蓄与迸发,同时它也是一种能为获得更好的生存而作的长远打算。同时,这也让我们看到"令德令仪"的深刻涵义。

三、孔子对《诗经》"君子"人格的发展

孔子在《论语》中引用了大量的《诗经》诗句,因篇幅原因笔者仅以《诗经》的"君子"人格为切入点,来分析孔子对《诗经》"君子"人格的进一步发展。

第一,由"岂弟君子,莫不令仪"到"文质彬彬,然后君子"。《诗经》中所涉及的对"君子"人格的要求仍显粗陋。"岂弟君子,莫不令仪"即和乐宽厚的君子,处处表现好仪容。这里忽视对"君子"人格内在修养的规定,虽然和乐宽厚暗含有内在品质的参与,但它终究是附属于外在仪容得以体现。除仪容这一特点外,具体的"君子"实践活

---

① 徐复观.中国思想史论集续编[M].上海:上海书店出版社,2004:266.
② 马克思,恩格斯.马克思恩格斯选集(第46卷)[M].北京:人民出版社,1971:197.

动也都可被看成是"君子"人格的外在表现。众所周知"岂弟君子,莫不令仪"是周王宴请诸侯的诗,这里对"君子"人格的理想期待和受用面都过于狭隘。而孔子则对此不足做了进一步的吸收与发展,"文质彬彬,然后君子"体现的是"文"与"质"的统一,即外在与内在的统一。孔子对"文质"相合有明确表述。首先,使人舒适。孔子吸取了"岂弟君子,莫不令仪"的"文"的思想,进一步提出"巧言令色鲜以仁"对"质"的要求,认为两者都需要达到。其次,服从于礼。从"君子无所争。必也射乎!揖让而升,下而饮。其争也君子"①可看出浓郁的君子仪礼规范。此外孔子还规定文与质中要有"度"的把握。首先,协同并进。"质胜文则野,文胜质则史。"②朴实多于文采未免粗糙,文采多于朴实又未免虚浮,过犹不及均败坏文与质的结合,两者应都有所发展。其次,"时中"之选。这是一种特殊情况,这里的"度"的把握不再是简单的比例等同的把握,而是一种处于变化之中的随时拿捏,在这一过程中存在"文"略优越于"质"或其相反的情况,但结果可以使二者相得益彰。

第二,吸收《诗经》"君子"人格中"德""仁"思想。《诗经》中涉及德的词汇和表达也十分丰富,如"文德""令德""懿德""明德"等。"辟尔为德,俾臧俾嘉。淑慎尔止,不愆于仪。"(p.679)修明你的德行,使它尽善尽美;善慎你的容止,使一切合于礼仪,有德之人是最能明是非、辨善恶的人。《诗集传》对于"其德克明,克明克类"(p.606)的解释就较为透彻:"克明,能察是非也;克类,能分善恶也。"③清人方玉润对"不忮不求,何用不臧"(p.65)解释为"诚能反求诸身,毋忿人而生妒忌之心,毋枉己而起贪身之念,则何人而不自得哉?"④高亨对此评述会让人们更能理解,"只要不妒忌旁人,不贪求财物,则何行而不善呢?"⑤这里面的"不忮不求"就是暗含良好德性。这些对孔子的仁爱思想自然有所启发。"樊迟问仁。子曰:爱人。"⑥仁的本质就是爱人,就是对别人的理解、同情和爱心。后人把仁称为"仁爱",说明仁与爱是分不开的。《诗经》中有关"仁"的明确出现只见于《郑风•叔于田》和《齐风•卢令》两篇,并且二诗中"仁"的含义都指仁爱。虽然《诗经》中"仁"的出现次数较少,但还是暗含有对"仁"意的表达,只是未能明确表述而已。《秦风•黄鸟》是以秦穆公死时以活人殉葬为背景的诗,诗人就想借此诗

---

① 杨伯峻译注.论语[M].北京:中华书局,2012:34.
② 杨伯峻译注.论语[M].北京:中华书局,2012:85.
③ [宋]朱熹注.诗集传[M].北京:中华书局,2011:246.
④ [清]方玉润撰.诗经原始[M].北京:中华书局,1986:133.
⑤ 高亨.诗经今注[M].上海:上海古籍出版社,2009:45.
⑥ 杨伯峻译注.论语[M].北京:中华书局,2012:182.

来表达爱百姓就应当尊重百姓自由生存的权利。此外《诗经》中"民今方殆""下民卒瘅""哀此鳏寡""民靡有黎"等表述还体现同情百姓疾苦的爱民思想,这些内容都被孔子阐述在仁爱思想中得以继承发扬。

第三,精简《诗经》"君子"人格内涵并赋予新意。通读孔子《论语》会发现孔子有意在缩小"君子"的指代,主要指有道德的人和统治者两大类。孔子通过"君子"一词意义上的变更来阐述自己心中的理想人格。首先,重点充实"君子"人格的道德内涵。《论语》中有关"君子"的出现共有107次,仅次于"仁"109次。几乎每一处都含有对"君子"道德形象的现实要求。现归纳总结"君子"德性如下:"君子"务本无怨、谨慎庄重、勤劳敏捷、博学多识、团结互助、仁爱为先、重义轻利、表里如一、反躬自省、胸怀坦荡、知规守礼。孔子心中的"君子"人格已然卸下《诗经》"君子"人格中温情含蓄的面纱,进而着重强调对这类群体德能的强化培训,这是他对"君子"人格预设的首要一步,他认为没有良德的人不可能获得很好的发展,105次之多的涉德言论就足以看到,"德"在孔子这里对于"君子"人格发展的重要价值,即有德不孤,有德养性,有德化人。其次,明确"君子"人格践履终在济世。这是孔子对"君子"人格预设的最终一步,在他心中的"君子"已不再是单纯的"两耳不闻窗外事,一心只读圣贤书"的纯儒。孔子为"君子"人格所设立的多种德能要求,其最终目的是培养一大批能够经世致用的君子。《诗经》"君子"人格大致还停留在思想层面,而孔子的"君子"人格注重其济世致用的实用价值,为了进一步达到这个目的,孔子还确立一条对"君子"人格的完整培育路线,即志—学—思—行。"生生之德"在《论语》中已被视为一种人生价值的体现,而在《诗经》中还仍不成熟,还多以凭借他者的警示来规范自己的言与行,体现在劝而纠而不是知而改,未能视其自觉的重要性。

第四节 新时代小先生"真人"品格的形塑路径

上文提到,君子之所以伪的缘由在于趋名逐利,初心是伪。"真人"须破除名利之见,驱除私欲之障碍,谢绝伪我。据"中人以下,莫不趋利,惟其趋利,故避祸邀福"[①]"真人不出,如苍生何"[②]等言,再结合其他名篇名句,如"我们应当知道民国只有人中

---

① 华中师范学院教育科学研究所主编.陶行知全集(第一卷)[M].长沙:湖南教育出版社,1984:24.
② 华中师范学院教育科学研究所主编.陶行知全集(第一卷)[M].长沙:湖南教育出版社,1984:27.

人,没有人上人,也就没有人下人"①,这与我国古代传统人性论的分类很相似,先哲们有"性三品"(韩愈)、"天地之性与气质之性"(张载)之说,陶行知所言"人中人",自是与"人上人""人下人"相较而言。"人上人"有傲性,高高在上目中无人,"人下人",有奴性,卑躬屈膝满眼是人,而陶行知希望国人都能够成为"人中人",有韧性,且自尊自律,自信自立,自强不息。"做个人中人,造福老百姓。"②

一、自尊自律:小先生要学会了解一个人

"真人"品格需要自尊自律。自尊是人们对自身价值的自我确认,是对人的尊严、人格的自我尊重。自尊是一种积极有益的心态,中国古人历来将自尊看作是人们立身处世不可缺少的品格。《老子·二十五章》有云:"道大,天大,地大,人亦大。"③指出人具有"'类'的尊严感",而《伪君子篇》中"为人须为真人,毋为假人""虽时有道学演说,心不在焉,故诚心终不伪心胜"等句,意在体现伪君子们早已忽视了人之所以为人的独特地位。《孟子·告子上》有云:"一箪食,一豆羹,得之则生,弗得则死。呼尔而与之,行道之人弗受,蹴尔而与之,乞人不屑也。"④人格与自尊对一个人来说极其重要。陶行知论道:"只知恶人之为伪,不知恶己之有时亦为伪,且每以得行其伪为得计。"⑤恶人之所以伪,在于不顾自尊,不想堂堂正正,有尊严的活,做人要"渐知自加检点"。检点就是要重视自尊,发现自身之弊病而及时改之,不让愚弊偏蔽之情,冲动暴戾之气加身,要"了解一个人"。"真人"品格不可缺自尊品性,"人中人"的韧性,更离不开自尊。古人对如何"大做一个人"的探讨对学做"真人"具有积极的启示价值。其实,在陶行知以往的文论中就如何"做人"早有论述,如不管我们处在任何环境下,都应抱有坚强的人格和百折不回的精神,尤其到利害关头时,更要"富有'富贵不淫,贫贱不移,威武不屈'的气概,这才算是一个真正的大丈夫(《学生的精神》)。"⑥"真人"须自尊尊人,需要独立人格,更要具有"大丈夫"精神。诱惑前坚守真我,富贵时节制不挥霍,贫贱时坚守独立意志,强权下不妥协,此之谓大丈夫。陶行知在阐发"真人"品格时不仅吸收孟子关于"大丈夫"精神的主张,还做了进一步伸发。孟子认为做人的道理有很多,但最要

---

① 华中师范学院教育科学研究所主编.陶行知全集(第二卷)[M].长沙:湖南教育出版社,1984:81.
② 荆世华."教人求真" "学做真人"——浅议陶行知的德育思想[J].教育理论与实践,1991(3):40.
③ 汤漳平,王朝华译注.老子[M].北京:中华书局,2014:95.
④ 方勇译注.孟子[M].北京:中华书局,2010:225.
⑤ 华中师范学院教育科学研究所主编.陶行知全集(第一卷)[M].长沙:湖南教育出版社,1984:27.
⑥ 华中师范学院教育科学研究所主编.陶行知全集(第一卷)[M].长沙:湖南教育出版社,1984:571.

紧的是一个人要有富贵不能淫,贫贱不能移,威武不能屈的精神,"大丈夫"要有自尊心,还要有骨气,有知耻心,时刻约束自己的行为,善于把一些社会不良现象转化为正向的自我道德律令来加以持戒,这就需要慎独,简单来理解就是自律,自律是为了自尊。梁启超有云:"真能自尊者,有皑皑冰雪之志节,人后能显其落落云鹤之精神;有谡谡松风之德操,然后能载其岳岳千仞之气概。"①高尚的情操、德性、志气等好品质都从自尊中获得,"真人"品格也必承继"大丈夫"精神,但"真人"更要与广大人民群众打成一片,从大众中来到大众中去,更要具有不同于一般民众的"摇不动"的"国人气节","真人"要有历史责任感,要有社会使命感,要了解一个"中国人"。

二、自信自立:小先生要学做一个人

"真人"品格需要自信自立。自信是一个人对自身有正确的估计,相信自己通过努力可以达到既定目标。"'涂人之可以为禹'曷谓也? 曰:凡禹之所以为禹者,以其为仁义法正也。然则仁义法正有可知可能之理,然而涂之人也,皆有可以知仁义法正之质,皆有可以能仁义法正之具,然则其可以为禹明矣。"②普通人通过化性起伪,同样可以达善,自信是成功的关键。《伪君子篇》有云:"外似斋庄,中实忿戾;表似密察,里实琐细;貌似正而志在矫,容似和而神在流。"这些都是一个人内心空虚不自信的体现,《伪君子篇》有云:"自信而是,断然必行,虽遁世不见,是而无闷;自信而非,断然必不行,虽行一不义而得天下,不为。"③"真人"除了要有自尊,要有自信,相信自己能学好做好,从而学会自立。自信自立为顶天立地的精神,自信本心便不会自诬自欺,自信自立是出世的"大豪杰",是"整个的人",陶行知劝诫国人"要做一个整个的人,别做一个不完全、命分式的人"。④何为不是一个整个的人? 陶行知认为那些依赖他人的人、为他人当做工具用的人、被他人买卖的人等,这些人都有其共性,即不独立,受支配。何为一个整个的人? 陶行知认为需具有健康体魄、独立思想、独立职业,这些人也有其共性,即有担当,有思想。自立与独立还略有不同,自立是一个人获取物质的能力,而独立更偏向人际协调,侧重个体思维、灵魂等精神世界。然而,世间能够自立的人很多,但能做到完全独立的人却很少。"真人"品格不可能是自私自利的,陶行知常把"自立"同

---

① 梁启超著.新民说[M].北京:商务印书馆,2016:141.
② 张觉撰.荀子译注[M].上海:上海古籍出版社,2012:345.
③ 华中师范学院教育科学研究所主编.陶行知全集(第一卷)[M].长沙:湖南教育出版社,1984:25.
④ 华中师范学院教育科学研究所主编.陶行知全集(第一卷)[M].长沙:湖南教育出版社,1984:594.

"互助"联系起来,提倡自立立人,据此会有几种情况值得思考:其一,自立立人是否做利己利他的事。其二,自立立人是否做完全利他的事。其三,自立立人是否做完全利己的事。《伪君子篇》中陶行知对追名逐利,初心是伪的虚伪情状给予鞭笞与讽刺,"争权则曰平等,逞志则曰自由,好事则曰热心,有求则曰力行,任情则曰率性"[丙],"矫饰则曰尽伦,拘迫则曰存心,粘缀则曰改过,比拟则曰取善"[乙],"虚见则曰超悟"[丙],"持位保禄则曰老成持重,躲闲避事则曰收敛定静,柔媚谐俗则曰谦和逊顺"[丁],"意气用事则曰独立不惧"[己],漫然苟出则曰如苍生何,逐物意移则曰随事省察,心志不定则曰讼悔迁改,苟贱无耻则饰以忍耐。……假警惕以说滞,借自然以释荡。"①这些纯粹利己的个人发展观显然不符合陶行知"真人"品格。然而,如何处理利己利他和完全利他两种情况?就需要"真人"依据个人发展的实际适当处之,因为仅有自尊、自信还不够处理好自、他利害关系,但无论怎样,"真人"都不可做害人害己,损人利己,纯粹利己的事。自立立人不是无礼助人,"自立不是孤高,不是自扫门前雪。我们不但是一个人,并且是一个人中人。人与人的关系是建筑在互助的友谊上。凡是同志,都是朋友,便当互助"②,因为"人不但是物质环境中的一人,也是人中之一人。人有团体,有个人,在这团体和个人中,便发生相对的关系"。③

三、自强自愿:小先生要成就一个人

"真人"品格需要自强自愿。自强是一个人通过自己的不懈努力,不断提高自己的品格和精神。自强之人,需要自信自立。子曰:"君子求诸己,小人求诸人。"④做人不可整日怨天尤人,自怨自艾。《伪君子篇》有云:"伪君子服尧之服,诵尧之言,而处心积虑,设阱伏机,则桀纣也。桀纣,汤武得而诛之也。桀纣而尧,则虽善实恶,虽恶而难以罪之也;虽是实非,虽非而难以攻之也;真中藏假,虽假而难以察之也。博尧之名,而无尧之艰;享桀纣之利,而无桀纣之祸。无人非,无物议,伪君子以此自鸣,世人以此相隐慕。"⑤无论尧舜还是桀纣,定其善与恶尚有经可证,有典可查,反观伪君子"博尧之名,而无尧之艰;享桀纣之利,而无桀纣之祸"实属名实不副,表里不一,德位不配。"小人

---

① 华中师范学院教育科学研究所主编.陶行知全集(第一卷)[M].长沙:湖南教育出版社,1984:25.
② 华中师范学院教育科学研究所主编.陶行知全集(第二卷)[M].长沙:湖南教育出版社,1984:212—213.
③ 华中师范学院教育科学研究所主编.陶行知全集(第一卷)[M].长沙:湖南教育出版社,1984:259.
④ 杨伯峻译注.论语译注[M].北京:中华书局,2012:32.
⑤ 华中师范学院教育科学研究所主编.陶行知全集(第一卷)[M].长沙:湖南教育出版社,1984:26.

可以为君子而不肯为君子,君子可以为小人而不肯为小人"[①],"仁义礼智本自修"的君子受人钦崇,而"放僻邪侈本自贼"之小人受人轻鄙,何况"伪君子"既不是君子,也不是小人。德行高与低要靠自身躬行践履,自造自取,这旨在告诫世人失去自强品质,会招致很多麻烦,贫贱富贵、事业成败均会受此牵连。自愿,即一种整合自尊自律和自信自立后的处世境界,一种甘愿奉献的精神。在陶行知看来,做"真人"要有奉献尽职的伦理情怀。"真人"品格中要有社会责任感,还要有奉献精神。古人曾把"世道""人心""民生""国计"视为君子的"四大责任",反观《伪君子篇》伪君子的种种恶劣行径,做好"真人"何尝不把这四条作为终身奋斗目标。如何做到?陶行知对此做了回复,如把《大学》篇中的明明德,在亲民,在止于至善深发为大学之道,在明明德,在新民,在止于人民之幸福。将"至善"的目标更加明晰化,即为人民幸福而努力。如何达到幸福,这与一个人的力、才、命、德与欲密切相关,值得深思。"至善"为"真人"人格的培养又提出具体要求:其一,理解明德。德有私德,公德,大德(如大功德)之分,要明确自己践履的是何种德性。明明德,在于体现道德素养的重要性,知道人伦之理,履行好自身的社会伦理角色。其二,知晓亲民。亲民,在于体现人的道与德"成就"程度的具体使用,其中这里的"民"应是教而可改的。"至善"教人达到一种境界,体现"时中之法",把"内用"至善与"外用"至善结合,自立立人,自强奉献。陶行知认可"天下为公"是大德,主张学做"真人"应有合理的物欲追求,但关键在于要能正确处理公德与私德的关系,认为个体、团体、民族乃至国家能否长久兴盛,关键在于每个社会成员能否一如既往地秉持社会公德。

第五节 新时代小先生真人品格的"情性"滋育

对元典时期的"情性"追溯是理解好小先生制中真人"情性"培育的关键。自古以来,诗寄托着历代中国人的希望和梦想,在社会教化中发挥着和宗教相类似的作用。诗教是中国社会通过诗教化民众的手段和方法,古人把《诗》作为五经之首,并探索出一整套通过学诗、写诗、吟诗来进行道德启蒙教育和人才能力训练的卓有成效的方法。然而,由于诸多的复杂原因,诗教在中国教育中,特别是道德教育中的地位被大大削弱,学生的道德情感培养失去了有力的抓手,道德教育变成了道德规范的机械灌输,其

---

① 张觉撰.荀子译注[M].上海:上海古籍出版社,2012:346.

结果是,缺失道德情感的道德教育成为了教师单向的说教,缺失道德情感的学生成为了类似于"知识容器"的"空心人",缺失道德情感的社会也极易向重视功利而忽视情操,重视物质而忽视精神的方向发展。诗教很大程度能够弥补这些缺失。因此,诗教对于当代中国的德育教育具有重要的现实意义。基于问题研究的需要,本文不是泛泛谈论诗教,而是重点探讨以《诗经》为中心的诗教(即《诗》教)的地位、作用及其德育价值。显然,这些看法都忽视了《诗经》特定的"历史场域"。

一、"性""情"在《诗经》中的显现

《诗经》中的"性""情"并非当今所言之"情性",《诗经》的"性""情"无论是内涵还是外延都与今日之"情性"截然不同。"情"当属《诗经》时代之重点,"性"为《诗经》时代之旁从。这具体体现在:《诗经》之"性"少有出现、《诗经》之"情"多为直发以及《诗经》之"性""情"从未连用三个方面。

第一,《诗经》之"性"少有出现。正如徐复观先生所言:"'性'字在《诗经》时代尚未流行。"综观整部《诗经》也仅有《小雅·卷阿》一诗中涉及"性"字。那么,"性"字为何在《诗经》时代没有频繁出现?原因如下:首先,《诗经》的历时因素。据金启华先生的《诗经全译》介绍,《诗经·国风》的写作时间贯穿《诗经》所反映的整个时代,即西周初期到春秋中叶,《周颂》属西周前半期,《大雅》属西周中期,《小雅》属西周末东周初,《鲁颂》《商颂》属东周春秋时期。在这五百年的历史当中,《诗经》经历了成康之治、厉王被放、宣王中兴、幽王被杀以及平王东迁等事件。[①] 同时,这五百年所呈现的社会特征也不同,即"周革殷命"之后,西周重在关注如何妥善处理天命、敬德、保民与社稷四者间的互动关系。东周旨在凸显分裂与变革,即礼崩乐坏诸侯并起,战争频繁政治无序。而到了春秋,一方面,"礼崩乐坏"加剧,僭越行为频发,学术思潮更呈"百家争鸣"之态,"性"论常以多元难以持以确论为特点,诸子引《诗》更是以自家学派立宗为据,并未真正地究其"性"本;另一方面,就《诗经》的内容而言,当时社会并不关注对"性"本质的探讨。其次,《诗经》的焦点问题。"性"在《诗经》时代并不是社会所关注的焦点,取而代之的是对"天命靡常"的思考。《尚书·周书·康诰》有云:"惟乃丕显考文王,克明德慎罚,不敢侮鳏寡,庸庸,祗祗,威威,显民。用肇造我区夏,越我一二邦,以修我西土。惟时怙冒闻于上帝,帝休,天乃大命文王殪戎殷,诞受厥命越厥邦民。"[②]《康诰》这段诚

---

① 金启华译注.诗经全译[M].南京:凤凰出版社,2018:1.
② 王世舜,王翠叶译注.尚书[M].北京:中华书局,2012:181.

挚论述,即天命根据人的行为做抉择,在《诗经》中随处可找到例证,如《大雅·大明》之"明明在下,赫赫在上。天难忱斯,不易维王"(p.582)"有命自天,命此文王,于周于京"(p.585)等。显然,即便是对"天命"的探讨也远未达到"天命之谓性"的深入阶段,更不用提对"性"的探索,但就从"神意"到"人为"的转变,此举意义重大。最后,《诗经》的人伦基旨。《诗经》的人伦基旨不以"性"为重点。《诗经》时代最为突出的人伦特质,即"孝""敬"与"时中"。《诗经》对"孝""敬"与"时中"的探讨一定程度上阻碍了对"性"的深入认识。"孝"强调了情感对于《诗经》时代的重要性,如《小雅·蓼莪》之"欲报之德,昊天罔极"(p.475)道出了多少子女未能及时尽孝的心声。"敬"则在遵循情感理路的基础上引申出对"忧患"的思索,如"大夫跋涉,我心则忧。"(p.107)——忧国势者;"展如之人兮! 邦之媛也!"(p.95)——忧国君者,等等。而"时中"给予"孝""敬"最合宜的使用方法。"时中"之思借以《鄘风·蝃蝀》之"大无信也"谴责不按当时以婚配的背信之举,又以《陈风·衡门》之几个反问,即"必齐之姜?""必河之鲂?""必宋之子?"指责忧思不当而伤时的颓废人生,等等。这二者皆以反例来教育世人成就美德必须要处世以时。值得注意的是,虽然《诗经》时代对"孝""敬"与"时中"的讨论还不成熟,但这已预示着人文思潮的觉醒,并对后世如何成就美德产生了深远的影响。

第二,《诗经》之"情"多为直发。首先,"诗缘情而绮靡"。王夫之《诗广传》对《诗经》之"情"有较为细致的讨论,并认为《诗经》中的情感主要有"白情"与"匿情""贞情"与"淫情"等。但王夫之就上述情感并未结合《诗经》做进一步的展开,然而这些内容正是当下解读《诗经》所必须要合理释义的部分之一。就"贞情"与"淫情"来看就体现出了闺怨多贞志,好乐而无荒的意蕴。其次,爱恋与婚姻是情感抒发的主要内容。最后,女性是情感抒发的主体。

第三,《诗经》之"性""情"从未连用。徐复观先生认为"性""情"的连用始于战国中叶以后。具体来说:首先,"性""情"到"性情"的客观条件还不具备。《诗经》中的"性""情"还正处于发展初期,不能就"性""情"——"性情"给予解答。此外,这一过程也并非《诗经》的重点,如何用诗并直接作用于人文教化,处理好人际关系才是关键所在。其次,后世整理尊重《诗》之原貌。尽管有文献表明孔子曾删过《诗》,正过乐,但根据"不学《诗》,无以言;不学《诗》,无以立"可以看出,孔子"删诗"并不是去旧补新,"正乐"也不是增加新乐,而是在尊重《诗》之原貌的情况下,对《诗》之内容与当时的社会现状相结合所进行的适度取舍,并未加入新的理论元素。最后,"性情"在《诗经》之后才真正得以发展。如孔子的"仁"。笔者认为"仁"包含"性情"但超越于"性情","仁"作为一个伦理范畴涵盖了诸多德目。一方面,温、良、恭、俭、让、躬、宽、信、敏、惠等德目是"仁"的重要内容;另一方面,这些德目又都无不体现出丰富的情感。"仁"就是把这些德目与情感加以整合。《论语》中记录了诸多何为"仁"的言论,孔子依据"因材施教"之方,给予不同的解答。如樊迟问仁,得"先难而后获","仁"即躬。再如宰我释仁,子曰不可"陷""欺""罔","仁"即信。由此可见,孔子之"仁"既蕴含情感体验又有人性的彰显。再如孟子的"性善论"。徐复观先生认为孟子是从心善定论性善,而心的四种活动就是"情"。从心向上推一步就是"性",从心向下落一步就是"情"。① 情是《诗经》重要内容,"性情"更是被后世所关注,其中一个重要原因在于"情性"养成的好坏与一个人的美德修为密切相关。

二、《卷阿》《宛丘》之"性""情"内涵

对于《卷阿》《宛丘》"性""情"的思考,古文经的治学理路值得参见,即按照"六经"皆史来列序。按照古文经的排序,一定程度上可扫清对《诗经》时代"性""情"研究的偏差,这有助于得出中肯的结果。《卷阿》《宛丘》之"性""情"分别体现在"俾尔弥尔性"和"洵有情兮"中,对此做以分论。

第一,《大雅·卷阿》之"俾尔弥尔性"。《大雅·卷阿》是《诗经》中唯一涉及"性"字的诗,即"俾尔弥尔性",且分别位于《卷阿》之二至四章。毛以为"言得贤人,则可以保全以之性命,又终成先君之功"。② 而郑《笺》曰:"使女终女之性命,无困病之忧。"③《齐》诗以"王能用贤"来补之。《正义》曰:"人情莫不恶劳而好逸,迫于不得已尔。任贤可以优游,故以此辞劝之。"④《诗集传》释义为"言其尔终其寿命。"《诗经原始》认为"必有性、命、德,而后来福、禄、徵。"⑤ 由此看来,《大雅·卷阿》之"性"解并非一致,绝非当代注本中所解读的"性"通生,即生命之意。笔者认为,《大雅·卷阿》之"性"专指(周成王)欲望的满足和能力的施展。《卷阿》二章之"似先公遒矣"、三章之"百神而主矣"以及四章之"纯嘏而常矣"都在分别呼应"俾尔弥尔性"带来的种种欲望结果。"俾尔弥尔性",即使你尽你的性(欲望)。这主要有以下几点:首先,"性"之神性意蕴。这从"先公""百神""纯嘏"可以看出。"俾尔弥尔性"首要满足"神"之意愿。"神"之意愿,即愿

---

① 徐复观. 中国人性论史·先秦篇[M]. 北京:九州出版社,2014:157.
② [唐]孔颖达撰. 毛诗正义[M]. 北京:人民文学出版社,2012:358.
③ [汉]毛氏传,郑氏笺. 毛诗[M]. 济南:山东友谊书社,1990:665.
④ [唐]孔颖达撰. 毛诗正义[M]. 北京:人民文学出版社,2012:358.
⑤ [清]方玉润撰. 诗经原始[M]. 北京:中华书局,1986:522.

景与希冀。"商革殷命"的同时也吸收了大量的殷商文化,其中对"鬼神"的敬仰就是一例。不过殷商之"神"犹如鬼同,而周之敬"神"已经有了人文觉醒,"敬德保民""以德配天""天命靡常"等警言已让周的统治者认识到"天命"与"人为"的绝对关系,从而把敬天法神转化为敬祖尽事。此种转变在《诗经》中已很明显,如《小雅·天保》中释"君曰"为"尸曰",即先公先君传达神灵的话。《大雅·思齐》"神罔时怨,神罔时恫"之"神",即祖宗。故《卷阿》之"先公""百神"应与《天保》《思齐》之"君""神"意思很吻合。结合"纯嘏"之"嘏"的含义,即古时祭祀,执事人(祝)为受祭者(尸)致福于主人,"纯"道出了心意之诚,可知"俾尔弥尔性"首要满足于天子对"先公""百神"的祭祀之欲。因为这关系到政治兴衰。其次,"性"之王性意蕴。"俾尔弥尔性"次需满足天子的意欲,《卷阿》已经道出,即情欲,思欲、治欲以及德欲。其一,"来游来歌"已道出情欲之使然。其二,"有冯有翼,有孝有德,以引以翼"(p.653)表明天子思贤之欲。其三,"尔土宇昄章,亦孔之厚矣"(p.652)点明天子之治欲。其四,"颙颙卬卬,如圭如璋"(p.653)指明天子之德欲。最后,"性"之民性意蕴。"俾尔弥尔性"应满足臣民的刚需。《卷阿》中除了"君子"(平王)之外,还有"吉士""庶人""贤臣"以及"乐师"。之所以"君子"可以得到"吉士"多集聚、"庶人"多赞媚、"贤臣"多"矢诗"以及"乐师"以"遂歌"的良效正是源于"君子"也多反馈臣子"俾尔弥尔性",虽然"君子"与他们有"君君""臣臣"之别,但"君子"并不死守此理,而是尽他们的欲显自己的能力。"俾尔弥尔性"体现出具有双向互动性。虽然这在《卷阿》中未给予明晰,但结合《卷阿》内容可以大致推论出,"君子"反"吉士"以献智之欲、反"庶人"以安命之欲、反"贤臣"以辅政之欲、反"乐师"以寻律之欲,确有此意。

总之,从《大雅·卷阿》之"俾尔弥尔性"中可以看出,虽然还未涉及对"性"之诸如生命价值,性命关联等方面做深入探讨,但是《大雅·卷阿》已经提出了一个被后世所着重讨论的重要美德伦理范畴,即如何正视欲望的满足,如何确保欲望满足的优先性。

第二,《陈风·宛丘》之"洵有情兮"。徐复观先生认为,《陈风·宛丘》是《诗经》中唯一涉及抽象情感的诗。那么,情感为何在《诗经》时代可以频繁出现?而"情"字却仅有《陈风·宛丘》一例?这主要体现在《宛丘》既有《诗》之常情又别于常情。前者体现在诗显常情,即《宛丘》与《诗经》其他言情诗一样都有对真挚情感的倾诉,后者表现为情有殊蕴,即《宛丘》情感含有浓厚的尚巫风俗。具体来说,《宛丘》虽然是《诗经》中唯一涉及抽象情感的诗,这里需要对"唯一"和"抽象情感"加以分析。首先,就"抽象情感"而言。前文对《诗广传》的引论中已涉及《诗经》有诸多直抒情感,但需注意的是,

《诗经》虽大多直抒情感,但对诗之情的表达力度仍存有明显差别,绝非任何一首都是言情力作。诸如行孝诗,就存在很大不同。《小雅·蓼莪》对孝的情感抒发是建立在还未报父母之恩,父母已仙逝的极度内责之下得以激发的,这个点就是"欲报之德,昊天罔极!"《魏风·陟岵》虽然也有"瞻望父兮""瞻望母兮"之思言,但道出了缘由,即"予季行役",久戍不归是阻碍尽孝的重要因素。虽然长期服役有违人道,但这的确符合当时的社会现实,是不得已而为之的事,而《蓼莪》却巧妙地隐去了不能尽孝的缘由,反而直抒父母养育子女的艰辛,这倒使不能尽孝的伤感倍增。这也正符合张启成先生所总结的何为《诗经》中的"好诗",这主要包括感情因素、表达力和想象力三个方面。《蓼莪》上述三点内容都具备,而《陟岵》在表达力和想象力方面存有明显不足。因此,需要注意的是,《诗经》虽为"六经"之一,但并不因为其地位高,所述内容就都是人伦与艺术的完美结合体。《宛丘》之所以有别于《蓼莪》《陟岵》等诗的重要原因,在于《宛丘》的"抽象情感"含有丰富且成体系的崇巫尚祭文化。《宛丘》中"值其鹭羽""值其鹭翿",即一种羽舞,它的功能就是祀高禖之神,因为陈地曾是大姬治地,史载陈地原本太昊伏羲之墟,即与东夷同系的殷商的方国之一,虽然武王克商,但东方诸夷仍是周之大患。因此武王必须要通过封同性子弟和伐纣功臣于周、卫、陈等要地。另外,《正义》有云:"诗称击鼓于宛丘之上,婆娑于枌榆之下,是有大姬歌舞之遗风也。《志》又云'妇人尊贵,好祭祀'。不言无子。郑知无子者,以其好巫好祭,明为无子,祷求。"《汉书·地理志》对此补充道:"妇人(大姬)尊贵、好祭祀,用史巫,故其俗巫鬼。"①妇人(大姬)尊贵一方面是大姬为周武王元女、胡公之妻,另一方面是陈俗尊重妇女所致。由此可见,祭祀以求子也是陈地最受重视的地方。《陈风》中也有多反映祭祀歌舞和娱神娱人的内容,因此《宛丘》之"抽象情感"具有世俗伦理和宗教伦理两层内涵。其次,再论"唯一"。对《宛丘》是《诗经》中唯一涉及抽象情感的诗值得商榷。每当娱神仪式歌舞之后,陈地祀高禖仪式的另一个环节就是在"宛丘"附近的娱人节目。《礼记·月令》对此有云:"是月(仲春之月)也,玄鸟也。至之日,以大牢祀于高禖。天子亲往,后妃帅九嫔御。乃礼天子所御,带以弓韣,授以弓矢,于高禖之前。"②可见,宛丘是陈地祀高禖的主要场地,而《东门之枌》等其他《陈风》之诗则是祭高禖的后续,从"宛丘之栩""婆娑其下""贻我握椒"可见与《宛丘》"宛丘之上""而无望兮""宛丘之下"等语句密切相关。倘若把"唯一"理解为《陈风》所有娱神娱人的意蕴都可以用《宛丘》来作以代表,笔者十分认同。正如

---

① [唐]孔颖达撰. 毛诗正义[M]. 北京:人民文学出版社,2012:98.
② 王文锦译解. 礼记译解[M]. 北京:中华书局,2016:187.

葛兰言所说:"在陈国洧水岸边一样,男女青年在宛丘上用歌声相互问询,互赠花朵,表达爱意。性爱的礼仪在节庆中占有重要的地位,大姬的名声是造成性爱礼仪包含在节庆之中的原因。"①《宛丘》作为《陈风》首篇,正如《关雎》作为《周南》首篇,《鹿鸣》作为《小雅》首篇一样都具有绝对的德育代表性。但倘若把"唯一"就理解为《宛丘》一首就会存有偏颇,因为《宛丘》与《东门之杨》《东门之池》《衡门》《月出》等诗都存有内在联系。如《月出》中的"舒窈纠""舒忧受""舒夭绍"都是男子对婀娜多姿女子的赞美,这与《宛丘》之"子之汤兮"的描述十分相似,《月出》表达出的对女子的倾慕之情与《宛丘》的娱神娱人密不可分,可以说这是对陈地祀高禖后的娱人延续,这反映了古老的巫风与春秋时期日益兴盛的娱乐风气激荡下的情爱主题。因此,《宛丘》与《陈风》十首诗歌都密不可分,都是祭祀高禖之神姜嫄并借以游春娱人的周人旧俗,但徐复观对此并未有明晰的注解,故需要特别提出。最后,"洵有情兮"专指情感的宣泄抒发与志趣的滋养。这具体表现在:其一,情感宣泄的种类主要以怒气与志向为主。一方面,就怒气而言。《左传·襄公二十五年》曾记载陈曾联合楚伐郑,故郑灭陈。子产述陈之罪为:"今陈忘周之大德,蔑我大惠,弃我姻亲,介恃楚众,以凭陵我敝邑,不可亿逞,我是以有往年之告。未获成命,则有我东门之役。当陈隧者,井堙木刊。敝邑大惧不竞,而耻大姬。"②《国语·周语中·单襄公论陈必亡》有云:"陈,我大姬之后也。"③春秋时人们也认为陈的始封与大姬有密切关联,陈楚联盟有辱于大姬。另一方面,就滋育志向而言。《左传·襄公二十五年》杜预注云:"陈,周之出者,盖大姬于后生子,以祷而得子,故弥信巫觋也。"④祀以生子在陈地尤为重视,这也从侧面证明《宛丘》《东门之枌》等陈诗绝非割裂,互不相干。在周的统治者看来,大姬的尊贵,尚祭祀以及好用史巫等做法,体现了周时处理人伦关系以及民族关系的高瞻远瞩,这样一种政治手段无疑可以引起当政者以及有志之士的强烈兴趣。其二,情感宣泄的性质突出感受性与目的性。情感宣泄的感受性体现在羽舞祀高禖。相传上古部族之始祖多由先妣通神感天而生,商周也不例外。至此,后人皆以先妣为高禖,商之简狄,周之姜嫄。《鲁颂》之"万舞洋洋,孝孙有庆"一句就有证明鲁(原为东夷故地)也保留了羽舞祀高禖的习俗,即姜嫄,表达了对高禖的崇敬。情感的目的性体现在男女游观与欢会,上述引陈诗之例足以证明,故不

---

① 葛兰言著,赵炳祥,张宏明译.中国古代的节庆与歌谣[M].南宁:广西师范大学出版社,2005:142.
② 郭丹,陈小青,李彬源译注.左传[M].北京:中华书局,2012:1359.
③ 陈桐生译注.国语[M].北京:中华书局,2013:79.
④ [唐]孔颖达撰.毛诗正义[M].北京:人民文学出版社,2012:98.

赘述。其三,情感宣泄与情感抒发较为适中。上文所涉"目的性"是出于"情"的性质而言,而这里所涉"目的性"在于"情"的化育而言。虽然情感的抒发与情感的宣泄存有不同,即情感抒发主要是通过识别他人的情感表达来及时、准确而有效地了解他人的价值关系,以便更好地与他人进行合作,而情感宣泄主要是把过去在某个情景或某个时候受到的心理创伤、不幸遭遇和所感受到的情绪发泄出来,以达到缓解和消除来访者消极情绪的目的。情感抒发更多体现情感的主动性,而宣泄侧重于情感的被动性,但这一普遍区别在"洵有情兮"中并未有表现,如从上文情感宣泄的种类来进一步分析,"洵有情兮"包含情感的抒发和情感的宣泄,体现情感表达的得中得位,这对于情感如何促进美德养成很有参考价值。

从《陈风·宛丘》之"洵有情兮"中可以看出,虽然对"情"的探讨已涉及深层含义,尽管这还并不是《诗经》整体的情感意蕴,但"洵有情兮"已经揭示出了"情"的多层内涵,这对新时代"小先生制"下的人格培育研究提供了可鉴范本。

然而,"真人"品格蕴含丰富理念,仅以情性视角为切口加以讨论。古人常对情性作探索。结合上文"俾尔弥尔性""洵有情兮"之论,可见情性并非一个概念。陶行知"真人"品格呼吁国人立诚心去伪心,去伪我存真我,要使人心不被外在物欲所牵制,须对情性问题进行探讨。《伪君子篇》有云:"夫二贤,一则善养浩然之气,一则善致良知。其立真去伪,尚且若是其难,何况吾辈小子!"[1]立真去伪并非易事,但也有方法,对"二贤"进行研习。陶行知强调情感对人的陶冶作用和感化作用,认为教育是教人化人,化人者也为人化,教育总是相互感化的,相互感化,便是相互改造。没有感化,就谈不上教育。[2]

三、"善养浩然之气"

"浩然之气"是孟子哲学之中的重要范畴。陶行知通过溯古问今,希望可以给"真人"品格的培育借鉴经验,让国人能有深刻反思。前文已提到过陶行知在阐发"真人"品格时吸收孟子关于"大丈夫"精神的主张,而孟子所提的"善养'浩然之气'的最终目标可藉由'大丈夫'理想人格的养成来呈现,'大丈夫'理想人格是由"浩然之气"作支撑的"。[3] "浩然之气"是"至大至刚之气","它是人通过修身养性而具有的刚正品性和精

---

[1] 华中师范学院教育科学研究所主编.陶行知全集(第一卷)[M].长沙:湖南教育出版社,1984:28.
[2] 邓恩远.求真知说真话做真人——陶行知德育思想初探[J].思想教育研究,2002(7):29.
[3] 梁宗华.论孟子"浩然之气"与"大丈夫"人格养成[J].东岳论丛,2018(4):18.

神力量",《孟子》有云:"居天下之广居,立天下之正位,行天下之大道。得志,与民由之;不得志,独行其道。"①简言之,要用仁义礼来善养浩然之气,不做违心之事。然《伪君子篇》有"然其功夫虽困难万状,二贤终有成功之日。吾于是乎且喜将来真我之必胜,而伪我之必可败"②之言,达到"二贤"之状,首要明白"二贤"之要义。据孟子之性指的是某种原初的("生")、质料性的("材")和规定性("性")的存在物。人性是仁义的本源。关于仁义的本源,孟子便有了两种说法。即,或者是浩然之气,或者是四端之性。既然两者都是仁义的本源,那么,浩然之气便与人性重合。如此,浩然之气便是性③,得"二贤"之"善养浩然之气"就是养"性"。反观《伪君子篇》中的众多德目,如两毛不擒是"仁"、逢亲之恶显"孝"等,其中仁与孝是一种朴素的人性感情,陶行知借"伪君子"之两毛不擒就是"仁"的异化人性,严厉声明做人首先应对自我个性加以正向有度规约,不可让光辉的伦理人性失真,把不劳而获是讲仁,把助纣为虐释为孝,不分黑白,颠倒是非。这也不难理解为何后人把"善养浩然之气"称为养浩然正气,即要培养人的正价值本性。"真人"品格不可缺少正义、勇敢、智慧、忠孝等重要德目,但现如今却是"伪君子惟吾国为最多;统古今而论,伪君子惟今世为最盛"的局面,亟待改观。陶行知曾引用《墨辩》中的亲知、闻知、说知,来阐释亲知是从"行"中得来,闻知是从他人或书籍中得来,说知是推想的知识。"亲知是一切知识之根本,闻知与说知必须安根在亲知里方能发生效力"。没有"亲知"做基础的"浩然之气",仅凭"闻知""说知"是无法让人性通达的。陶行知提出"行是知之始"的观点,明确主张知源于行,并指出"人类与个人最初都由行动而获得真知,故以行动始,以思考终,在以有思考之行动始,以更高一级融会贯通之思考终,再由此跃入真理之高峰"。④ 陶行知希望国人可以从源头上去思古训,追真理,做真人。"善养浩然之气"是为了培育善的人性,成人成事,为广大人民服务。

四、"善致良知"

以道德德性解释王阳明的"良知"概念是学界以往的主流看法,"致良知",通过摒除道德主体的私欲障蔽,提升道德修养,培育诚之人格。《伪君子篇》中"善致良知"是对"良知"学说的回应。《伪君子篇》有云:"其胜其败,是在及早努力,百折不回,在心中

---

① 方勇译注.孟子[M].北京:中华书局,2010:109.
② 华中师范学院教育科学研究所主编.陶行知全集(第一卷)[M].长沙:湖南教育出版社,1984:28.
③ 任鹏程,沈顺福.浩然之气即性[J].东岳论丛,2017(12):61.
④ 华中师范学院教育科学研究所主编.陶行知全集(第三卷)[M].长沙:湖南教育出版社,1984:440.

建立真主宰，以防闲伪魔。"①"真人"品格要激发诚信自觉，把诚之真充分表现出来，要扩充善性。"良知"天然自有，要"日用良知"不断达诚，突出"百姓"的主体地位，"真人"品格需要诚之效用，做"真人"更需要自主自觉，把学诚之理的体悟融入践行"真人"品格的实践中去，最终把一切修来的善果奉献"人民"，这里陶行知吸收"良知"学说，把服务的主体扩大化，即由"百姓"扩大到"人民"，突出主体权利。"二贤"之"善致良知"在于育"情"，"情"为何物？即道德情感。道德情感与自然情感何异？可举《诗》为例，便于理解。自然情感是一种无意识且被动的情感，自然情感的产生不依赖于人的意志作用，它是当人们面对各种情形，承受各种刺激时，下意识所产生的心理感受，自然情感的产生不需要理性的思考，是一种无意识的情感流露，是一种完全纯粹的自然而然的情感表现。如《邶风·简兮》有云："西方美人。彼美人兮，西方之人兮！"(p.77)女子看到舞师精湛的表演，夸赞之情溢于言表。道德情感是一种有意识且能动的情感，道德情感的产生是由人们通过理性对自然情感的认知和发展而来，道德情感体现出情感由无意识到有意识的发展过渡，道德情感依赖于人的意志表现，具备道德情感的人，会按照道德情感行动，所以道德情感是一种集知、情、意、行为一体的理性情感。如《大雅·文王》有云："侯服于周，天命靡常。殷士肤敏，裸将于京。"(p.579)臣归附周邦，并来京助祭周廷。殷商被周所灭，但周的统治者对殷民却给以信任，启用殷民继续从政，"天命靡常"透露出周公对信任之度的洞彻，这相较于《雨无正》《抑》而言，《文王》不仅体现对信任之度的完美演示和驾驭，还表达了周初的统治者具有的仁爱、宽厚、忠义的品质。道德情感是由自然情感逐渐发展而来的，所以两种情感就情感表现而言并没有什么区别，关键在于道德情感能够作为人们道德行为的驱动力，而自然情感并不能，这也是历来诗教如此重视道德情感的原因所在。"真人"的道德情感体现的是人之所以为人的本质伦理情感，"善致良知"是对人的道德情感的回归，自然情感需要道德情感的制约。陶行知在《伪君子篇》中引用多种典故，如"乡愿，德之贼"(乡愿)"阳为孔颜无上乐，阴则不事检点"(孔颜乐处)等，其中一方面意在表达若人的道德感出现问题，很容易被名、利所诱变成"伪君子"，这旨在劝人反躬自省。

五、笃学"赋比兴"有助于真人"情性"养成

第一，"赋"使人懂得摹物化"情"含蓄隽永。明人谢榛在《四溟诗话》中曾做过统

---

① 华中师范学院教育科学研究所主编.陶行知全集(第一卷)[M].长沙：湖南教育出版社，1984：28.

计,"予尝考之《三百篇》:赋七百二十,兴三百七十,比一百一十"①。据朱熹《诗集传》的标注,《诗经》1141章,其中赋727章,比111,兴274,兼类(如兴而比之类)29②,"赋"的用法居多。孔颖达疏解《毛诗序》说得更为直接:"言事之道,直陈为正,故《诗经》多赋,在比、兴之先。"③曾有观点认为"赋"平铺直叙,较为浅显,不如"比、兴"那样含蓄隽永。清人施闰章也说:"纯用赋而无比、兴,则索然矣。"④其实,"赋"并未如此,说"赋"平铺直叙只是"赋"自身所具有的一个特点,此外诸如在精细的描绘、细腻的刻画以及巧妙的对话等形式中都可以有好诗出现,如《魏风•陟岵》,征夫在外,思念亲人。诗人未从正面表达自己如何思念家乡,而是从对父母兄弟的想象入手,所言情感曲折委婉,真挚感人。

第二,"比"使人学会起"情"附理微以拟议。郑玄:"赋之言铺,直铺陈今之政教善恶。比,见今之失,不敢斥言,取比类以言之。兴,见今之美,嫌于谀,取善事以喻劝之。"⑤刘勰:"赋者,铺也,铺采摛文,体物写志也";"比者,附也;兴者,起也。……起情故兴体以立,附理故比例以生。"又说:"观夫兴之托谕,婉而成章,称名也小,取类也大。……且何谓为比?盖写物以附意,扬言以切事者也。"⑥孔颖达:"郑司农云:'比者,比方于物',诸言'如'者,皆比";"兴者,起也。取譬引类,发起己心,诗文诸举草木鸟兽以见意者,皆兴辞也。"又说:"比之与兴,虽同是附托外物,比显而兴隐。"⑦朱熹:"赋者,敷陈其事而直言之者也""比者,以彼物比此物也""兴者,先言它物以引起所咏之辞也。"⑧"比"即索物以托情,以情附物,用形象的物体来说明较为抽象的情感或事情,即"以彼物比此物"。这里的"彼物"就是诗人精心选择的名物;所谓的"此物"就是诗人所要说的道理或所要抒发的情感,如《相鼠》;另一种是比拟,如以"螟蛉以类教诲"之类。"兴"是通过有关名物的描写,来引出下文,即"先言他物以引起所咏之辞"。这里的"他物"可能是触动诗人情感的客观事物,也可能是积淀着某种风俗观念的名物。名物是"赋、比、兴"的基础,兴与赋、比之间具有密切关联。

---

① 谢榛著,宛平点校.四溟诗话[M].北京:人民文学出版社,1961:53.
② 夏传才.诗经讲座[M].南宁:广西师范大学出版社,2007:149—150.
③ 李学勤主编.十三经注疏•毛诗正义[M].北京:北京大学出版社,1992:12.
④ 施闰章.斋诗话[M].上海:上海古籍出版社,1999:378.
⑤ 李学勤主编.十三经注疏•周礼注疏[M].北京:人民文学出版社,1992:610.
⑥ 周振甫.文心雕龙注释[M].北京:人民文学出版社,1981:80,394.
⑦ 李学勤主编.十三经注疏•毛诗正义[M].北京:北京大学出版社,1992:12.
⑧ 朱熹,张长征校.诗集传[M].北京:中华书局,2011:1,3,4.

第三,"兴"使人掌握抒"情"独特彰显品德。通观《诗经》可知,这些先言的"他物"明显带有诗人的主观意识。诸如,作为《诗》三百的《周南·关雎》,其"关关雎鸠,在河之洲"就是一用"兴"典例。《毛传》对此释义道:"兴也。"为何要以雎鸠为兴来引起下文? 结合对雎鸠的释义可以找到答案。《毛传》认为:"雎鸠",即王雎。此鸟挚而有别。《尔雅·释鸟》释义雎鸠为王雎。郭璞对此注道:"雕类"且"好在江渚边食鱼"。朱熹对此注释道"水鸟"为王雎,状类凫鹭,但此鸟"生有定偶而不相乱"且"偶常并游而不相狎"。李时珍在《本草纲目》中的阐释,与上文同,即似鹰而土黄色,深目好峙。雄雌挚而有别,能翱翔水上且能捕鱼食。由此可见,雎鸠确为一种生活在水边以捕鱼为食的鸟,雎鸠的这一"生有定偶而不相乱,偶常并游而不相狎"特性与情爱的专一很相似,因此诗人以雎鸠起兴,就是要借此抒发爱慕之情感,也表达忠贞之情志。后来,闻一多先生在《分类钞》中认为:"《关雎》,女子采荇菜于河滨,君子见而悦之。"[①]"兴"就是这样可以起到联想的效用,虽然所言之物未必亲眼所见,但可以用来抒发感情,拉近与读者的距离,让人在情思中感同身受。《诗经》中的诸多起兴句都与《关雎》之兴述类同,这种"索物以起情"的抒情方式,表明了"兴"起诗志的重要。

第六节　新时代小先生须回溯传统汲取智慧
——以提升人文素质为中心

从教育伦理的角度看,孔子所提的"温柔敦厚"与诗教并不是一种直接的教育关系,而是经历了一个不断融合的过程,诗教是以周代的礼乐教化为核心的,凸显当时社会主流意识形态的一种教育方式,它主要涉及政治统治和文化教育两个方面。

一、《诗》与温柔敦厚

"《诗》教"一词首见于《礼记·经解》中。孔子曰:"入其国,其教可知也。其为人也,温柔敦厚,《诗》教也。疏通知远,《书》教也。广博易良,《乐》教也。絜静精微,《易》教也。恭俭庄敬,《礼》教也。属辞比事,《春秋》教也。"[②]从这段论述中可以看到《诗》教与《书》教、《乐》教、《易》教、《礼》教、《春秋》教并列构成儒家的"六教"。与此同时,这段论述也带给我们一些亟待解决的问题:什么是《诗》与《诗》教? 如何理解《诗》与温柔

---

① 闻一多. 分类诗钞[M]. 北京:三联书店,1982:47.
② 王文锦译解. 礼记译解[M]. 北京:中华书局,2016:650.

敦厚？诗教与温柔敦厚的关系又是怎样？据此，要理解诗教就需要把它放入这些重要关系中加以认识，有必要做一个梳理：

第一，《诗》与《诗》教。《诗》是周朝礼乐制度的产物。故谈诗必联系礼乐，因为诗礼乐向来一体共同为周朝的统治服务。具体来说，谈"诗"必有歌和舞，说"乐"必连声、音、器，谈"礼"必然缺不了前两者的辅助，因此对于《诗》的看待绝不能只看内容而不看形式。就三者的关系来看，大致可以认为"诗"从属于"乐"，两者相伴而生，"礼"统揽其内又包含"诗""乐"。此外，周公在制礼作乐时也充分考虑到了对诗歌的制作与加工，如《诗经·周颂·武》中，仅仅几句诗就把武王的德、能、勇展现得淋漓尽致。《国语·周语上·邵公谏厉王弭谤》有云："天子听政，使公卿至于列士献诗，鼓献曲，史献书，师箴，瞍赋，矇诵，百工谏，庶人传语，近臣尽规，亲戚补察，瞽史教诲，耆老修之，而后王斟酌焉，是以事行而不悖。"① 这里公卿列士献诗的目的主要是用诗歌进行讽谏或赞颂，表达对政治的评价，如《诗经·大雅·民劳》中的"王欲玉女，是用大谏"（p.660），《诗经·小雅·巷伯》中的"寺人孟子，作为此诗。凡百君子，敬而听之"（p.470）等诗句都可为当时确实存在的公卿献诗制度予以佐证。因此加之"采诗""献诗"之制的贡献和周朝不断对诗歌进行的大量采集与加工，《诗》得到不断的整合并最终集成。《诗》中所体现的不同教化思想自然就被统称为《诗》教，其内容丰富涉及和涵盖人伦生活的各个方面，这在《诗》中各类诗歌中表现明确。《诗》教借助于诗来进行教化的优势在于：首先，诗这种形式便于记忆。如《诗》中采用的多种句式、修辞与语法，这有助于民众记忆。《诗》中采用的固定句式，具有音律性，节奏抑扬顿挫，让人读起来朗朗上口。其次，诗的内容具有吸引力。如《诗》中所纳内容贴近生活，语言通俗易懂且富有哲理，耐人寻味发人深思。

第二，《诗》与温、柔、敦、厚。《诗》中的温、柔、敦、厚散见于各篇之中。经笔者整理有关"温"的诗句，如"终温且惠"（《邶风·燕燕》）、"温其如玉"（《秦风·小戎》）、"温温恭人"（《小雅·小宛》）、"温温其恭"（《小雅·宾之初筵》）等，其意可总结为"温柔""温和""和柔""温厚""温文"。有关"柔"的诗句，如"柔远能迩"（《大雅·民劳》）"怀柔百神"（《周颂·时迈》）等诗句中都出现过"柔"，其意可总结为"柔软""怀柔""安抚"。有关"敦"的诗句，如"有敦瓜苦"（《豳风·东山》）"铺敦淮濆"（《大雅·常武》）"敦商之旅"（《鲁颂·閟宫》）等，其意可总结为"团团""屯兵""聚集"。有关"厚"的诗句，如"则笃其

---

① 陈桐生译注.国语[M].北京：中华书局，2013：10.

性"(《大雅·皇矣》)、"天笃降丧"(《大雅·召旻》)等,其意可总结为"厚""多""忠实厚道""严重"。这与孔颖达《礼记正义》中对"温柔敦厚"的解释(温谓颜色温润,柔谓性情和柔)截然不同,可见后者对"温柔敦厚"的阐释已明显偏向于某种政治意图。

第三,诗教与温柔敦厚。"诗教"与"温柔敦厚"关系紧密。《尚书·尧典》有云:"夔!命汝典乐,教胄子,直而温,宽而栗,刚而无虐,简而无傲。诗言志,歌永言,声依永,律和声。八音克谐,无相夺伦,神人以和。"夔曰:"於!予击石拊石,百兽率舞。"[1]虽然"夔"的真实性难以定夺,但这已说明"诗教"的实施却早有传统。这里面已经谈到了典乐的教化作用以及诗、歌、声、律的关系,这是"诗教"最早可追溯到的文献源头。到了夏商,"凡三王教世子,必以礼乐"。[2] 西周时期,这在《周礼》中尤其是在"地官司徒"与"春官宗伯"中已明可看到设有专门负责礼乐教化的职官,并且使礼乐教化渗透到社会各层级的教育教学中。春秋时期,"礼崩乐坏"很大程度上加速了《诗》与乐的分离,《国语·楚语上·申叔时论傅太子之道》记载:"教之《诗》,而为之导广显德,以耀明其志。"[3]可见《诗》的教化功能已经受到人们的广泛重视,虽然可能无乐相配,但并不影响《诗》教的实施。到了孔子,社会中的僭越行为越来越多,曾经以赋《诗》达意的传统在孔子这里已经荡然无存。孔子敏锐地察觉到了这种现状的危险性,因此试着想尝试结合自身对《诗》的认识,通过引《诗》论《诗》的手段来逐渐构建一个内涵深刻的"诗教"思想体系,旨在能够使世人再次重拾《诗》的精神品质,提升自身的人格理想与价值体现,通过"兴、观、群、怨"等具体措施来体悟《诗》之真谛并与之践行,从而达到良好的教育效果。但学界对于"温柔敦厚,《诗》教也"提出的质疑,即"温柔敦厚"是诗教之效果而非诗教之本身的观点。结合上述所引的"温其如玉"(《秦风·小戎》)来分析,"温"有"温和"之意,这在《孔子家语·问玉》中孔子对子贡就玉的伦理释义是完全一致的,再加上"温"与"恭"搭配更是在说明一个人的伦理品质,以此可类推其他三者。这些都是在展现一个人的内在涵养,孔子之所以把诗教与"温柔敦厚"联系起来,一个原因出于当时现况迫使孔子不得不这样去做,因为《诗》确实仍具有很大社会基础,这样做便于成功。另一个原因是只有在良好的教育环境中,人们才有可能更易于去达到一个和谐理想的状态。换句话说,"诗教"是手段,"温柔敦厚"是目的,正因为两者之间具有十分紧密的关系,所以才可能这样无缝地连接在一起。但无论如何,把"温柔敦

---

[1] 王世舜,王翠叶译注.尚书[M].北京:中华书局,2016:28.
[2] 王文锦译解.礼记译解[M].北京:中华书局,2016:28.
[3] 陈桐生译注.国语[M].北京:中华书局,2013:585.

厚"直接等同于诗教的理解是一种偏颇之见因而值得注意。

二、诗教的伦理内涵

诗教的伦理内涵,大致包括三个方面,即对传统意识形态的遵奉,对自我修养的锻炼,对使用方法的合理掌握。诗教作为维护社会秩序的重要手段,其思想内涵不得不考虑社会各阶层之间关系的合理运作,对传统意识形态的遵奉应是诗教的重点,其他两个方面都是辅助其正常运作的促进器。

第一,尚德崇礼。首先,尚德。在《论语》中"德"一共出现了40次。孔子在政治治理中主张"德治",《论语》中不乏有"德"的言论,有的在阐述道德与政教关系,"为政以德,譬如北辰居其所而众星共之"。① 有的在探讨依法治国与以德治国的效果差异,"道之以政,齐之以刑法,民免而无耻;道之以德,齐之以礼,有耻且格"②等,这些内容都强调了道德修养的重要性。而《诗》作为承载"王道"的经典,其中多载称述先世圣王道德品质的诗作,因此在论及政治治理之时孔子多引《诗》以证其言,或喻事,或劝善,或警戒,"诗教"之中尽显儒家之风尚。子谓《韶》,"尽美矣,又尽善也"。谓《武》,"尽美矣,未尽善也"。③ 朱熹《四书集注》继而评论道:"舜绍尧致治,武王伐纣救民,其功一也,故其乐皆尽美。然舜之德,性之也,又以揖逊而有天下。武王之德,反之也,又以征诛而得天下,故其实有不同者。"④程子进一步解释道:"成汤放桀,惟有惭德,武王亦然,故未尽善。"⑤孔子以《韶》《武》分别作指代尽善尽美的舜与德能略微的武王,孔子眼中的《韶》已是一个尽善尽美的理想状态,《诗经·关雎》就是《韶》乐的一个重要组成部分,虽然《韶》乐已被历史所湮没,但我们可以根据《关雎》的实际含义来体味乐曲的美好。孔子在这里试图表达如何衡量"德"行的评判标准,即需要注意目的和手段的运用。一个为己利他的行为算不上全善,一个舍己利他的行为也不能算是善的,只有利己利他的行为才是真正符合孔子心意的。从这点整体来理解《韶》和《武》的涵义,显然《武》比不上《韶》,也就自然不被孔子所真心赞同。其次,崇礼。"礼"是立身的根本,在《论语》中"礼"一共出现了75次。孔子也曾对他的儿子孔鲤说:"不学礼,无以立。"⑥孔

---

① 杨伯峻译注. 论语译注[M]. 北京:中华书局,2012:15.
② 杨伯峻译注. 论语译注[M]. 北京:中华书局,2012:15.
③ 杨伯峻译注. 论语译注[M]. 北京:中华书局,2012:46.
④ [宋]朱熹注,王华宝整理. 四书集注[M]. 南京:凤凰出版社,2016:65.
⑤ [宋]朱熹注,王华宝整理. 四书集注[M]. 南京:凤凰出版社,2016:65.
⑥ 杨伯峻译注. 论语译注[M]. 北京:中华书局,2012:249.

子认为:"恭而无礼则劳,慎而无礼则葸,勇而无礼则乱,直而无礼则绞。"①礼的精神突出"敬"。"敬"表现在"庄谨",这包含了对人对事都要心存敬意。《礼记·曲礼》:"夫礼者,自卑以尊人。虽负贩者,必有尊也。"②即礼,要求自己谦卑而尊重别人,即使是小商小贩也必有他们尊重的人。正如孟子"敬人者人恒敬之"所言那样,对礼的遵循要表里如一地去践行。尤其是身处在"礼崩乐坏"时代的孔子更是积极倡导"克己复礼",这时候他清醒地认识到"'礼'不仅是语言、姿态、仪容等外在形式,而且必须要有内在的精神和道德情感作为基础"。③ 这就需要孔子把周代的社会生活和礼乐制度放入《诗》教中得以传承,要重新恢复到无论是典礼仪式化还是外交生活化,人们都再次愿意吟《诗》引《诗》。但是现实却事与愿违,人们已不再像以前那么严谨地守礼,在用《诗》上也出现了潜礼、违礼的现象。因此孔子在引《诗》、论《诗》、用《诗》过程中,往往体现出明显的"崇礼""尊礼"的倾向,这是针对时弊而采取的补救措施。一方面,孔子批评社会中僭礼的行为。三家者以《雍》彻。子曰:"'相维辟公,天子穆穆,'奚取于三家之堂?"④朱熹《四书集注》评论道:"三家,鲁大夫孟孙、季孙、叔孙之家也。《雍》《周颂》篇名。撤,祭毕而收其俎也。天子宗庙之祭,则歌《雍》以彻,是时三家僭而用之。"⑤可见当初天子祭祀用的歌却被大夫广泛使用,孔子对此遣词激烈。另一方面,孔子援引《诗》时会常常注意对其原意作新的阐发来教化弟子和世人。子谓伯鱼曰:"女为《周南》《召南》矣乎? 人而不为《周南》《召南》,其犹正墙面而立也与?"⑥朱熹《四书集注》解释道:"所言皆修身齐家之事。"《正义》进一步解释为:"二南之诗,用于乡人,用于邦国,当时乡乐未废,故夫子令伯鱼习之。""窃又意二南皆言夫妇之道为王化之始,故君子反身必先修诸己,而后可刑于寡妻,以御于家邦。"⑦孔子引此诗就是要告诫伯鱼,"王化之基"要建立在"正始之道"的基础上才有可能,因为"个人的成长基本上是创造性的,人认识自己,这是一门艺术"。⑧《周易·家人·彖辞》对"正"释言曰:"家人,女正位乎内,男正位乎外。男女正,天地之大义也。家人有严君焉,父母之谓也。父父,

---

① 杨伯峻译注. 论语译注[M]. 北京:中华书局,2012:111.
② 王文锦. 礼记译解[M]. 北京:中华书局,2016:5.
③ 张自慧."克己复礼为仁"的因果必然性及其现实意义[J]. 孔子研究,2011(5):6.
④ 杨伯峻译注. 论语译注[M]. 北京:中华书局,2012:32.
⑤ [宋]朱熹注,王华宝整理. 四书集注[M]. 南京:凤凰出版社,2016:58.
⑥ 杨伯峻译注. 论语译注[M]. 北京:中华书局,2012:258.
⑦ [清]刘宝楠撰,高流水点校. 论语正义[M]. 北京:中华书局,1990:690.
⑧ [美]郝大维·安乐哲著,蒋戈为,李志林译. 孔子哲学思微[M]. 南京:江苏人民出版社,1996:46.

子子,兄兄,弟弟,夫夫,妇妇,而家道正;正家而天下定矣。"①在这里只有男与女具有明确的地位,两者互不干扰才可长久守持。孔子引用二南就是要引申出男女中正涉及闺门教化之礼和男女修身之术。

第二,怡情修身。首先,怡情。孔子在培养弟子们的德行、人格的过程中一直注重对感情、性情的启发与引导。子曰:"《关雎》,乐而不淫,哀而不伤。"②我们暂且放下朱熹"《关雎》之诗,言后妃之德,宜配君子。求之不得,则不能无寤寐反侧之忧;求而得之,则宜其有琴瑟钟鼓之乐。盖其忧虽深,而不害于和,其乐虽盛,而不失其正,故夫子称之如此"③的精深评述,刘台拱在《论语骈枝》有言:"《诗》有《关雎》,《乐》亦有《关雎》。"④他认为此诗是据《乐》言之的评述。怡情涉及孔子诗教中的情感教育,因为在孔子心中一直都有一个理想人格的存在,即君子。君子不仅只在《诗》中得以发觉,在《论语》《礼记》《左传》《孔子家语》等文献中更是屡见不鲜。在孔子看来,一个合格的君子不仅仅具备德行和才干还需要有一个健康的情志情趣,孔子论《关雎》就有这层意思,对于乐与哀、淫与伤的恰当把握可引申为对情商高与低的评价,以孔子对门人子贡的"可与言诗已矣"例为其佐证。子贡曰:"贫而无谄,富而不骄,何如?"子曰:"可也;未若贫而乐,富而好礼者也。"子贡曰:"《诗》云,'如切如磋,如琢如磨',其斯之谓与?"子曰:"赐也,始可与言《诗》已矣,告诸往而知来者。"⑤无论是孔子的"安贫乐道"之谈,还是"陈蔡之困"有感,还是"君子食无求饱""巧言令色,鲜以仁"⑥等等。孔子对于贫富、谄骄是深有感触的。子贡先入为主,以贫富关系为论点询问孔子足以引起孔子兴趣,继而再以《诗》为阐发,既借此来深究问题,又体现对孔子诗教思想的运用,因此得到孔子"告诸往而知来者"的评价。孔子曾对门人子夏也说过"可与言诗已矣"的话。子夏问曰:"'巧笑倩兮,美目盼兮,素以为绚兮。'何谓也?"子曰:"绘事后素。"曰:"礼后乎?"子曰:"起予者商也!始可与言《诗》矣。"但这是出于子夏的智商而非情商,故不赘述。从《论语·先进》篇中的"言语:宰我,子贡。文学:子游,子夏。"⑦这又可为上述子贡、子夏的两个例子佐证。可以看出,孔子的教育启发学生的方式是多方面的,无论子贡

---

① 杨天才,张善文译注.周易[M].北京:中华书局,2011:331.
② 杨伯峻译注.论语译注[M].北京:中华书局,2012:42.
③ [宋]朱熹注,王华宝整理.四书集注[M].南京:凤凰出版社,2016:63.
④ 杨伯峻译注.论语译注[M].北京:中华书局,2012:42.
⑤ 杨伯峻译注.论语译注[M].北京:中华书局,2012:13.
⑥ 杨伯峻译注.论语译注[M].北京:中华书局,2012:13.
⑦ 杨伯峻译注.论语译注[M].北京:中华书局,2012:155.

还是子夏都可与孔子论诗,足见诗教对于孔子的重要。孔子诗教中的怡情表现为:一方面,孔子运用诗篇本身所流露出的朴实情感对弟子进行教导。因为《诗》中的诗无论褒贬、赞美、刺讽都是诗人真实的感情流露,孔子再根据这些流露出的感情加以升华,即注重引申其中的道德教训,从而彰显其教化功能。另一方面,孔子通过自己对诗歌的独特感情来进行诗教。子曰:"《诗》三百,一言以蔽之,曰'思无邪'。"其中"思无邪"出自《诗经·鲁颂·駉》"思无邪,思马斯徂"(p.791)一句,孔子借用它来作为对所有诗篇的总结性评价,足见孔子对其喜爱至深,孔子用此诗的原因在于:一方面,据文献记载,鲁国是周公长子伯禽的封地,成王因周公有大功于天下,故赐伯禽以天子之礼乐。鲁国于是就有了《颂》诗,作为庙堂的乐歌,凸显鲁国享有的高规格礼遇。另一方面,孔子是鲁国陬邑人对故国更是感情至深,这首颂诗的内容又与马有关,然而马匹的繁盛又代表着一个国家的国力,这颂诗在彰显鲁国的强大,让孔子倍感荣幸。孔子借用此诗以"马"育人,马不仅代表国力更是人才的象征,做贤才应当如马这般表里如一坚韧不拔。同时这也喻示着治国之道,正如《毛诗序》所言:"僖公能遵伯禽之法,俭以足用,宽以爱民,务农重谷,牧与坰野"(p.791),这样才能受世人尊重。可见,孔子对此篇诗所表现出来的这些感情,主要是因为诗中所颂之人的德行。而孔子这种带有强烈感情色彩的评论自然也是他对学生学诗的一种引导,使他们感受诗中的道德意义,从而受到教化。其次,修身。孔子注重发掘《诗》的道德内涵,并对《诗》进行道德化的诠释与解读。孔子曾以"一言以蔽之"将《诗经》全部诗歌内容概括为"思无邪",这就是在宏观把握《诗经》的道德修养价值。孔子认为,《诗经》的全部精华就在于其作品思想的纯与正,学习《诗经》可以净化人的心灵感发人之善心,使人得性情之正。故孔子会说:"兴于《诗》,立于礼,成于乐。"[①]对于"兴于《诗》",朱熹《四书集注》解释道:"《诗》之本性,有邪有正,其为言既易知,而吟咏之间,抑扬反复,其感人又易入。故学者之初,所以兴起其好善恶之心而不能自已者,必于此而得之。"[②]刘宝楠在《论语正义》中对此解释得更为明白,"夫子时,世卿持禄,人不由学进,故学制尽失。圣门弟子,自远至者,多是未学,夫子因略本古法教之,学诗以后即学礼,继乃学乐。盖诗即乐章,而乐随礼以行,礼立而后乐可用也"。[③] 由此可见,孔子在这里所强调的就是《诗经》的道德修养功用。刘勰《文心雕龙·养气》有云:"淳言以比浇辞,文质悬乎千载;率志以方竭情,劳逸差于

---

① 杨伯峻译注.语译注[M].北京:中华书局,2012:114.
② [宋]朱熹注,王华宝整理.四书集注[M].南京:凤凰出版社,2016:101.
③ [清]刘宝楠撰,高流水点校.论语正义[M].北京:中华书局,1990:298.

万里:古人所以余裕,后进所以莫遑也。"①或许这也在一定程度上为我们证明了孔子为何如此喜爱《诗经》,即《诗经》淳朴且顺应情志,没有过多的纹饰,让人为之动容,在此基础上孔子在解《诗经》论《诗经》时,有意针对《诗经》的道德内涵并加以不断发掘和彰显,以《论语·学而》为例,孔子认为"贫而无谄,富而无骄"②固然是道德修养中比较高的境界,但是还是不如"贫而乐,富而好礼"。因为在孔子看来,德性的修养是个不断磨炼、不断提高的过程。子贡引"如切如磋,如琢如磨"的诗句以证夫子所说,此诗句出自《卫风·淇奥》,其诗旨在于赞美卫国的一位君子,也有说是赞美卫武公的,但无论如何从如同象牙经切磋,如同美玉经琢磨的字面意思来看,这是在描述治玉的过程,而在此子贡用它来比喻道德修养,可以说深得孔子教《诗》原则,因而也就免不了会获得孔子嘉许。在《诗》中修身是可以获得一种诗化了的人格品质的,这种品质每每在学习者研习完《诗经》之后,心灵与性情都会受到感化,随之也改变了自身的个性气质。以《诗》修身当属孔子对于理想人格一种设想,前文已述的"温柔敦厚"其实就是这种理想人格的诗教结果,这种温良平和之性情、宽厚朴实的人格既有感性之美也有理性之美。回到《礼记·经解》中会看到"温柔敦厚"并非孔子理想人格的全部内容,其后还有"疏通知远""广博易良""恭俭庄敬"等其他气质,"温柔敦厚"只是其中的一个主要前提或者是重要的开端,对此把握得好与坏会直接影响到与其他教育方式的效果配合。由此可见,修身是对人趣味、性情等个性因素综合化程度的一个考量,它是一个人的社会化行为的具体体现,因此修身与理想人格是孔子不得不在诗教中加以深虑的问题。

第三,中和位育。"中和位育"是儒家修养功夫之极致,"中和"是目的,不偏不倚,协调适度;"位育"是手段,各守其分,适应处境。"中和位育"思想源远流长,在尧舜时期这一思想就已存在。《尚书·尧典》中"百姓昭明,协和万邦。黎民于变时雍"③一句就已表明尧是一位能很好运用"中和位育"思想的上古明君,这令孔子对其敬佩不已,也为孔子崇尚尧舜埋下了伏笔。孔子在继承古圣先王思想的基础上将"中和位育"思想作了进一步发挥,使其成为儒家思想中的重要范畴之一,它中庸之道的主要内涵。从"中庸之为德也,其至矣乎,民鲜久矣"④就可看出孔子对"中和位育"思想是何等地推崇。谈及"中和位育"必联系到《中庸》,其实《中庸》的此思想也是从孔子《论语》的思

---

① 王志彬译注.文心雕龙[M].北京:中华书局,1990:472.
② 杨伯峻译注.论语译注[M].北京:中华书局,2012:13.
③ 王世舜,王翠叶译注.尚书[M].北京:中华书局,2012:6.
④ 杨伯峻译注.论语译注[M].北京:中华书局,2012:90.

想中继承而来,对此徐复观先生已有详细的证明:"《中庸》一书出于《论语》,实已昭然若揭。况《中庸》上之'子曰,中庸其至矣乎,民鲜能久矣',分明《论语》此文之转用。且《中庸》中言'中和',而《周官·大司乐》即以'中和祗庸孝友为六德。而郑康成即以'中和之为用'释中庸。又《礼记·丧服四制》篇谓:'此丧之所以三年,贤者不得过,不肖者不得不及,此丧之中庸也。'"①可见,《中庸》是对孔子这一思想的具体论述,使之更加系统化,即"喜怒哀乐之未发谓之中,发而皆中节谓之和。中也者,天下之大本也;和也者,天下之达道也。致中和,天地位焉,万物育焉"。②朱熹对此解释道:"喜、怒、哀、乐,情也。其未发,则性也。无所偏倚,故谓之中。发皆中节,情之正也。无所乖戾,故谓之和。大本者,天命之性,天下之理,皆由此出,道之体也。达道者,循性之谓,天下古今之所共由,道之用也。此言性情之德,以明道不可离之意。"③这就成为了早期儒家的"中和"思想。《诗》本著性情也是喜、怒、哀、乐的自然流露,而如何规正这些性情,使其更有利于教化是孔子不得不去解决的问题。有关孔子引《诗》论《诗》的体现,无不具有"中和位育"思想的影子,如前文已有涉及的《诗》三百,一言以蔽之,曰'思无邪'""如切如磋,如琢如磨""乐而不淫,哀而不伤"等句都是孔子倡导"中和位育"思想的力证。在《礼记·经解》中除了有"温柔敦厚,《诗》教也"这句话外,孔子继而谈到《诗》之失愚",要做到"温柔敦厚而不愚"才是"深于《诗》者也",这为"中和位育"思想又做了佐证。

三、诗教对当代人文素质提升的启思

新时代小先生需要理解"仁义礼智根于心"的道理,诗教对新时代小先生的素养提升包括从对生活的看法,自身道德修养以及为人处世之道加以综合提升。

第一,率性是安身立命之本。"率性"即循其本性,这也是《诗经》之意旨所在。总览《诗经》三百余首诗歌,无一不把诗人内心的情感表现得淋漓尽致,正因如此也才可以跨越历史的长河与现代的读者产生共鸣,孔子的诗教想必也是看中了这一点。磨去一个人本不该有的棱角固然百益无害,但把本该具有的率性一并带去就需要理性看待。《礼记·中庸》有云:"天命之谓性,率性之谓道,修道之谓教。"④这句话有很大价

---

① 徐复观.中国思想史论集[M].北京:九州出版社,2014:80.
② 王文锦.礼记译解[M].北京:中华书局,2016:692.
③ [宋]朱熹注,王华宝整理.四书集注[M].南京:凤凰出版社,2016:18.
④ 王文锦.礼记译解[M].北京:中华书局,2016:692.

值启示,即对性与命该如何看待?天所给予人的禀赋就叫作性,遵循天性而行就是道,这个"道"我们可以理解率性而生的过程,修明此"道"而加以推广就叫作教,对"道"的修明就是根据一个人的实践体悟去合理地辨别在这一过程中所遇到的那些诸多形式的善恶与利好,从而让自己更好地安身立命于世。孔子的诗教未尝不也是这样的理想设置,他让世人要勤加学习《诗》,其实就是让世人对自身本性做以深刻的认知,因为人之性中必有可率不可率的成分,而《诗》与人之性最易发生直接接触,从而率其正性去其恶,这也是孔子诗教对于率性的一个重要揭示。当然,古人看待"性"时总是或多或少地带有一些神秘性,"其实'性'既非一种有待展现和完成的天生的性质,也非先定的潜在性而是一个过程。在这个过程中,'性'是必然的'环境中之性'。这就是说,在讨论'个性'时不能把'事物'和'环境'分割开来。'性'的概念界定:在存在的过程中,尽管每个特定聚结组成一团,那些组成了一团的聚结之间表现各自独特的'异'可以存而不论,可以用一个名字来表示它们的性通行。'异'常常指发展了的状态,'性'常常指未获发展的潜在性"。① 此外,还需要注意"天性往往是隐藏的,有时会被克服,但却很少能够完全熄灭。强制地压抑天性,只会使天性在压力消失后更为强烈"。② 应当看到,对小先生自我个性的率性与否是一个动态关系,当今社会对于个性的张扬应当是处在一个"中和"之态下,因为他一定要知道"一个人想要战胜他的天性,他为自己设置的任务不能过大,也不能过小,多大的任务会由于经常的失败而气馁,过小的任务虽然可以常常获得成功,但进步甚小"。③ 此外,他还要懂得"一个人的天性,不长成药草,就会成为莠草,因而,他应当及时地灌溉前者,铲除后者"④的涵义。率性是一个人健康成长的前提,它在当代(小先生)人文素质的提升中绝不可以忽视。

　　第二,修道是积善成德之方。"道"《论语》中共出现了大约100次,显然它在孔子心中占有非常重要的位置。孔子的"道",即"人道"。卫公孙朝问于子贡曰:"仲尼焉学?"子贡曰:"文武之道,未坠于地,在人。贤者识其大者,不贤者识其小者,莫不有文武之道焉。夫子焉不学?而亦何常师之有?"⑤朱熹对此解释道:"文、武之道,谓文王、武王之谟训功烈与凡周之礼乐文章,皆是也。"⑥孔子无处不学文、武之"道",他对"道"

---

① [美]郝大维·安乐哲著,蒋戈为,李志林译.孔子哲学思微[M].南京:江苏人民出版社,1996:168.
② [美]郝大维·安乐哲著,蒋戈为,李志林译.孔子哲学思微[M].南京:江苏人民出版社,1996:174.
③ [美]郝大维·安乐哲著,蒋戈为,李志林译.孔子哲学思微[M].南京:江苏人民出版社,1996:174.
④ [英]弗朗西斯·培根著,徐奕春等译.培根论人生[M].北京:中央编译出版社,2011:176.
⑤ 杨伯峻译注.论语译注[M].北京:中华书局,2012:284.
⑥ [宋]朱熹注,王华宝整理.四书集注[M].南京:凤凰出版社,2016:188.

的追求已然内化于心,文、武之大道对于现实的指导作用依旧很强,就连孔子这样极度聪慧好学的人都难以究其全部精髓,更何况是一般的人呢,随时随地地研习"道"之精妙,才能更好地用于人事。郝大维·安乐哲曾对"道"做了这样的解释:"'道'在人中,并由人传递下去。而每个人都以独特的方式吸收'道'和体现'道'。"①小先生"在理解孔子的'道'的概念时,重要的是要考虑到,人不仅继承'道'、传递'道',而且事实上也创造'道'。"②顾名思义,"道"需要人"修"。孔子诗教对于"修道"之方式的发展,主要通过继承与创新来进行,从"鸟兽不可与同群,吾非斯人之徒与而谁与?天下有道,丘不与易也"③和"不仕无义。长幼之节,不可废也;君臣之义,如之何其废之?欲洁其身,而乱大伦。君子之仕也,行其义也。道之不行,已知之矣"④两段话中可窥出一二道理。孔子阐明倘若身在一个倒行逆施的社会环境中"修道"之不可顺行,那么就要通过自己的实际行动去兴"义"来触其"道",成其"道"。具体来讲,小先生要在学而知之的同时既要保留个性又要为他人着想,这非但与儒家倡导的"先义后利"的理念相同,还与《诗》之"战战兢兢,如临深渊,如履薄冰"(p.443)的实质涵义相一致。小先生"修道"需要有内外兼具修持的功夫,"若不反躬内省,而徒向外驰求,则求之有道,而得之有命矣,内外双失,故无益"。⑤ 如《小雅·蓼莪》就是一首表达孝子思念父母生育之恩而不能够报答的痛心之诗,"蓼蓼者莪,匪莪伊蒿。哀哀父母,生我劬劳。蓼蓼者莪,匪莪伊蔚。哀哀父母,生我劳瘁。瓶之罄矣,维罍之耻。鲜民之生不如死之久矣。无父何怙无母何恃?"(p.474)此诗教导人们要知道父母的生育之恩而应该报答父母之恩,当人们读到"欲报之德,昊天罔极"时,没有一个不为父母之恩的山高海深而深受感化的。对于小先生"修道"而言,绝不能忽视自己力所能及的"修道"途径,比如"孝道",因为"修道"是一个循序渐进、以小见大的重要过程。绝大多数人还不可能自诩为已达极致者,因为他一旦承认,就要承担很大的风险,或许更有甚者会为此而丢失所得的一切,每一个人并不是都是培根言中的"大才大德"之人。倘若你是,那你就应该认真审视自己是否符合下述情形,即"丝毫不加虚饰的人,必须要有过人的大才大德,就好像不加衬托而镶起的宝石必须是很宝贵一样"。⑥ 倘若不是,那你就可借鉴孔子诗教

---

① [美]郝大维·安乐哲著,蒋戈为,李志林译.孔子哲学思微[M].南京:江苏人民出版社,1996:183.
② [美]郝大维·安乐哲著,蒋戈为,李志林译.孔子哲学思微[M].南京:江苏人民出版社,1996:183.
③ 杨伯峻注.论语译注[M].北京:中华书局,2012:270.
④ 杨伯峻注.论语译注[M].北京:中华书局,2012:270.
⑤ [明]袁了凡撰,尚荣,徐敏评注.了凡四训[M].北京:中华书局,2015:31.
⑥ [英]弗朗西斯·培根著,徐奕春等译.培根论人生[M].北京:中央编译出版社,2011:224.

之修道方式去慢慢地积善成德。因为培根也继而论,美德有如明香,经燃烧或压榨而其味越烈。修道是一个长期而艰巨的过程,它对于每一个小先生的人文素质提升至关重要。

第三,成己是实现自我之法。《礼记·中庸》有云:"诚者,非自成己而已也,所以成物也。"①至诚的人不仅只是自我完成而已,还要用以成就外物。其实《中庸》给予小先生的启示,即"人的造就过程包括向外和向内两个方面。在这个过程中,自我判断不断得到修正和发展。一个人既影响他人,又受他人影响"。② 人是社会动物,小先生的自我提升不可能不对他人它物产生影响,在自我达到所需目的的同时,自己又是他人达到目的手段,因此成己最好的效果该是成己成物。类似的问题,子贡与孔子已谈论得很清楚。子贡曰:"如有博施于民而能济众,何如?可谓仁乎?"子曰:"何事于仁,必也圣乎!尧舜其犹病诸!夫仁者,己欲立而立人,己欲达而达人。能近取譬,可谓仁之方也已。"③即,"仁"是吸收他人,以及发挥个人发展着的判断所产生的,最适宜事物的一种积累,同时"仁"也造就着他人。《小雅·鹿鸣》虽描写的是贵族大宴宾客的情景,但以鹿鸣为起兴就折射出"和"的意蕴。这种"崇和"的礼乐思想是对社会秩序的一种美化与提升,它可以使人们得以在秩序中尽享其乐。这就要求小先生要建立与身边人的和谐关系,要适应环境,与人为善,学会求同存异,和谐共处,使自己能保持一个健康积极、乐观向上的状态。与此同时,小先生需要注意这种成己之"和"的适度性,虽说成己是实现自我之法,但也需要量力而行,不然适得其反。纵观古今,有多少为达成己之功而不惜付出一切代价的惨痛案例,这就需要用理性加以审辨。正如培根所说:"假如一个人做了一件别人没有尝试过的事,或者是一件更难或更高的事情,那么他可以比紧紧追随别人做了一件更难或更高的事的人得到更多的荣誉。"④这样的结果固然美好,对世人有很大的诱惑力。但倘若未分清自身的实际情况而一意孤行,舍本求末就得不偿失了。成己是一个经过前两者的长期坚持后的结果性检验,结果的好坏直接影响一个学子是否还会对自身所秉持的道义一以贯之,因此成己也是每一个人在进行人文素质提升的过程中必须要慎重对待的方面。诗教与新时代小先生人文素质提升关系紧密,以诗教为基础,提炼出率性是安身立命之本、修道是积善成德之方、成己是实现自

---

① 王文锦.礼记译解[M].北京:中华书局,2016:708.
② [美]郝大维·安乐哲著,蒋戈为,李志林译.孔子哲学思微[M].南京:江苏人民出版社,1996:89.
③ 杨伯峻译注.论语译注[M].北京:中华书局,2012:90—91.
④ [英]弗朗西斯·培根著,徐奕春等译.培根论人生[M].北京:中央编译出版社,2011:233.

我之法。为了能够更好地实现小先生人文素质在各方面的提升,每一个新时代小先生都应当积极地学习和探索包括诗教在内的儒家优秀传统理念,这样无论面对怎样不同的人生境遇都可从容对之。

综上,新时代背景下,小先生更应当具有"真人"品格,这主要表现在:其一,培养小先生乾健有为、自强不息的人格精神。中国式教育现代化要根植中华优秀传统文化,要培育奋发有为的主体精神和独立不惧的坚毅人格。其二,鼓励小先生探索万物之规律、人生之真理。教育现代化需要对传统教育不断进行反思、超越。在探索真理的过程中,应具有不为物欲所动的理想信念、不为挫折所阻的坚强意志、不为权势所屈的大丈夫气概。其三,塑造小先生富有教养、人格独立的良好形象。人人都希望具有高雅尊贵的气质和形象,就应当在道德层面不断提升自己,在自我修养中追求"真人"品格,使自己具有独到的见解、独立的人格和高贵的尊严。

第七节 深识中、西美德伦理为新时代小先生人格形塑赋能

对中、西美德伦理的理念与指向的探索是基于美德伦理视域研究的需要而展开的。中国的美德伦理教化主要通过"诗礼乐"得以完成,"诗礼乐"最初也是为培养德性而产生发展起来的。从伦理学的角度来看,"诗礼乐"充分体现美德伦理,这具体又可细分为:诗、乐主要与美德伦理相关,礼主要与美德伦理、规范伦理相关。由此可见,中国对美德伦理思想的传播必须要立足于一个稳定的传播媒介,即"诗礼乐"。中国美德伦理的边界并不是格外分明的,这主要取决于中国的美德伦理是基于"经学"发展而来的,中国美德伦理对于美德的教化,一定是把各"经"所共同认可的、具有普遍价值的、彰显时代之需的核心理念作为其主要的化育内容,通过"诗礼乐"这样一种形式来加以传播,其中一定会有规范伦理、美德伦理等内容的交融,因此不能随意地对中国美德伦理做机械拆分。同时还需要注意的是,中国的美德伦理是通过"伦理思想"来做深入分析的,而不是趋于西方美德伦理学这一独立学科来阐述的,这是中国与西方美德伦理之间的一个重要的不同点,这也是中国美德伦理的独有特色。

一、中国美德伦理思想的核心理念与价值旨趣

中国美德伦理思想的核心理念主要体现在美德伦理思想的经学化,没有经学的确立就不会有中国美德伦理思想的系统发展,而中国美德伦理思想的价值旨趣就是教化

人成为文质统一的"君子"。"君子"不仅是社会广泛认同的道德品格典范,更是"经学"所大力推崇的理想人格。

(一)"经学"背景下的美德伦理思想

我国的美德伦理思想与"经学"密切相关,可以说"经学"的确立,为我国美德伦理思想的研究,提供了丰厚的研究基础。

第一,什么是"经"? 皮锡瑞认为:"孔子以前,未有经名,而已有经说,据见于《左氏内外传》。"[1]周予同认为:"'经'是指中国封建专制政府法定的以孔子为代表的儒家所编著书籍的通称。作为经典意义的'经'这一名词的出现,应在战国以后;而'经'的正式被中国封建专制政府'法定'为'经典',则应在汉武帝罢黜百家、独尊儒术以后。"[2]当代学界对于"经"的认知,主要有两种主流观点:其一,古文经之"经"本周公旧典,为官书。周公辅助周武王灭商,建立周朝。武王崩时,成王年幼,周公摄政,总结殷商国灭身死的历史经验,是一套严密的等级制度,即周公的"制礼作乐",并由此认为这就是"经"的开始,至此影响中国上千年之久。其二,今文经之说。此观点认为"经"为圣人所作,"经"被看作是万世不变的常道。在我国古代典籍中,不乏有对"经"意的探讨,如《文心雕龙·宗经》有云:"'经'也者,恒久之至道,不刊之鸿教也。"[3]《孝经·郑氏序》有云:"经者,不易之称。"[4]这些论述都在说"经"是一种不易之常道。

第二,什么是"五经""六经"。历史上有"五经"与"六经"之说。持"五经"观点的古文经派认为《乐》经毁于秦火,因此《乐》到汉代《乐经》已经失传,汉以后的人称为"五经"。汉武帝(前156—前87)建元五年时立"五经博士",使得"五经"之称更为流行。有观点提议可把《乐记》充当《乐经》,但并不能如此,因为《乐记》是一种音乐著作而非有关乐论的理论书,故汉以后的人把《易》《书》《诗》《礼》《春秋》作为"五经"。持"六经"观点的今文经派认为,《乐》本无经,它是与诗、礼相配的曲调,自身并没有文字,这种观点为学界大多数人所认可。而我们看到的所谓的"六经"称呼,这是出自对董仲舒《贤良三策》中的"诸不在六艺之科孔子之术"的阐释,即对"六艺"的理解,在《汉书·艺文志》中载有"六艺略",师古对此注曰为"六经"。"六艺",即"六经",它是三代礼制思想的结晶,"六经",即《诗》《书》《礼》《乐》《易》《春秋》。此外,《诗》《书》《礼》《乐》《易》《春

---

[1] 皮锡瑞著,周予同注释.经学历史[M].北京:中华书局,2011:9.
[2] 周予同.中国经学史论著选编[M].上海:复旦大学出版社,2015:433.
[3] 王志彬译注.文心雕龙[M].北京:中华书局,2012:22.
[4] [清]皮锡瑞撰,吴仰湘点校.孝经郑注疏[M].北京:中华书局,2016:1.

秋》是我国最早的典籍，史称孔子曾对上述典籍做以善修整理，故被后人称为"六经"。"六经"各书的重视程度有所差别，《诗》《书》《礼》《乐》是西周最早的知识载体，并教国子。《易》《春秋》成为教学书目，当在孔子之后。对于"六经"的排序上存也有两种说法。如冯天瑜先生所认为的，以历史主义原则为先，即《易》《书》《诗》《礼》《乐》《春秋》；以教育学循序渐进原则为先，即《诗》《书》《礼》《乐》《易》《春秋》。这一点也需要注意。

第三，什么是"经学"。经学是研究儒家经典、解释其字面意义、阐明其蕴含义理的学问，它是封建时代统治学说的总称。"经学"包含两大类：其一，学术类。简单来说，就是对以往的经文作训读、注解以及释义等，这主要是帮助读者理解。"经学"起初在汉朝时仅有五经，到了唐朝成为"九经"（《左传》《公羊传》《谷梁传》《周礼》《仪礼》《礼记》，再加上《易》《书》《诗》），晚唐成为"十二经"（"九经"加《论语》《尔雅》《孝经》），到了南宋成为"十三经"（《孟子》加"十二经"）。其二，政治类。如上文所述，"经"有"常""法"之意，故"经"有着不可更改和违背的权威。社会对经典的信奉必须是毫无怀疑随时践行的，需要自觉体认。自汉代以来，"经学"就成为古代中国最核心的意识形态，维系着古代社会最根本的价值判断，是古代人生活的基本思想来源，全面渗透到古代社会的法律规定、宫廷政治、官僚体制、乡规民约等之中。"经学"既是一种思想体系，也维系着制度建设。而教化问题是经学研究的最核心的问题之一。"经学"的教化既是个人的成德之教，即培养合乎儒家理想的有德的人，也是社会的成善之教，即建立合乎儒家理想的正义社会。例如，钱穆在《中国文化史导论中》认为："《诗经》是中国一部伦理的歌咏集。"朱伯崑认为："《论语》是中国第一部伦理学典籍。"《论语》关于美德的学习主要有：积极为学（"学如不及，犹恐失之。"《论语·泰伯》）、为己而学（"古之学者为己，今之学者为人。"《论语·宪问》）、踏实求学（"知之为知之，不知为不知，是知也。"《论语·为政》）。

（二）中国古代美德伦理思想的核心理念

核心理念在中国古代美德伦理思想中扮演着重要的角色，它是不能被替代的理念，且对中国古代美德伦理思想的发展具有延传效用。这种具有延传效用的核心理念应当具有唯一性、实效性、历时性特征。

首先，重家尚孝。中国社会是家庭本位的社会，一切的伦理道德也都在家庭的各种关系中得以体现，如父子关系胜过夫妇关系，无论父子之间存在契约关系也好，还是血缘关系也罢，父子关系的和谐与否会直接决定一个家庭的发展，重家尚孝就会体现在对父母双亲服侍的全过程中。如孔子重家尚孝的理念首要体现在父子伦理。其一，无改于父之道。子曰:"父在,观其志;父没,观其行;三年无改于父之道,可谓孝矣。"(《论语·学而》)其二,无违。"孟懿子问孝。子曰:'无违。'樊迟御,子告之曰:'孟孙问孝于我,我对曰,无违。'樊迟曰:'何谓也?'子曰:'生,事之以礼;死,葬之以礼,祭之以礼。'"(《论语·为政》)《孟子·公孙丑章句下》有云:"内则父子,外则君臣,人之大伦也。"[1]孟子将父子关系置于至高无上的地位,指出父子之间要以孝敬为基本准则,孟子强调父慈子孝,这起到维护和协调家庭伦理关系的重要作用。荀子有云:"孝弟愿悫,軥录疾力,以敦比其事业,而不敢怠傲,是庶人之所以取暖衣饱食、长生久视以免于刑戮也。"[2]荀子以"利亲"角度阐释"孝"德,解析"孝""悌"等德目产生的真正动因。钱穆先生就认为《诗经》很好地保留了当时人们重家尚孝的内心情感,这包含家庭情感和家族道德,同时强调人情之温和。孔子也常把诗、礼相并重,并融入于情灵的抒情诗中,体现了"人类常情,必先认识乃生情感。人最亲父母者,其次兄弟,夫妇乃至朋友。凡其所爱,必其所知"[3]的意涵。家庭是中国文化一个最主要的柱石,中国文化全部是从家族观念上建立起来的,先有家观念才有人道观念,家庭之孝首在父子相传,而悌乃兄弟相及。"孝"是时间性的"人道之直通"(家庭的凝聚),"悌"是空间性的"人道之横通"(家庭的规模)。孝悌之心便是人道之核心,如果要想理解重家尚孝,就必须要知道重家尚孝的内涵,以及从事重家尚孝的活动,孔子学说正是根源中国古代传统的"家庭情感"而发挥到极致的典范。

其次,推仁崇礼。虽然仁是孔子思想的核心,但孔子还重礼。钱穆先生认为孔子对礼的贡献在于他突出强调了礼的内心,即礼所内含的真意。真意应该具有礼之本义之外的引申义,如诗和其他"经"的含义。"礼"包含社会的所有制度、规范、习俗,"礼"对于社会的发展具绝对的支撑作用。"礼"之真意可以拆分为"真"与"意"两个部分:"真"首先要从情感入手,"礼"不能没有情感的流露,礼要流露"真"情,这种"真"情是外在的"真",即不违心的实际行动。同时,还需要向内求"真",因为中华文化是向内求的,只有内在为真,才可以外求为真。对"礼"的理解为"真",即不偏离,不谬误。对"礼"之"意"的理解应当包括对"礼"之内涵、"礼"之价值、"礼"之影响的探索。推仁崇礼在孟子学说中更为明确。孟子吸收孔子之仁,要求国君实行仁政,孟子云:"人皆有不忍人之心。先王有不忍人之心,斯有不忍人之政矣。以不忍人之心,行不忍人之政,

---

[1] 杨伯峻译注.论语译注[M].北京:中华书局,2012:93.
[2] 张觉撰.荀子译注[M].上海:上海古籍出版社,2012:33.
[3] 钱穆著.国史大纲[M].北京:商务印书馆,2009:15.

治天下可运之掌上。"①孟子所述仁政都是基于性善论来谈的,里面吸收了孔子亲亲、爱民等思想。荀子思想看似与孔孟学说大有不同,其实荀子并没有脱离儒家,如荀子提出的化性去伪其实就有"仁"的内涵实质,不过此时的"仁"是在礼中得以体现的。不仅荀子的政治思想没有脱离儒家,而且诸如经济思想,如反对墨家"均平"说,提倡有"分"。这与孔子的"爱有差等"异曲同工。再如军事思想,如"礼修士服""政平民安"等观念也未脱离儒家思想。

最后,善于用中。孔子用时中在《论语》中有很多体现,如子曰:"温故而知新,可以为师矣。"(《论语·为政》)对"故"与"新"的运作就体现时中,过于重"故"不可推陈出新,过于重"新"又不会追本溯源。再如"告诸往而知来者"(《论语·学而》)对于"往"与"来"的阐释,也需要时中。孟子也强调善于用中,孟子提出"制民之产",如何让民"乐岁终饱"所提出的一系列"无夺农时"的策略体现了时中。荀子的《解蔽》就含有丰富的辩证思想,如他提出的"十蔽",就是针对一个人面对善恶、始终、远近、博浅、古今这些对立范畴时该如何取舍,对此荀子还提出了他自身独到的见解,即"虚壹而静"之法。子思著《中庸》,更是详尽地阐述了包括时中在内的"一以贯之之道",让"中庸"得以深入发展。

(三) 中国古代美德伦理思想的价值旨趣:形塑君子人格

第一,君子人格。"人格",即"Personality",这源于拉丁文"persona",原意为戏剧表演中,演员的面具与面具所表现人物形象,后来逐渐被引申为"人格"一词。在心理学中,"人格",即"个性",特指一个人稳定的心理素质,它包括人格倾向性和人格心理特征。前者一般包括人的需要、动机、兴趣、信念等,决定着人对现实的态度和选择;而后者一般包括人的能力、气质与性格等,决定着人行为方式上的人性特征。"人格",简单来说是"个性",就是一个人的心理特性,它具有稳定性和独特性特征。"人格"在伦理学中常指一个人在道德层面的稳定性表现,即个体人格的道德规定性。伦理层面的道德人格通常指的是道德规定性。道德人格是一个人之所以为人的尊严所在,它具体包含尊严、价值和品格三个部分。而"君子人格"则更加注重对道德的人格化塑造,着重强调的是一个人(尤其是君子)的内在德性,"君子人格"强调在慎独中精进个体道德。

第二,儒家的君子人格。儒家的君子人格具有以下内容:其一,重点充实"君子"人

---

① 杨伯峻译注. 论语译注[M]. 北京:中华书局,2012:83.

格的道德内涵。现归纳总结"君子"德性如下:"君子"务本无怨、谨慎庄重、勤劳敏捷、博学多识、团结互助、仁爱为先、重义轻利、表里如一、反躬自省、胸怀坦荡、知规守礼。其二,明确"君子"人格践履终在济世。孔子为"君子"人格所设立的多种德能要求,其最终目的是培养一大批能够经世致用的"人才"。孔子的"君子"人格注重济世致用的实用价值,为了进一步达到这个目的,孔子还确立一条对"君子"人格的完整培育路线,即志—学—思—行。儒家的君子人格并不是儒家人格中最高的,儒家还提倡圣人人格等,但由于圣人很难达到,所以才推崇对君子人格的培养。那么,儒家的君子人格该有哪些品德?孔子认为君子要具备智、仁、勇三个方面成其德。尔后,孟子也继承了孔子君子人格,又独创"大丈夫"人格,扩充君子人格的一个侧面,使之呈现为浩然之气。可见,儒家君子人格至少还应该要具备以德修身,安贫乐道,自强不息三个要素。总之,君子人格不仅是儒家的理想人格,更是我国优秀的传统文化基因。

第三,儒家君子人格的培养方法与途径。其一,就君子人格的培养方法而言。首先,因材施教。《论语·先进》有云:"子路问:'闻斯行诸?'子曰:'有父兄在,如之何其闻斯行之?'冉有问:'闻斯行诸?'子曰:'闻斯行之。'公西华曰:'由也问闻斯行诸,子曰,"有父兄在";求也问闻斯行诸,子曰,"闻斯行之"。赤也惑,敢问。'子曰:'求也退,故进之;由也兼人,故退之。'"可见,对于"闻斯行诸"的问题,孔子根据弟子的不同性格特点而做有的放矢的回答。《礼记·学记》对此进一步释义道:"人之学也,或失则多,或失则寡,或失则易,或失则止。此四者,心之莫同也。知其心然后能救其失也。教也者,长善而救其失者也。"[1]这指明师者要关注学生的心理状态适度施教。其次,慎独自省。"慎独"是君子自我修养的重要方法,也是我国古代道德教育的一大特色。《礼记·大学》有云:"此谓诚於中,形於外,故君子必慎其独也。"[2]"慎独"强调的是自我修养体现为君子修养的自觉性,"慎独"即个体独处,其言行不为外人所察时也能时刻自我检省。"慎独"不仅是一种修养方法更是一种为学境界,它需要一个人首要树立远大的志向,并不断躬行践履,持之以恒。最后,榜样示范。身教胜于言教,以身作则成为君子教育的重要方法。子曰:"其身正,不令而行;其身不正,虽令不从。"(《论语·子路》)这在强调君王和官员要率先垂范,由"正己"达到"正人"的效用。如君子以身示范,则可实现民众孝悌,天下大治。子曰:"教以孝,所以敬天下之为人父者也。教以

---

[1] 王文锦译解. 礼记译解[M]. 北京:中华书局,2016:465.
[2] 王文锦译解. 礼记译解[M]. 北京:中华书局,2016:806.

悌,所以敬天下之为人兄者也。教以臣,所以敬天下之为人君者也。"①荀子指出"师"就是"以身为正仪而贵自安者也。"荀子认为教师要注重自己的示范作用,这也是"为人师表"的意义所在。"以身作则"要求君子做到言出必行。诚信是君子的重要特征。其二,就君子人格的培养途径而言。首先,私学。孔子虽然不是私学的首创者,但当属孔子的私学规模最大,影响最深,孔子以儒为教,创建私学,培养君子,为后世做了榜样。《史记·孔子世家》有云:"孔子以诗书礼乐教,弟子盖三千焉,身通六艺者七十有二人。"②孔子设私学培养君子、圣人,目的是为社会培养知礼守序之人。私学的顺利开展有以下原因:其一,打破了"学在官府"的教育垄断局面,让更多人可以接受教育。其二,创新了教育形式和教育内容,为教育注入活力。其三,私学与官学相结合,可以经验互补,扬长避短。诗、书、礼、乐这些内容都是孔子私学的重要教授内容,不仅如此还对官学的教学内容产生深远影响。另外,诸如前文提到的因材施教以及有教无类、体验式教学等教学方法都对后世产生很大影响。其次,官学与乡学。据周予同先生《中国经学史论著选编》记载,早在西周以前学校制度就得以出现,中国最早的学校制度见于《尚书·尧典》,尧舜设九官,其中三官与教育相关,并设司徒、秩宗掌教化。虞、夏、商三代的学校制度贵族与平民间的教育鸿沟十分明显。贵族进国学,平民进乡学。到了西周,西周的国学与乡学进一步细化,国学分小学和大学,大学又分五院。乡学又分序(乡学在州)、庠(乡学在党)以及塾(乡学在闾),这几种都属小学。这样的分类就导致有不同的教官与教科、学龄与学则等内容。③ 随着教学制度的不断完善,从汉到清,中国官学从中央到地方有着完整的教育体系,相继出现了太学(始于汉代),国子学又名国子监(始建于西晋),明清与太学合一,即国子监。太学与国子监后来就成为了传统中国,开展化育活动的最高学府。

总之,君子人格是在"经学"的背景下逐渐得以形成发展的,君子人格吸收了"经学"中的许多营养,尤其是儒家对君子人格做了系统的发展,对后世有着深远的影响。

二、西方美德伦理学的核心理念与价值旨趣

西方美德伦理学的发展离不开亚里士多德的奠基,亚里士多德的美德伦理思想重点在于对善与幸福的讨论,试图为人们如何获得善,如何生活得幸福找到出路,启发着

---

① [清]皮锡瑞撰,吴仰湘点校.孝经郑注疏[M].北京:中华书局,2016:96.
② [西汉]司马迁撰,中华文化讲堂译.史记(二)[M].北京:中国华侨出版社,2016:884.
③ 周予同.中国经学史论著选编[M].上海:复旦大学出版社,2015:121—125.

西方社会如何培养德才兼备的"完人"。

(一) 亚里士多德伦理学的核心理念

把亚里士多德主义视作"美德伦理学"的典范,还只是西方伦理学的内部问题。毕竟,现代西方学界所讨论的美德伦理学,很大程度上确实是对亚里士多德主义的重新发现与开掘。

第一,善与幸福。亚里士多德认为对于美德的价值研究就是认识美德源出于什么。亚里士多德打破了苏格拉底和柏拉图的对美德的预设,试图在一种更全面的知行(实践)关系中讨论美德。亚里士多德认为如果一个人知道"它是什么"且"源出于什么"的话,那他就会去效仿去做,成为一个有德性的人,"美德就是既使得一个人好又使得他出色地完成他的活动的品质",亚里士多德还认为美德是一种选择的品质,美德存在相对于我们的适度之中。为了能够说得更清楚一些,亚里士多德还重点选了若干具体内容,如快乐、荣誉和财富等加以阐述。以亚里士多德论快乐为例。亚里士多德认为人们会把善与幸福理解成快乐,但这样的理解是有偏颇的,在亚氏眼中,人追求的善应该具有终极性和自足性。对于前者而言,不能把善当作手段来用;至于后者,善值得自愿选择。因此,人的最终目标、人所追求的、人所实践的最高善就是亚氏认为的幸福,诸如上述所言快乐、智慧等内容都在幸福中。亚氏认为人们对幸福的理解存在矛盾分析,所言有必要加以澄清。亚氏通过对三种生活(享乐的、政治的、沉思的)加以解读,得出幸福生活是什么,即沉思的生活和德性的生活。最高的善就是幸福。

第二,认知美德是理解善的重要前提。亚里士多德认为美德就是使人成为善并获得优秀的品质。亚氏把人的美德分为两种,即理智的美德和伦理的美德,理智的美德体现人的理性活动。如果说事物的美德是适当而完满地实现自身的功能,那么人的卓越就是适当而完满地进行理性活动。另外,伦理的美德与人作为社会存在的功能相联系。如果个人要获得优秀的成果,就意味着他要得到所属社会和传统的接受和赞赏,这是因为它与品格相联系,而品格是由风俗习惯沿袭而来,并得到社会的尊崇。伦理的美德不是中庸,而是一种源于习惯的或逐渐形成的品质。亚氏在对美德的分类中,他把灵魂或精神分为理性和欲望两部分,认为人的美德是灵魂的美德,美德按灵魂的区别来加以规定。美德对应灵魂中的理性部分,并细分为理论理性和实践理性,伦理美德对应于灵魂中的非理性,但又由理性所支配的部分,如慷慨和温和。理智的美德对全人类具有普遍的适用性,伦理的美德具有深深的文化印记。实践理性和伦理美德应该是相辅相成的,人应过一种沉思的生活,因为沉思的能力就是人的实践理性。

第三，习惯是美德的直接来源。习惯的养成很大程度上需要行为的持续性，尤其是对细节的持续关注。亚里士多德认为习惯是美德最直接的来源。品格的养成既符合长辈的良好指导，又符合法律规范，还能体现一个人对实践理性的遵守。美德需要一个人的不断努力才可以获得。人们对于品格的追奉，是因为品德可以让人成为善的人。然而，做到这一点并不容易，这需要兼顾感情与行为的适度，即中道。中道能使人们在正确的时间，用正确的方式行为达到正确的目的，并且确保做了一件正确的事。人们在实现一种具有美德的行为时需要在采取某种方式的过程中控制住情绪，要让情绪适宜得以抒发。此外，亚里士多德认为美德不仅是一种品质还是一种理性，然而"像一个明智人那样提出要求"就是对"中道"思想的合理使用。"美德作为对于我们的中道"，即要求一个追求美德的人须要具有各方面的综合能力，同时能力的施展需要实践理性的驾驭，还要不超出"中道"的边界。这样的美德才是为世人所崇尚的，亚里士多德强调了美德修养与公民社会生活的密切关系，保持良好习惯，注意中道原则，假以时日的训练，就可以让自己成为一个具有高尚德行的人。

（二）麦金太尔美德伦理学的美德追寻

麦金太尔美德伦理学对亚里士多德的美德思想加以承继和发展，麦金太尔对亚里士多德的"美德"再次做了诠释，并且进一步探讨了美德与人生的关系，认为追寻美德是一条去障之路。

第一，对亚氏诸"美德"的再释义。自20世纪50年代起，很多哲学家开始重新思考道德的核心问题，他们认为现代道德必须从道德典籍中加以发掘，麦金太尔就是典型的代表。麦金太尔在《美德的追寻》(1981)中大胆地挑战了现代西方道德的真理性，他对西方文化的哲学前提、教育学实践等方面都给予了严厉批判，并提出了自身独到的见解。麦金太尔在书中认真地分析了亚氏的"美德"之意，他认为对于亚氏的"美德"应具有一种历史视域，既要看到亚氏"美德"产生的局限性，也要看到其丰富性。对此，麦金太尔认为要在传统中去对亚氏的"美德"加以合理释义。麦金太尔认为亚氏的美德伦理，对于古典传统社会的伦理贡献不可被抹杀，他认为亚氏构建了一个道德思想的传统社会。麦金太尔"核心的美德是智慧"，强调了理智美德和品格美德对于一个人的发展同样重要，麦金太尔认为亚里士多德这样划分美德突出了教育和习性实践的重要价值，表达了亚氏所认为的品格美德与理智密不可分的理念。在麦金太尔看来"美德"在亚氏眼中多种多样，如果一个人不充分掌握这些美德，那么他就不太可能具备全面的品格美德，这是因为美德不仅广泛而且具有复杂性。麦金太尔在这里以亚氏"友爱"美德为例证。亚氏提倡"友爱"之德的原因在于亚氏的政治理念,即亚氏提倡城邦政治。城邦中必有城邦的公民,那么他们如何在城邦中处世以及享有一定的城邦权利,且让这些权利的显现又不那么直接,对"友谊"的培养就很有必要。"友谊"包含有共享、分担、关爱、互助等含义,这对于城邦建设与发展很有益处。虽然"友谊"之德避免不了冲突的发生,但这一现状的根本原因还是在于"个人品格的缺乏或某种不明智的政治安排"所致。那么,如何过一种"沉思"(让人幸福)的生活值得深究。此外,麦金太尔也强调,我们不要刻意责备亚氏的美德群体所具有(亚氏曾言奴隶、野蛮人不可能获得美德)的局限性,而是要更多地看到诸如亚氏提出的"快乐"之德的重要价值以及如何揭示亚氏"美德"意蕴的真正问题所在。

第二,美德与人生的关系。首先,美德的性好具有广泛性。美德的性好不能被某一种单一美德所替代,对于性好的理解,应该侧重于它的方法指导上而不是性好的直接效果呈现上,因为正如麦金太尔认为的那样,一个好主管的美德是在特定的职业中得以体现的,"而不能像期望一种技艺那样期望一种美德的践行是有效的"。美德要在人的生活中加以体现,美德只有在个体身上才可以被理解。因此,麦金太尔认为美德与人生具有统一性,将出生、生活与死亡作为叙述的开端、中间与结尾连接起来至叙事的统一性中。其次,美德与生活、实践密切相联。对善的生活是否值得界定?在麦金太尔这里是完全被值得肯定的。亚氏曾认为善的生活就是一种幸福的生活,只不过他没有把美德可以让人在实践中获得一定的利益说得更为直截了当罢了,因此在麦金太尔这里他突出了利益具有特殊性,即摆脱了个人不良的私欲成分,这种利益关系会更多地考虑己他关系的形式,是为己利他还是完全利他等,这样的考虑有助于认清美德的本质。最后,"绝不能仅仅作为个体去追寻善或践行美德"。这出于善的"境遇"是可变的而不是不变的,不同阶段对于善的追寻也是不一样的,善的东西须与人的伦理角色相符,这些就会"赋予我的生活以其自身的道德特殊性"。我们要从道德的特殊性出发,因为这些特殊性构成了我们对普遍性的认识,虽然我们有时不必完全遵循"共同体形式的特殊性"。① 那些设法摆脱特殊性直接进入到普遍性的道而哲学探索存有一定的"沉痛后果"。麦金太尔还认为,美德发现与践行的目的不仅要体现在对利益关系的解决,还在于对"实践和个体生活提供其必要的历史语境的那些传统"。那些缺乏理智美德的行为就会对传统造成不同程度的败坏。麦金太尔认为:"每一种道德哲学都有

---

① 诸如在城邦、部族等一些具有高资格道德身份的个人意志。

某种特定的社会学作为其补充。"他所认为的美德传统绝不是一种在科层制压制下的文化表现。与此同时,麦金太尔还发出警示,即美德传统是容易发生蜕变的!

第三,追寻美德是一条去障之路。麦金太尔率先评价了尼采的道德哲学。麦金太尔认为尼采心中的"超人"的"善"在当今社会中是找不到的,"超人"与他人的关系是一种权威的使然,是自己唯一权威的确认。尼采与亚氏的道德对立是自由个人主义和亚氏传统间的张力,但麦金太尔也表达了以往学界不同派别对亚氏的传统认识存有困惑,会出现一些意见不同的批评者。因此麦金太尔对此种不同意见给出了几个答复:其一,"马克思主义对一种独特的道德立场的申言,被马克思主义本身的道德历史削弱了其基础"。[①] 麦金太尔认为马克思主义内部从一开始就隐含了某种激进的个人主义。其二,马克思主义者趋向于权利的时候易成为韦伯主义者。麦金太尔用托洛茨基的言论说明了此种危害。与此同时,麦金太尔还认为:"马克思主义的社会骨子里其实是一种乐观主义。"对此,值得深入探讨,对"现在没有任何其他可以忍受的政治与经济结构,能够替代发达资本主义的结构"的论断存疑,因为这或许在阐释:对一种美德的追求需要经济基础来支撑,发达资本主义的经济力是发展美德的最有力的促进器。麦金太尔虽然在章节末提到了"既然美德传统能够在从前的黑暗时代的恐怖中幸存下来,那么我们也不是完全没有根据地怀抱这种希望"。[②] 这里提到了对美德的希冀,但是麦金太尔并没有进一步说明这种"希望"该如何落地生根。仅对西方社会的美德伦理加以反思与改良,其视域略显狭隘,人类美德的构建与发展不仅只有西方底蕴还有东方文明。

(三) 西方理想人格的价值旨趣:培养完人

在古希腊时期,苏格拉底的人格是与哲学相统一的,苏格拉底有其名言"认识你自己",这与孔子的"中庸"内涵很像,即让人学会适度。叶秀山认为:"在苏格拉底哲学中,'自知'也就不仅是道德伦理上的谦虚、克制,而且首先是知识上的真伪可靠与否。"[③]"认识你自己"含有让人向善的初衷,让人成为有德行,有自知的人,其实这就已然含有完人的雏形。到了柏拉图,以"四主德"(智慧、勇敢、节制、正义)为理想人格内涵,对此柏拉图还采取诸如"四艺教育"(数学、几何学、天象学、谐音学)、哲学教育来具体培养理想人格,但柏拉图的理想人格还有对灵魂说的迷恋。亚里士多德继承了柏拉

---

① [美]阿拉斯戴尔·麦金太尔著,宋继杰译.追寻美德:道德理论研究[M].南京:译林出版社,2003:332.
② [美]阿拉斯戴尔·麦金太尔著,宋继杰译.追寻美德:道德理论研究[M].南京:译林出版社,2003:335.
③ 叶秀山.苏格拉底及其哲学思想[M].北京:人民出版社,1986:77.

图人格中,诸如智慧和勇敢的内涵,所不同的是亚里士多德用理性加以规约人格的发展,亚里士多德更重视社会实践对人的德性带来的重要作用。事物的德性能使得事物很好地显示其功用,人的德性同样可以让人从中获益,因为"德性在人的例子中便有了特别的意义",人的德性要复杂于事物的德性,"德性是使得我们好并使得我们的活动完成得好的品质还是不够的。还必须说明德性如何是一种这样的品质。这需要从人的事务的性质来说明"。[1]"受过良好道德教育的人已经就具有或是很容易获得这些起点。所以,伦理学提供着政治学研究的基本出发点。"[2]虽然在亚里士多德眼中,伦理学是政治学的一个部分,但政治学离不开伦理学的辅助。一个优秀的政治家同样也需要有高尚的人格,这样便于他参与到政治中去。因此,亚里士多德心目中的理想人格,即"完人"。这主要体现在:

第一,智慧是首要德性。亚里士多德的"完人",十分注重智慧在道德实践中的具体使用。亚里士多德在《尼各马可伦理学》中认为"智慧"是"各种科学中的最为完善者",又言"有智慧的人不仅知道从始点推出的结论,而且真切的知道那些结点"。[3]智慧与私利不相等同,与政治学也不相同,理智行事是修德和做人的真实途径。智慧与最高等的事物相关,智慧是"科学与努斯的结合",智慧有理性思辨的功能,智慧在《尼各马可伦理学》中属于理智德性。结合《尼各马可伦理学》来看,诸如理解、体谅等,这些都是理智德性的体现,其中不乏智慧之光。亚里士多德的智慧更多在强调德福统一,修德与幸福人生的获得,"完人"首先需要理性地认识智慧的内涵,尔后运用智慧的义理指导人生,亚里士多德的智慧并非简单地以知识就可充分阐释好其内涵。智慧中包含了诸如理性、实践、与他德的密切关系(如智慧与明智的关系)、长效审视等诸多意蕴,智慧是亚里士多德"完人"理想人格的首要德性追求。智慧强调对人的内在德性加以培育,治人首要治己、安己、省己,智慧体现着"完人"反求诸己的本质,"完人"通过智慧扩宽了自己的道德视野和实践范围,借助各类科学理论知识,恰当地知道处世之道的"始点"与"结点"之所在,有效地避免了过犹不及。智慧是"完人"离型人格得以实现的不可或缺的品质。柏拉图"四主德",即智慧、勇敢、节制、正义,已经隐含这些德性的间关联性,亚里士多德继承了柏拉图这一划分,进而明确表达了这些德性对"完人"理想人格的效用,如智慧是"完人"理想人格的内在表达,重在对"内"用力,而"勇敢"是

---

[1] [古希腊]亚里士多德著,廖申白译注.尼各马可伦理学[M].北京:商务印书馆,2003:XXVii.
[2] [古希腊]亚里士多德著,廖申白译注.尼各马可伦理学[M].北京:商务印书馆,2003:XXV.
[3] [古希腊]亚里士多德著,廖申白译注.尼各马可伦理学[M].北京:商务印书馆,2003:175.

"完人"理想人格的外在体现,强调向"外"用力。这与中国的"智慧"意涵还略有不同,中国的"慧"体现在悟,如"静中生慧",而"智"体现在技艺技巧,如"急中生智"。总之,亚里士多德认为"智慧是德性总体的一部分,具有它或运用它就使得一个人幸福"。① 智慧的人无疑是一个幸福的人,因为智慧的人懂得使用理性,理性促使智慧的人不断向"完人"的理想人格迈进。

第二,勇敢是必要德性。勇敢之所以被亚里士多德如此看重,主要是出于政治学考虑,城邦的治理不能缺乏勇敢,同时一味的勇敢对城邦治理也不利,尤其是城邦中的青年,他们这一群体作为城邦的公民是最具活力的,但他们普遍缺乏社会经验,不是老练的治世能手,对这一类未来城邦的治理者们需要给予意见参考。亚里士多德首先表达"勇敢是恐惧和信心方面的适度"。人们应当对坏的事物产生防范,这是正确的行为。亚里士多德还将勇敢这一德性具体细分为:其一,公民式的勇敢。亚里士多德认为公民式的勇敢应当出于德性,一个人的勇敢不应该出于强迫,而是应当出于高贵。其二,关于某些特殊经验的勇敢。这种勇敢在境遇中得以体现。比如,战争。亚里士多德高度赞扬公民士兵的勇敢,因为他们与职业士兵相较显得更加坚韧不拔,临危不惧。其三,怒气即勇敢。"怒气是一种冲向危险的热情","勇敢的人由于高尚而勇敢",怒气也可提升勇敢,怒气下的勇敢往往具有强大的力量,对于那些有目标的勇敢就显得更加可敬。其四,乐观式的伪勇敢。这种乐观的勇敢为何有"伪"的特性? 这是因为"乐观的人有信心则是由于己方力量的优势和无遭受痛苦之虞。当结果有违于他们的预期时,他们就会逃跑"。② 他们不觉得这种逃跑行为是一种耻辱。其五,对危险一无所知的勇敢。对危险一无所知的勇敢中缺少自信,往往不那么乐观,但面对一些社会假象时,乐观的勇敢要比无知的勇敢坚持的时间更久一些。但无论怎样,亚里士多德详细地描述了勇敢之德,并充分认同公民式的勇敢,因为公民式的勇敢中有法律去规定勇敢的人理应得到荣誉,这与其他形式的勇敢相较而言更加稳定。公民式的勇敢更利于"完人"的德性养成,让人知耻而后勇。亚里士多德看重勇敢对于培育"完人"理性人格的社会价值,他较为深入地剖析了"勇敢人的特点"和"被当作了勇敢人的特点",为城邦的所有不同职业的公民指出了要成为"完人",勇敢必不可少。

第三,"全德"是终身追求的德能。"全德"在亚里士多德看来,这既包括"智慧、勇敢、正义、节制"这类主德,又包括有由主德分化而出的其他具体德目,还包括对所有德

---

① [古希腊]亚里士多德著,廖申白译注. 尼各马可伦理学[M]. 北京:商务印书馆,2003:187.
② [古希腊]亚里士多德著,廖申白译注. 尼各马可伦理学[M]. 北京:商务印书馆,2003:85.

性的"中道"运用。因此,可以说亚里士多德的"全德"包含:其一,对主德的深刻认知。其二,对各类具体德目的认识。其三,对各类德性的综合使用。其四,对方法论的理解。"全德"对于"完人"同样使用,具体的德性由于不同的实践环境,其产生的道德效果也各有不同。"全德"体现着"完人"理想人格的综合素质,这需要在不违背主德的情况下,兼顾一个或多个"分德"与一个或多个具体事件的"中道"运用。简言之,"完人",即一个良好公民,他既遵循德位相配,又严格践行"中道"原则,同时还不忘自省奋进。"完人"是一个充分且能深刻察觉处世之"度",并及时且高效地加以纠偏的一类自主自觉的人群。

随着时间的不断推移,这种具有良好德性的"完人"群体被西方社会所广泛接受,最终以"绅士"作为代名词,从而不断推动西方社会的教育发展、社会进步,对此可稍作分析。

第一,何为绅士。据查《牛津高阶英汉双解词典》(第8版),"绅士"有如下释义:其一,彬彬有礼的人,有教养的人,君子;其二,先生。其三;阁下;其四,有身份的人。① 又参《世界教育大系》,释"绅士"为有身份的、出身高贵的或有较高社会地位的男子。而所谓"绅士"和"绅士教育",它们在欧洲有一个发展过程,前者来源于骑士,但在许多地方这两个词汇甚至是同一个单词,如西班牙语中原意是"骑术高超的骑士",与拉丁语中的绅士正是同一个词汇,或者它干脆特指"绅士"。② 英国绅士的含义源于希腊与罗马的自由人传统,在其不断的发展过程中,最后成为英国民族文化的象征。

第二,绅士的发展演变。"gentleman"是由法语词"gentilhomme"派生而来。到了十二、十三世纪在英语中得以出现。"14世纪初,每年收入20磅以上的3 000名地主中1 500)人左右被称为'显贵',其余的则称为'绅士'。15世纪始,随着贵族流动性的增强,绅士含义发生了变化,其首要含义指向国王、王后、公、侯、伯、子、男等五爵,绅士一方面指国王、王后、公、侯、伯、子、男等传统贵族,另一方面它也是底层贵族的普遍称号,这种情况一直持续到17世纪。"③这一时期(17世纪)上院贵族和乡绅阶层地位悬殊,英国的大贵族也是上院贵族,而乡绅阶层最多只能算是社会精英,其财力地位远远比不上英国大贵族,但比平民阶层的社会地位要高一些。到了18世纪,绅士的称谓在英国越加广泛。19世纪(维多利亚时代)在英国开始形成绅士文化。绅士既是上层人

---

① 霍恩比著,赵翠莲等译.牛津高阶英汉双解词典(第8版)[M].北京:商务印书馆,香港:牛津大学出版社(中国)有限公司,2014:874.
② 顾明远.世界教育大系(英国教育卷)[M].长春:吉林教育出版社,2000:18.
③ 钱乘旦,陈晓律.英国文化模式溯源[M].上海:上海社会科学院出版社,2003:266.

士,也是风度翩翩的才俊,绅士一度成为当时新兴资产阶级贵族所推崇的培育目标。了解了"绅士"的发展演变,接下来谈一下绅士教育的方法。

第三,培养绅士方法。17世纪英国伟大的哲学家和启蒙思想家约翰·洛克有一部教育名著叫《教育漫话》,该书较为全面地介绍了绅士教育,可作为培养绅士的经典加以凝练解读:

首先,健康教育。该部分的关键词,即"习惯"。洛克认为,健康的精神要在健康的身体中得以充分体现,但初始不应该让儿童的"习惯"太多,否则会让儿童无从着手。强健体魄应该是健康教育的重要内容。要让儿童从小就要接受和认同健康教育。洛克根据自身对医学和家庭教师的过往经验提出儿童要多接触自然多做户外运动;生活作息要规律;睡眠要充足;饮食须清淡;着衣要适度等。这些在洛克看来是教育儿童必不可少的内容。洛克有这样的想法,健康教育以习惯的培养为核心,而习惯又是儿童需从小就要耳濡目染的教育内容,为了让儿童可以成为像绅士那样优秀,从小不娇惯,采用刚柔相济的教育手段最为合适。依洛克的观点来看,让儿童小的时候多吃点"苦"对孩子的一生大有裨益,不要担心这会对儿童健康造成多大影响,只要方法得当,诸如让孩子露天生活,赤足走路,经历严寒酷暑都是很有好处的健康教育方法。因为这样可以有效培养绅士必须具有的吃苦耐劳的精神。但良好的习惯并非一蹴而就,这需要老师、家长以及社会的培育和引导,给予他们锻炼的机会。其实,洛克的健康教育在我国很值得提倡,我国的现行教育尤其是幼儿教育,缺少这种磨炼孩子意志的课程设置,孩子被家长视为掌中宝,不肯让孩子吃一点"苦",孩子行有专车,孩子累有人伺,生怕让孩子受一点委屈;另外幼儿教师与家长的关系时常存在一定的张力,倘若在开展健康教育的过程中对孩子造成"伤害"(如摔跤、蹭破皮等),那么,整个学校恐怕都很难给孩子的家长交代。因此,洛克的健康教育在我国的实行还需要多方面的理性认同与积极配合,尤其是家长也要对此有一定的学理认知。

其次,道德教育。该部分的关键词,即"榜样"。洛克认为:"一个绅士的各种品性之中,德行是第一位的,是最不可缺少的。"[1]"榜样的力量"应该有一系列良好的教育措施。洛克强调对孩子应当严格管教,奖惩相济,要坚持榜样教育,说理教育等。但这里值得一提的是,洛克强烈要求家长做孩子的榜样。因为父母作为孩子最近的教育者,对孩子的影响很大。父母的一举一动都在为孩子或潜移默化或清晰直观地"刻"着

---

[1] [英]约翰·洛克著,杨汉麟译.教育漫话[M].北京:人民教育出版社,2006:3.

人生印记。但是,家长一定要注意这种榜样的内涵实质,即初始,孩子愿意以家长做榜样可能是由于家长权威所致,而非打心里认同,因此这里对洛克之理念存疑,到了他们年龄稍长,就要用爱和友谊去维护。因为对于孩子的爱与榜样的树立,二者可以同时进行,而非先行后续的关系。关键在于如何掌握"度"。而洛克认为养成良好的礼仪习惯是必要的,对于一些冗长的规则不利于儿童养成良好的道德行为,这同样是对"度"的把握。"榜样的力量"还应该具有一定表达能力。其一,"榜样"在教育孩子时的例举应该得当而有效。如,有些家长很喜欢用"别人家的孩子"为例子来教育自己的孩子,虽然出于好意,但势必会伤害到孩子的自尊心。如果是儿童,自尊心很弱经不起这样的教育,那么就可以采用诸如"寓言"(以孩子的事情为寓言故事的内容)的形式对孩子加以教育,洛克也认为《伊索寓言》可使儿童感到愉快和满足,成人也可以从中获得一些有益的反思。① 其二,"榜样"在教育孩子时的言辞应当委婉而不失力度。家长要充分了解孩子,不要认为直接指责孩子的过失就是一种榜样的示范,要采用反问式教育,可以试着追问孩子最近有什么做错的事情,让孩子有一个心理准备,完了根据孩子的应答再做相应的处理,言语要注意分寸,可以用半开玩笑式的方式让孩子"红红脸",这一表现其实已经证明了认错和要改过,不必逻辑追问。这对于孩子的导师也同样适用。"导师也应言传身教,使儿童去做教师希望他做的事情。"②"如果导师自己放浪形骸,那么他教导儿童克制情绪冲动便会徒劳无功。"③所以,榜样的力量不因身份的不同而有所损益。洛克强调导师必须具有良好的教养,"为了培养一个恰如其分的青年绅士,他的导师自己应当具有良好的教养,懂得对于什么人、在什么时候以及什么地方应当有什么样的举止与礼貌,并且要在学生的年龄所要求的范围内尽量使学生遵守"。④ 这些内容孩子的家长和老师都应当注意。

最后,智育。该部分的关键词,即"好奇心"。洛克认为智育的目的就是要"增加心智能力",但要达到这一目的还需一个必要的前提,要对"好奇心"适度关注。学习其实是一种兴趣,并不是一种任务。正如书中所述,为了培育儿童的好奇心,洛克在书中提出四点注意事项:其一,无论儿童提出什么问题,都不要制止他、羞辱他和讥笑他,而要根据他的年龄和知识基础,尽量给以解释;其二,采用一些特殊的、赞誉和褒扬的方法

---

① [英]约翰·洛克著,杨汉麟译.教育漫话[M].北京:人民教育出版社,2006:146.
② [英]约翰·洛克著,杨汉麟译.教育漫话[M].北京:人民教育出版社,2006:77.
③ [英]约翰·洛克著,杨汉麟译.教育漫话[M].北京:人民教育出版社,2006:77.
④ [英]约翰·洛克著,杨汉麟译.教育漫话[M].北京:人民教育出版社,2006:80.

鼓励儿童,让他坚定去做认为有益于自己的事情;其三,不欺骗儿童,不对儿童所问进行不切实际的回答,以免破坏儿童的天真和对知识的渴求;其四,积极引导儿童涉猎新奇事物,引起好奇心,促使他提问。① 其实这些内容都有对"好奇心"的关注。"儿童的好奇心是一种追求知识的热望,因此应加以鼓励。"②洛克认为在"好奇心"的驱使下可以有效进行自主学习,包括对语言、人文历史等方面,加之导师的循循善诱,应该都有所想要学习。正如兴趣一般,"好奇心"往往与爱好相关,而爱好岂能没有"好奇心"的促进。对培养学习兴趣的重视,倡导学生应以正当的方式去求知。洛克还侧重于对儿童智力的激发。如愉快学习,希望学生可以把学习看作一种游戏。再如拓展学习。拉丁语、天文、解剖学、历史、几何学等学科都应该是学生学习的重要内容。又如,自主学习。导师的工作不是要将世上所有的知识传授给学生,事实上导师也不可能做到倾囊相授,导师的知识也是有限的,而在于要激发学生热爱知识、尊重知识,产生求知的火花,引导学生使用正当的方式求知,不断进取。导师只有教导学生学会自主学习,学生才会学得更多更好,也才能够体现教师的真正作用,因为"如果做导师的人让学生在那里停留的太久,或者钻研的太深,那么导师就会大受责难"。③

第四,绅士教育的途径。洛克在《教育漫话》中提到绅士教育的"四种品质",即德行、智慧、教养和学问。尤其是德行,洛克放在首位"视之为最必须的品性"。洛克认为:"缺乏德行,无论是在阳世还是在阴间,我都认为他都毫无幸福可言。"④可见,这些品质也是在绅士教育培养中需要格外注意的内容。又言道:"我们的德行、能力和学问把英格兰造就成一个世界上不敢小看的国家,但是如果我们不去注意和保存下一代的纯洁、谨严和勤奋的美德,而又希望他们充分具有这种德行、能力和学问,继续在世界这个舞台上获得成功,那简直是笑话。"⑤可见,对德行、能力和学问不能进行断代教育:

其一,家庭教育。洛克认为父母就自身的性别差异在教育孩子上也各有侧重,父亲传授子女(儿子)谋生之道,母亲传授子女(女儿)为家之道,这是一般家庭教育的内容,至于贵族家庭除了上述这些,还有更高的教育内容,如骑马、书画、琴棋、舞蹈、哲学、航海等。洛克提出家庭教育与家庭教师的重要性。洛克认为:"假如家里能有一个

---

① [英]约翰·洛克著,杨汉麟译.教育漫话[M].北京:人民教育出版社,2006:116—118.
② [英]约翰·洛克著,杨汉麟译.教育漫话[M].北京:人民教育出版社,2006:116.
③ [英]约翰·洛克著,杨汉麟译.教育漫话[M].北京:人民教育出版社,2006:87.
④ [英]约翰·洛克著,杨汉麟译.教育漫话[M].北京:人民教育出版社,2006:128.
⑤ [英]约翰·洛克著,杨汉麟译.教育漫话[M].北京:人民教育出版社,2006:60.

家庭教师,他能自居为人父的地位,担当起教育孩子的责任,喜欢教育工作,并且从一开始就能专心地实行它们,他以后就会发现自己的工作是很轻松的;而你的儿子呢,我想,则会在短期内在学习与教养两方面都能获得意想不到的成就。"①洛克认为家庭教师要有一定的职业素养,如娴于礼仪、深知世故人情、具备丰富的知识和指导未来绅士的能力等,同时导师还应具备职责意识,导师应当对如何让学生形成绅士风度方面下功夫,同时还要不断培养学生的心智以及良好的学习和生活习惯,要让学生明白坚守德行原则的意义所在,使学生喜爱且愿意模仿具有榜样力量的人,对于这样的导师,洛克认为:"这是最值得花在儿童身上的一笔钱,所以,即使这笔费用要比通常所花的多一些,也不能算贵。"②此外,洛克建议应尽量避免家庭仆人与孩子加以接触,以免养成不良习惯,影响绅士良好德行的养成。这显然存在等级偏见,但不得不说洛克的家庭教育理论还是有着积极的参考价值的。

其二,学校教育。英国为贵族和资产阶级子女特别开设独立中等学校,办学经费主要来自捐款和其他进款,不依靠国家和地方政府拨款。14世纪前后主要由英国贵族人士、国务活动家等倡议和资助。从19世纪初叶起称为"公学",其特色有:首先,培养德性和体格。从公学教育开始初期,学校就特别重视体育运动。其次,注重教育内容和合作精神。19世纪以前,古典课程和宗教课程一直是公学的主要教学内容,这些课程成为培养绅士不可或缺的重要内容。最后,遵守制度规范。采用寄宿制,家长一般不被允许参观学生的食宿情况,以培养学生坚韧不拔的性格。

其三,游学教育。大陆游学是16—18世纪,发生在英国贵族史上一种重要的文化现象。大陆游学一般指的是英国贵族远赴欧洲大陆,考察观光,进行学术交流与研究等。大陆游学的主要目的除了通过游历拓展视野、增加知识、提高修养外还有便于进入国家权力中心、巩固贵族统治、促进英国发展、加强对外交流与合作等。对此,洛克也认为一个绅士能从旅行中得到最大的益处:学习当地的语言,了解风土人情、广泛与人接触和交流等,以此来取长补短,提高自身的理解力和判断力。

总之,美德在亚里士多德这里得到更进一步的重视,完人与美德关系紧密,进而成就西方的绅士人格,这类完人可以更好地把所见所闻所学化为"力量",运用到社会生活的各个方面,不断提升绅士的影响力。

---

① [英]约翰·洛克著,杨汉麟译.教育漫话[M].北京:人民教育出版社,2006:77.
② [英]约翰·洛克著,杨汉麟译.教育漫话[M].北京:人民教育出版社,2006:78.

三、新时代小先生应理性看待中、西美德伦理异同

中、西美德伦理的相同点主要体现在共同旨归,这包括原级问题、核心理念和教育教化,不同之处在于:"仁"与"善"的理念存有差异、对善政和善治的侧重点不同。

(一)中、西美德伦理具有共同旨归

中、西美德伦理虽各自有着不同的历史发展渊源,但究其根本,二者却有着相似之处,诸如在原级问题、核心问题以及思维径路方面,二者都有着一定的借鉴之处。本节试以通过对中、西最具代表性的人物,孔子与亚里士多德的美德伦理思想进行研究,望可以解决中、西美德伦理学的共同旨归这一问题。

第一,原级问题:仁与善。先释孔子的"仁"。孔子对"仁"的解释和思想主要体现在《论语》中。孔子提出"仁"主要是针对当时礼崩乐坏的社会现实,希望可以通过"仁"来解决一定的社会问题,最终希望可以维护礼制。孔子曾有"郁郁乎文哉,吾从周"(《论语·八佾》)之言,这里有一个重要的层面就是孔子希望可以恢复周礼,正如张自慧教授所言,孔子"吾从周"的深层意蕴就是要维护西周等级制度,孔子要追崇的是等级色彩浓厚的典章制度,是区分尊卑贵贱的礼节仪式,是具有"正名"功能的等级名分和道德规范。[1] 孔子"仁"的思想的系统化是一个不断发展的过程。结合《论语》来看,孔子视"仁"首要层面在于把它当作人之情感来看,"仁"不仅包含同理心,还有爱人的思想。这里孔子找到了一个重要的传播媒介,即"孝"。孔子看到了宗法社会中的人情关系的根本无不是由家庭而来,以"孝"释"仁"作为基础,在此基础上再循序渐进地上升到以"礼"释"仁"的高度,尔后才视"仁"为道德礼法。"仁"中包含了诸多道德含义,可以说是万德之目。"仁"可以根据具体情况,深入到不同方面,体现人不同方面的本质。孔子常言的仁道,即一种人道,它拉开了人与神的距离,是人不再像以往那样听天由命,任由神灵摆布。从孔子的"仁"所表现出的人生智慧与道德境界来看,孔子对此倾注了很多心血,既有实践的经验,又有理论的经验。孔子最为看重一个人的言与行是否一致,因为孔子说过"巧言令色,鲜矣仁"。(《论语·学而》)孔子重视一个人的表里如一,即文与质的统一。一个真正的仁者当心诚气清,内外如一,还有很大的道德感染力,他应该是仪表美与心灵美的统一体。倘若要以一句话概括孔子之"仁"的境界,大概可以用"无求生以害仁,有杀身以成仁"(《论语·卫灵公》)来体之。孔子对"仁"的看重超过了生命,是一种超道德的理想人格。当面对质疑,"克、伐、怨、欲不行焉,可以

---

[1] 张自慧."吾从周"文化意蕴再探析[J].上海师范大学学报(哲学社会科学版),2017(5):32—33.

为仁矣?"(《论语·宪问》)孔子答道:"可以为难矣,仁则吾不知也。"(《论语·宪问》)孔子认为"仁"来源于内心的美德,并通过外在的行为表现出来,"仁"是一种情感,更是对善的追求。但需要注意的是,对于"仁"的解读,不应该过于在意如何让一个人较快地具有道德修养,而是应当进一步注意对修养过程的体悟,要避免假仁假义,虚伪的善并不是"仁",有"仁"的人,是可以兼顾公利与私利,公德与私德的。

再释亚里士多德的"善"。亚里士多德对"善"阐释颇丰,他认为善既是目的也是对象,在其著作《尼各马可伦理学》中他开篇就谈到"善",认为善是一种目的,一种事实,同时也是自我追求的理想。亚里士多德谈论的善分为具体的善和最终的善,最高善与政治学紧密相关。亚里士多德认为一个人获得善是高尚的神圣的。亚里士多德的伦理学是目的论的。亚里士多德认为,假若从目的论的角度来说明,那么一切事物都存在一定的目的,而这一切事物又明确地表达出了善。他在著作中提各种技艺以及人的每种实践与选择都以某种善为目的的。亚里士多德的"善"在某种程度上是一种切实的有效性,要让人既有良好的品质,还要对外部事物有实际的贡献。亚里士多德的这种目的论是对古希腊的伟大哲人苏格拉底的"善是目的"的进一步发挥。亚里士多德想要使"善"作为一种追求幸福的目的,而不只是一种行为的手段,亚里士多德认为"善"值得人们用一生去追求。但值得注意的是,亚里士多德的"善"虽然也有情感的诉求,但他并不像孔子的"仁"那样以情感为依托,而是只针对事实加以陈述,亚里士多德在意事实性。亚里士多德认为"善"有高贵、英勇、正直之意,且认为这些品质很值得一个人去获得,因此在他的"行为"中有很多对此方面的论述。亚里士多德的"善"既可指实体的描述,也可以指性质的描述,还可以表示数量、时间的恰当等。"善"既是身体健康的人,也是精神富裕的人,还是有社会地位的人,即亚里士多德的"善"即"是"(事实)。在《尼各马可伦理学》中,他将"善"分为"具体善"和"最高善"。"最高善"即至善,它是事物的总体性质,与对象相符合,会随着对象的改变而改变,事物最终需要通过人的最终"善"的情况(道德力呈现的多寡)来确定。"最高善"是一种合乎德性的追求幸福的活动,它能也给人带来快乐。总之,亚里士多德让"善"在他的著作中贯穿始终,旨在表达一种明晰的结论:对理想的追求与人自身的自我伦理思索,二者都离不开"善"的中道指引。

第二,核心理念:善治与善政。先释孔子之善治。孔子有善治思想,这并不表示仅有善治思想。之所以提善是想集中表现孔子政治思想的核心内涵而已。在《论语》中与善治密切相关的内容要数"问政"。何为"问政"? 即对治国理政的咨询。《论语》除了是一本伦理学著作外,也是一本政治伦理著作。《论语》中所有探讨的内容倘若非得总结一个最终目的,即如何更好地治理国家,这也是儒家入世哲学所必须要考虑的核心问题。儒家向来以修、齐、治、平为己任,因此,如果以这个视域去审视《论语》,"善治"思想很明显。以《颜渊篇》为例。其一,子贡问政。子曰:"足食,足兵,民之信矣。"(《论语·颜渊》)但无论如何取舍,"民信"不能去。其二,齐景公问政。孔子对曰:"君君,臣臣,父父,子子。"(《论语·颜渊》)社会角色不能乱用。其三,子张问政。子曰:"居之无倦,行之以忠。"(《论语·颜渊》)即在位不倦怠,执政要忠心。其四,季康子问政。孔子对曰:"政者,正也。子帅以正,孰敢不正?"又言:"如杀无道,以就有道,何如? 孔子对曰:'子为政,焉用杀? 子欲善而民善矣。君子之德风,小人之德草。草上之风,必偃。'"(《论语·颜渊》)强调为政者要起表率作用,若善治民众,则民信之亲之。可见,仅《颜渊篇》就有四类不同内容的"问政"对答。对此有如下总结:其一,孔子论政也采取因材施教的方法。其二,孔子论政体现礼制。其三,孔子论证凸显"善治"。那么,孔子的"善治"到底有哪些具体内容?结合《颜渊篇》可窥视出孔子"善治"的一些内容:其一,注重民本,关注民生。其二,守礼懂礼,有礼有节。其三,以身作则,以德治国。其四,强化修身,以德服人。其五,忠君爱国,尽职尽责。孔子"善治"包含治者与被治者的双向互动关系,它强调从具体的细节入手,不断总结经验。

再释亚里士多德之善政。亚里士多德的政治哲学是一种城邦哲学,故如何有效地处理"公平正义"问题,这是城邦政治不可避免的重要环节,因为这关乎城邦中每一位公民的切身利益。利益处理不当是城邦国家发生动荡的重要诱因之一。对此,在《尼各马可伦理学》中专有"公正"一章加以论述。亚里士多德把"公正"看作是一种德性。关于"公正"的问题,亚里士多德首先划定了性质和范围。亚里士多德认为:"品质的情况同科学与能力是不同的。"他进一步解释道:"一种科学或能力是通过相反的事物而达到的一或相同。而一种品质则是相反品质中的一种,它只产生某一种结果,而不是产生相反的结果。"[①]既然"公正是一切德行的总括。"那么,一个"具有公正德性的人不仅能对他自身运用德性,而且还能对邻人运用其德性。"[②]因此,亚里士多德想把此品质运用到公职之中,因为"公职将能表示一个人的品质。"诚然,亚里士多德的这番论述有着一定的道德,一个具有公职掌有权力的人,在面对如何评判"公正"的时候,显然他自身不可以避重就轻偏袒他人,也不可徇私舞弊趋利自己,具有公职的人其实就是城邦的执政者,执政者如何"善政"于城邦,其中就需要理性地看待"公正",即"公正"对于

---

① [古希腊]亚里士多德著,廖申白译注.尼各马可伦理学[M].北京:商务印书馆,2003:139.
② [古希腊]亚里士多德著,廖申白译注.尼各马可伦理学[M].北京:商务印书馆,2003:143.

整个城邦的发展来说,不仅仅是以一种法律,更是一种德性的存有,德性与守法二者并不冲突。亚里士多德的"善政"中有着德性与律法的双重性质,但在亚里士多德眼里,"善政"中应该更加注意对德性的培养。这也就是亚里士多德为何在《尼各马可伦理学》首卷中就要谈到"最高善与政治学""政治学的性质"等内容。政治学是公民获得政治善的权威学科,"政治学能够考察高贵与公正的行为"。所以,城邦的公民(年轻人)应该从如何认识自身的德性入手,加之修养之后,摒弃掉不好的品行,再接触政治学效果更佳。其实,在亚里士多德眼里,伦理学是为政治学服务的,更是为如何"善政"服务的。

第三,教育教化:重视知识与实践的双向检视。这一点共识无论在《论语》还是《尼各马可伦理学》中都已十分明晰。在这里需要注意的是,二者在注重理论与实践的结合时是一个不断进行双向反思以改进的过程。《论语》中有多处(《宪问篇》《雍也篇》《公冶长篇》等)讲到孔子弟子冉求的故事。冉丘是孔子的得意高徒,他多才多艺,在孔门中以有政治才能著称。孔子在《公冶长篇》中还称其道:"千室之邑,百乘之家,可使为之宰也。"(《论语·公冶长》)但在《先进篇》中却给自己的弟子们说冉求"非吾徒也"。何因?原来当时的天下被三家把持政权,季氏比周公还要富有,冉求身为季氏的家臣,非但没有劝谏季氏减低人民赋税,反而还替季氏搜刮更多财富。孔子对此很不满意。孔子认为冉求做了不符合仁义的事,所以才有"非吾徒也"之论。一开始,孔子授弟子之业就是教授弟子成为仁人志士,而高徒冉求最后却助季氏搜刮民脂民膏,这完全违背了孔子授业之初衷。足以看出,冉求开始为学是有着仁义践履的,尔后却发生了巨大改变。孔子认为此种做法表里不一,冉求离孔子心中的君子距离甚远。孔子对冉求的态度改变体现了知识与实践的双向互动检视性,当知识与实践二者任何一个发生背离时,一个人心中的道德理想就会出现偏差,因此需要二者不断进行反思反省。对于亚里士多德而言,在《尼各马可伦理学》之前有《大伦理学》《欧台谟伦理学》,正是因为亚里士多德看出了前面这几部伦理学著作还存在的一些理论不足,所以才有《尼各马可伦理学》的出现。根据廖申白译注的《尼各马可伦理学》,在书末的附录三中可以看到,《尼各马可伦理学》的德性表虽与《大伦理学》《欧台谟伦理学》的德性表有相似性,但还是有不同之处,"在《欧台谟伦理学》中明智被作为两种极端之间的适度品质,在《尼各马可伦理学》中明智不再像道德性那样被表明是存在于哪两种极端之间的,取代明智的是机智,这与《大伦理学》的做法相同"。① 又言:"在《尼各马可伦理学》中,与机

---

① [古希腊]亚里士多德著,廖申白译注.尼各马可伦理学[M].北京:商务印书馆,2003:369.

智相应的两种极端品质是呆板和滑稽(这一点与《大伦理学》的做法相同),而不是天真和狡猾(像《欧台谟伦理学》那样)。"[1]可见,亚里士多德对于德性(如机智)的考量,也是基于对此德性的使用(把机智视为理智德性)是否与社会实践相冲突,以避免对德性误用,确保每一类德性的价值。

(二) 中、西美德伦理存有理念差异

第一,"仁"与"善"的理念差异。孔子的"仁"与亚士多德的"善"本就是不同思想发展的重要产物,其思想本身并没有优劣之分,但却有着理论的侧重。亚里士多德侧重人的行为规范,孔子侧重人的道德精神。"善"和"仁"之所以不同其原因还是在于亚里士多德和孔子身处的社会历史环境和这种环境下的人文意蕴不同所致。众所周知,亚里士多德身处古希腊时期,其思想是在前人的基础上形成的,如苏格拉底、柏拉图等。通过观察、分析生活,得到"善"。亚里士多德生活的时代,正值航海业最发达的时期,经济发展促使人的私欲无限膨胀,社会充斥着金钱崇拜等风气,人们对于幸福生活的追求只有一个标准,即物质财富。亚里士多德之所以提倡"善",是在向人们说明过沉思生活的价值。亚里士多德认为"善"才是一个人成功的标志。而孔子生活在春秋战国时期,春秋时期是百家争鸣的时代,对于欲望、利益的探讨已很深入,并且有很深刻的认识。尤其是诸子百家,尤其是儒家对"义利"的观念,包含着对"善"的道德解释。德性论始终是一个值得不断探讨的永恒话题。从某种意义上来说,孔子的"仁"比亚里士多德的"善"更适合用于规范社会行为,亚里士多德的"善"更适合对社会行为规范的提倡。

第二,善政起端,善治接续。通过孔子与亚里士多德的比较,可以发现二者各有优长。其实在现代社会中,对于社会的治理已经变得越来越复合型化,综合型化,孔子与亚里士多德就"善治"与"善政"对当今社会的启示,即善政起端,善治接续。因为,其一,善政是走向善治的关键。善政表现的是清明的政治,妥善的法则,良好的政令政绩以及管理。善政反映出的是善治在具体过程中的贡献,政治中没有善治的参与,不可能达到善政。善政的目的在于如《尚书·大禹谟》所言,即"德惟善政,政在养民"。[2] 民安的前提在于善政,而善政的前提在于德行高尚。是否有高尚的美德这一条,向来是历代为政者们所必备的政治素质之一。其二,善治是善政的必要条件。善治,即良好的治理。为何说善治是善政的必要条件?《论语》中记录了许多"问政"的论

---

[1] [古希腊]亚里士多德著,廖申白译注. 尼各马可伦理学[M]. 北京:商务印书馆,2003:369.
[2] 王世舜,王翠叶译注. 尚书[M]. 北京:中华书局,2012:355.

述,上到统治者下到孔子门生,孔子也是结合不同的教学语境,因材施教。其实,可以看出善治中含有权力下放的含义,士为君谋,君倚士治,这里的权力虽然不是士可以世袭的,但士是可以在统治者允许的情况下去执掌的,并运用到实际中。善治具有某种"还政于民"的意味,其实这并不是要推翻现行的体制,而是稳固统治的体现,让百姓能够参与国家现行治理当中,且献策出力,从中体会到为国效力的使命感。当然,这并不是现代真正意义上的民主。但是,这两种思想为当今社会,以善政起端,以善治接续的治理模式起到了积极的探索作用。

总之,中、西美德伦理都有对高尚人格的不懈追求,虽然二者存有一定的理念差异,但二者都十分重视对道德品质的培育。无论是君子还是完人,二者都是中、西美德伦理格外重视的德育内容,新时代小先生需要关注。

第五章　新时代"小先生制"创新实践探索

新时代教师,更要聚焦培养堪当民族复兴重任的时代新人,强化育人意识,提升育人能力,深耕育人资源,不断提升"陶课"的建设水平和育人质量。着眼全员、全程、全方位育人,以树人为核心、以立德为根本,通过陶行知师德师风理念的化育,引导学生做到品德修身、公德善心、大德铸魂。

第一节　以新时代继续推动文化传承为"小先生制"的育人定位

习近平总书记指出,"在新的起点上继续推动文化繁荣、建设文化强国、建设中华民族现代文明,是我们在新时代新的文化使命"。他指出:"中国特色社会主义文化,源自中华民族五千多年文明历史所孕育的中华优秀传统文化,熔铸于党领导人民在革命、建设、改革中创造的革命文化和社会主义先进文化,植根于中国特色社会主义伟大实践。"他强调,要坚持中国特色社会主义文化发展道路,发展社会主义先进文化,弘扬革命文化,传承中华优秀传统文化,激发全民族文化创新创造活力,增强实现中华民族伟大复兴的精神力量。习近平总书记的这些重要论述,强调"新的文化使命是新时代新征程党的使命任务对文化发展的必然要求"且"落脚点是铸就社会主义文化新辉煌、建设中华民族现代文明"。新时代"小先生制"的育人发展定位,包含注重小先生个性发展、加强小先生自主学习能力、提升小先生社会责任感、培育小先生创新能力、激发小先生创新意识以及淬炼小先生成己成他品行,与此同时,需要把新时代"小先生制"育人发展定位与中国优秀传统化相结合,融通化育。

一、注重小先生个性发展

个性不仅仅是指小先生的兴趣和特长,更包括他们的价值观、性格特点、社交能力等多个方面。关注小先生的个性发展意味着教育要充分尊重每个小先生的差异,提供多元化的教育资源和机会,使得每一个小先生都能够找到适合自己的成长路径,教育者需要在教学设计中注重学生的兴趣点。灵活的教学方式和多元的教材选择可以激发小先生的学习兴趣,使得他们更主动地参与到学习过程中。早在先秦时期,《诗》教就已在培育人们的性情之正。因为真正好的诗在对客观对象作描写时,客观对象必先在心中沉淀成形,再通过本真的感情对沉淀之形进行创造,此时诗人的灵魂血肉已完全渗入了诗中,这样的诗才能反映出真实的生活,既包含个人生活与情感,又包含社会性内容与情感,①《邶风·泉水》中新婚女子之"思"就有此意。"兴"对于诗歌情感的抒发十分重要。何为兴?朱熹注曰:"感发意志。"诗以比兴抒发感情,使被教育者感情激动,从而影响其意志。但在现实中我们却往往容易忽略《诗》教在道德教育中的运用。台湾校园诗歌吟唱活动成功造就了"学生对诗词的体认感受,鉴赏能力的提升;学生彼此之间的合作协调能力的促进;学生生活情趣的增加",②因此很值得借鉴学习。诗与人性最易发生直接接触,"在讨论'个性'时不能把'事物'和'环境'分割开来",③因为人的天性(欲望)往往难以发掘和抑制,往往具有隐藏性,虽有时人可以克制住欲望,但却不能完全消灭它。④《诗》教是要让人的自我个性的张扬处于"中和"状态下,让人明白想要战胜自身的天性,必须量力而行,⑤同时还要懂得人的天性如不妥善培育,一定会让药草成莠草。⑥ 可见,育本真之性情是一个人德育发展的前提,绝不可忽视。此外,学校可以开设一系列丰富多彩的兴趣课程,鼓励小先生参与社会实践、文化艺术等活动,培养他们在不同领域的兴趣爱好,实现个性的全面发展。个性发展也需要注重他们的自我认知和职业规划。学校可以通过心理健康教育和职业生涯规划课程,帮助他们了解自己的兴趣、优势和目标,引导他们更加理性地面对自己的未来。在这个过程中,注重发展小先生的创新思维和解决问题的能力,让他们具备更好的适应能力和抗压能力。

---

① 马草.儒家诗学思想的内在理路[J].孔子研究,2018(2):50.
② 徐向春.吟诵与诗教[M].长春:东北师范大学出版社,2015:115.
③ [美]郝大维·安乐哲著,蒋戈为,李志林译.孔子哲学思微[M].南京:江苏人民出版社,1996:168.
④ [美]郝大维·安乐哲著,蒋戈为,李志林译.孔子哲学思微[M].南京:江苏人民出版社,1996:174.
⑤ [美]郝大维·安乐哲著,蒋戈为,李志林译.孔子哲学思微[M].南京:江苏人民出版社,1996:174.
⑥ [英]弗朗西斯·培根著,徐奕春等译.培根论人生[M].北京:中央编译出版社,2011:176.

二、加强小先生自主学习能力

小先生的自主学习能力是办好人民满意的教育的关键之一。在信息爆炸的时代,小先生需要具备主动获取知识的能力,善于利用各种资源进行学习,而这就要求他们具备自主学习的能力。为了培养小先生的自主学习能力,教育者可以在以下几个方面下功夫。首先,培养小先生的学习兴趣和好奇心。小先生对学习的兴趣是自主学习的最好动力,教育者需要通过灵活多样的教学方式,激发小先生对知识的热爱和探索欲望。通过给予小先生更多的选择权,让他们能够参与到教学内容的确定和学习方法的选择中,培养他们的学习主动性。其次,教育者要引导小先生培养良好的学习习惯。自主学习需要学生有良好的学习计划和时间管理能力,这就需要他们养成良好的学习习惯,教导小先生如何高效学习、如何利用碎片时间进行学习,帮助他们养成自主学习的好习惯。同时,借助现代科技手段,如在线学习平台、数字图书馆等,提供更多便捷的学习资源,鼓励小先生利用这些工具进行自主学习。这不仅可以满足小先生多样化的学科需求,还能锻炼他们信息获取和筛选的能力。

三、提升小先生社会责任感

办好人民满意的教育不仅仅是培养小先生的个人素养,更要培养他们的社会责任感。小先生作为社会的一部分,应该有为社会做贡献的意识和行动,可以汲取中华优秀传统文化因子赋能素养教育。例如,先秦《诗》教就认为感恩既是一种传统美德又是一种社会责任。感恩作为一个社会人所必须具备的基本品质涉及伦理角色的转换。如父慈子才能在爱中产生孝敬,但父对子的慈爱需要适度而行,否则父越溺爱,子越乖戾。《小雅·蓼莪》之"无父何怙无母何恃"一句就是在教人要知父母之恩,要懂得感恩与报恩。但殊不知,知恩图报却在现实中做得差强人意。《诗经》中不乏诸类感恩的诗,如《小雅·六月》感恩宴赏,《小雅·天保》答谢报恩等等。其实,修感恩之道就是要重视培养一个人的感恩之心,但绝不能一蹴而就。安乐哲曾对"道"释义深刻:"'道'在人中,并由人传递下去。而每个人都以独特的方式吸收'道'和体现'道'。"[①]修道是一个长期而艰巨的过程,要在学而知之的同时既要保留个性又要为他人着想,《小雅·小旻》之"如临深渊,如履薄冰"(p.446)或许能为这种状态之"度"的把握提供参考。《诗》教强调要不断培养一个人的感恩意识,强调如果不反躬内省,一心只把外求作为求之

---

① [美]郝大维·安乐哲著,蒋戈为,李志林译.孔子哲学思微[M].南京:江苏人民出版社,1996:183.

有道,这样肤浅的认识,只会流于表面徒劳无益。① 一个懂得感恩的小先生,既知道感恩他人,也知道充实自己,但现实中绝大多数人还不可能自诩为这样的极致者,因此每一个人都应该认真修自己的感恩之道。具体包括:首先,注重培养小先生的团队协作能力。社会责任感不仅仅是个体的责任感,更包括对集体、对社会的责任感。这不仅有助于提高小先生的社会责任感,还能够锻炼他们的团队协作和沟通能力。其次,学校可以通过社会实践和志愿者活动,引导小先生亲身参与社会服务。这样的实践既可以让小先生更深刻地认识社会的需求和问题,也能够培养他们的责任心和奉献精神。通过这样的活动,小先生可以从小事做起,逐渐形成关心社会、主动参与社会的习惯。另外,学校要加强社会伦理和法律法规的教育,让小先生建立正确的价值观和法治观念,提高他们对社会规则的遵守意识,培养良好的公民素养。此外,积极向上的感恩氛围可以激发小先生的学习热情,学校要关注师生关系,建立和谐的师生关系。小先生在良好的师生关系中更容易产生对学习的信任感和兴趣,通过开展师生互动的活动、设置小先生心理咨询服务等方式,加强师生之间的沟通,营造温馨的感恩氛围。学校可以通过校园感恩文化建设及多元的校园感恩文化活动,让小先生在充实多彩的学科以外,有更多选择,培养他们的综合素质,激发他们的感恩意识。学校通过开展主题班会、励志演讲等形式,宣传感恩重要性,分享成功的感恩经验,激发小先生的学习动力,形成积极向上的仿效风气。

四、培育小先生创新能力

实施创新驱动发展战略是推动国家进步和提升综合国力的关键举措。创新教育的首要任务是更新教学内容,让小先生接触到最新的科技成果、前沿知识和实际问题。教材的选择和更新要更贴近实际应用,突出科技前沿和实践案例,使学生了解到创新并不是遥不可及的概念,而是贴近生活、贴近实际的可能。传统的教学方式注重知识的传授和灌输,而创新教学更注重激发学生的主动性和创造性。采用启发式教学法、项目式学习等创新教学方法,让小先生参与实际问题的解决过程,培养他们的实践能力和创新思维,学习环境对小先生的成长和发展有着深远的影响。学校应该提供鼓励创新的学习环境,包括实验室设施的完善、科研项目的开展、创新竞赛的举办等。这些举措能够让小先生在实际操作中体验创新的乐趣和挑战。培养创新思维是激发小先

---

① [明]袁了凡撰,尚荣,徐敏评注.了凡四训[M].北京:中华书局,2015:31.

生为实施创新驱动发展而奋斗的重要任务。创新思维包括对问题的敏感性、解决问题的能力、跨学科的综合能力等多个方面。创新起源于对问题的敏感性。培养小先生的问题意识，让他们学会提出问题、分析问题，并寻找解决问题的方法。在课堂中，可以通过让小先生参与真实案例分析、开展小组讨论等方式，引导他们形成独立思考和解决问题的习惯。创新往往来自多角度的思考。小先生需要被鼓励在学科之间进行跨界思考，将不同领域的知识进行整合。跨学科的综合能力培养既有助于学生形成更全面的认知，也有助于培养他们的创新思维。创新往往是集体智慧的结晶，而不是个体孤立的成果。培养小先生的团队协作意识，让他们在团队中学会合作、沟通、协调。通过团队项目、小组研究等形式，激发学生集体创新的激情，增强他们解决复杂问题的能力。创新的过程中难免会遇到失败和挫折，而如何面对失败、进行反思并从中汲取经验教训是培养创新思维不可或缺的一环。学校应该鼓励小先生树立正确的失败观，教育他们从失败中吸取经验，勇于尝试，培养持续创新的勇气。

五、激发小先生创新意识

学校可以根据小先生的兴趣和需求，开设一系列创新课程，包括创业管理、科技创新、设计思维等方向。这样的课程既能够提供专业的知识培训，也能够激发小先生对创新的兴趣。创新竞赛是锻炼小先生创新能力的重要途径。学校可以组织各类创新竞赛，如科技创新大赛、创业大赛等，鼓励学生参与。通过比赛的形式，小先生可以将理论知识应用到实际问题中，培养他们的实际操作能力和创新意识。通过实习、实训、参与科研项目等方式，让小先生亲身体验创新的过程，增强他们对创新的认知和兴趣。创新思维不仅仅体现在专业领域，更体现在日常生活中。学校可以通过鼓励小先生提出新颖的观点、解决实际问题，培养他们在日常生活中形成创新思维的习惯。这有助于让创新成为小先生思考问题、解决问题的自然方式。通过与国际高校、研究机构的合作，为小先生提供更多的国际交流和合作机会，可以通过学术交流，了解国际科技发展的最新动态，拓展研究领域，与国际同行进行深入交流。除了学校的教育，家庭和社会也有着不可忽视的作用。家庭和社会应该给予他们更多的支持和鼓励。家庭是小先生成长的第一课堂，家长在培养他们的过程中要注重引导和支持。家长可以关注其兴趣和特长，鼓励他们参与创新活动，提供必要的支持和资源。社会资源的整合和开发是小先生创新发展的外部条件，可以积极与企业、科研机构等建立合作关系，为小先生提供更广阔的实践平台和资源支持。社会还可以通过举办创新活动、提供创新基金等方式,为小先生的创新活动提供支持,营造鼓励创新的文化氛围。媒体可以通过报道创新案例,推动创新思维的传播,帮助社会树立创新的导向。此外,社会组织、企业也可以通过设立奖项、提供赞助等方式,为创新者提供更多的鼓励和支持。

六、淬炼小先生成己成他品行

激发小先生的国家责任感,让小先生为深入实施人才强国战略而奋斗,不仅是个体责任感,更是对国家和社会的责任感,让小先生明白自己的成长和发展与国家的繁荣息息相关。传统教化中的成己成他理念,就是在情感的运作中注入了诸多道德元素,让有为去做"体验式"的检验,注重引导和建立与人为善和谐共处的生存环境,自觉树立健康积极乐观向上的心态,教育人把握成己之"和"的度,值得借鉴。成乐善有为之己是对育本真之性情和修感恩之道长期坚持的结果性检验,成效如何会直接影响一个人与否还会继续秉持,成己在德育中必须慎重对待。《中庸》有云:"诚者,非自成己而已也,所以成物也。"[①]至诚的人不仅只是自我的完成,而且还是要成就外物。因为一个人的造就过程是一个内外判断的过程,只有不断进行自我判断,才可以不断得到修正和发展。人的影响都具有两面性,即既影响他人,又被他人所影响。[②]一个人达到自身目的的同时自己又是他人达到目的的手段,成乐善有为之己的良果就是己他双成。当下,学校可以通过国情教育,引导学生认识国家的历史、现状和未来发展方向,让小先生参与到社区服务、支教活动、公益项目中去,培养他们的社会责任感。实施人才强国战略的核心是培养具备国际竞争力的高素质人才,确保小先生具备符合国家需求的知识结构和能力素养,激发小先生为人才强国战略而奋斗,让他们深刻认识到自己的使命和责任,成己成他。

第二节　以新时代陶行知师德师风建设调研为探索基调

师德师风建设关乎中国特色社会主义事业薪火相传。习近平总书记在中国人民大学考察调研时强调:"培养社会主义建设者和接班人,迫切需要我们的教师既精通专业知识、做好'经师',又涵养德行、成为'人师'。"师德师风是一所学校的灵魂所在,是中华民族的优良传统,是振兴教育的时代要求。此项报告的调研目的旨在通过对陶行

---

① 王文锦.礼记译解[M].北京:中华书局,2016:708.
② [美]郝大维・安乐哲著,蒋戈为,李志林译.孔子哲学思微[M].南京:江苏人民出版社,1996:89.

知师德师风理念在高校的落实情况的研究,即通过对高校学生对师德师风建设重要性的认知程度、对陶行知师德师风教育意涵的掌握程度、影响学生师德师风践行的主要因素的层层分析,得出合理对策建议,为学校进一步开展好立德树人工作,落实"小先生制"奠基。道德之于个人、之于社会,都具有基础性意义,做人做事第一位的是崇德修身。

一、背景分析

背景分析主要围绕选题背景、目的意义、主要内容来展开。具体内容如下:

(一) 选题背景

关于陶行知师德师风的研究,就目前搜集整理的资料来看,主要集中在以下几个方面:其一,高校开展陶行知师德师风建设的必要性。师德师风建设是校园精神文化的重要组成部分,而校园精神文化又是校园文化的核心,因此师德师风是一种影响校园文化的无形的精神力量。它是教师职业道德和教风学风校风的重要体现,影响学校的师资队伍建设和人才培养目标。与此同时,陶行知先生奉行"爱满天下"的格言,教师对于幼儿的爱护是师德中最重要的一个部分,可以说是师德的核心。陶行知先生指出:真教师才能培养真人才(齐燕敏,2018;2015,朱韵薇)。其二,陶行知师德师风的当代价值启示。加强师德师风建设是培养高素质和高水平教师队伍的重要保障,也是教师践行立德树人这一教育根本任务的关键,陶行知师德思想对建设新时代教师师德师风的启示主要体现在:提振教师创新能力;强化教师身份认同;提升教师教学机制;增强教师终身学习能力,这需要制度建设、活动建设和队伍建设赋能(卫平衡,2010;成方露,孙彩霞,2022;匡易才,贺洪,2018)。其三,陶行知思想与师德师风建设思考。一是要创设环境,提供舞台。二是要树立良好师德形象。三是要爱岗敬业、为人师表。要用爱心关心感动孩子,为孩子做榜样,无私奉献,净化孩子心灵(周伶俐,2015)。通过梳理文献可知:其一,虽相关然文献对师德师风建设的重要性有一定的认识,但就如何对陶行知师德师风理念在校园文化中融渗的研究还不够深入。其二,对学生践行师德师风影响因素的研究还不够深入。其三,对策建议过于单一或较为宏观。

(二) 目的意义

其一,选题目的。基于前文研究背景,针对相关问题,可尝试做进一步调查。彰显师德师风建设重要性的需要;体现陶行知师德师风教育意涵对学生成长成才的需要;

凸显影响学生师德师风践行因素的需要。其二,选题意义。1.理论意义。就目前整理的文献来看,就陶行知师德师风的研究,基于对陶行知师德师风建设的必要性、陶行知师德师风的当代价值启示、陶行知思想与师德师风建设思考的研究较多,对陶行知师德师风在高校的融渗化育情况研究较少。2.现实意义。通过对认知程度、掌握程度、影响因素的调查,尝试在丰富师德课堂知识内容、构建多元师德评价体系、改善师德育人环境、创新师德教育途径等方面提出建议。

(三) 主要内容

其一,师德师风建设重要性认知程度。主要包括:开展陶行知师德师风建设的态度、开设师德教育的相关课程、学校如何对师范生进行陶行知师德师风评价、教师重要的素质、陶行知师德师风建设的主要目的等方面。其二,陶行知师德师风教育意涵掌握程度。主要包括:陶行知师德师风学科知识、陶行知师德师风教育氛围、陶行知师德师风建设。其三,学生师德师风践行影响因素。主要包括:陶行知师德师风发展、陶行知师德师风教育课程的评价、陶行知师德师风教育课程的价值等方面。其四,对策建议。主要包括:社会风气、教师待遇、个人素质、学校重视度等方面。

二、调研情况

调研情况主要就基本信息情况调查、对加强师德师风建设重要性的认知程度调查、对陶行知师德师风教育意涵的掌握程度的调查以及对学生师德师风践行的影响因素调查几个方面。本次调查共发放学生问卷120份(附录A),回收问卷118份,问卷回收率为98.3%,具体内容如下:

(一) 基本信息情况调查

1. 性别

由表5-1可知,男性占比24.58%,女性占比75.42%。因此可以得出以下结论:在本次调查中,女性参与人数明显高于男性。在性别方面,女性比男性更有可能参与到调查中。

2. 年龄特征

由表5-2可知,所有填写者的年龄都在18岁至24岁之间,占比达100%。未填写18岁以下或24岁以上选项的人数为0。因此,可以得出结论,该单选题的填写对象主要为18岁至24岁的人群。

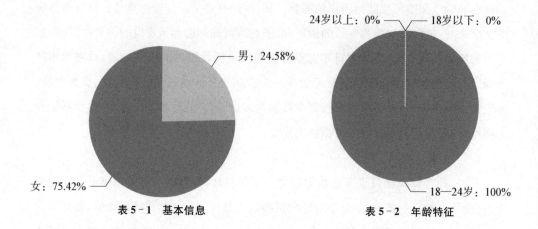

表 5-1　基本信息　　　　　　　　　表 5-2　年龄特征

3. 年级情况调查

由表 5-3 可知,大三填写人数最多,占比达到 60.17%;其次是大四和大一,分别占比 13.56% 和 12.71%;大二和研究生的填写人数相对较少,分别占比 11.02% 和 2.54%。可以看出,本次单选题的填写人群以大三为主,而其他年级的填写人数相对较少。

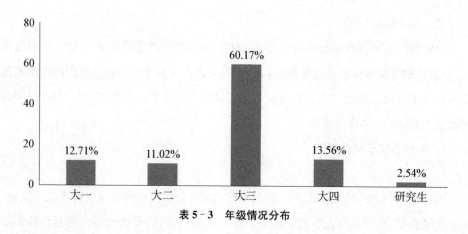

表 5-3　年级情况分布

4. 对教师职业的喜爱程度

由表 5-4 可知,80.51% 的人喜欢教师这个职业,14.41% 的人无所谓,只有 5.08% 的人不喜欢。可以看出,大部分人对教师这个职业持有积极的态度。

5. 选择教师(师范类)专业的原因

由表 5-5 可知,教师待遇稳定是选择教师(师范类)专业的主要原因,占比达到

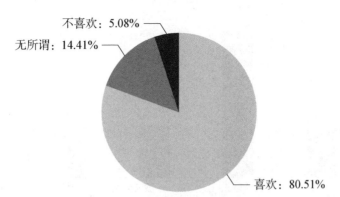

表 5-4 对教师职业的喜爱度

56.78%。其次是热爱教育事业,占比为 50%。喜欢学校工作环境和社会地位高的比例相对较低,分别为 44.07% 和 19.49%。此外,还有 19.49% 的人选择了其他原因。

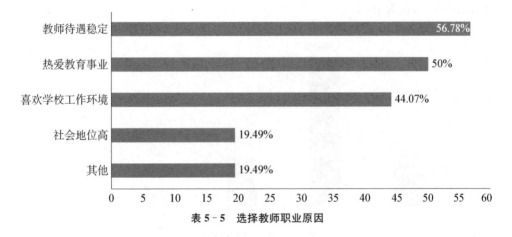

表 5-5 选择教师职业原因

6. 自我师德修养

由表 5-6 可知,超过六成的受访者认为自己的师德修养较高或很高,而只有不到三分之一的受访者认为自己的师德修养一般及以下。其中,有 11.02% 的受访者认为自己的师德师养较低或很低。整体上来看,受访者对自己的师德师养持有较为正面的评价。

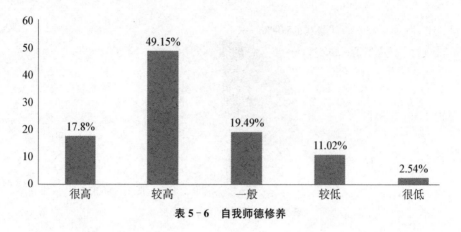

表 5-6 自我师德修养

7. 师范生师德素质

由表 5-7 可知,超过七成的受访者(71.18%)认为身边的师范生师德素质较高或很高。其中,较高的占比最高,为 55.08%。相对而言,认为师德素质较低或很低的受访者比例较小,仅为 10.17%。

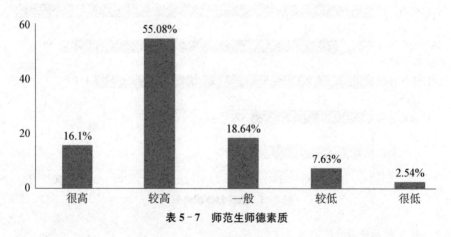

表 5-7 师范生师德素质

(二)对加强师德师风建设重要性的认知程度

1. 陶行知师德师风建设态度

由表 5-8 可知,86.44% 的人认为深入开展陶行知师德师风建设是很有必要的,11.02% 的人认为可有可无,只有 2.54% 的人认为没有必要。因此,可以得出结论,大部分人认为深入开展陶行知师德师风建设是有必要的。

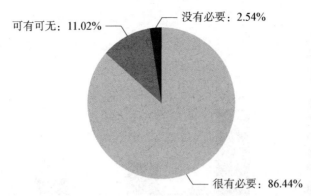

表 5-8 对陶行知师德师风建设的态度

2. 师德教育相关课程开设

由表 5-9 可知,44.07%的人表示学校开设了必修课和选修课程,28.81%的人表示学校开设了必修课程,26.27%的人表示学校开设了选修课程,只有 0.85%的人表示学校没有开设相关课程。可以看出,大多数人所在的学校都开设了师德教育相关课程,其中又以必修课和选修课程同时开设的比例最高。

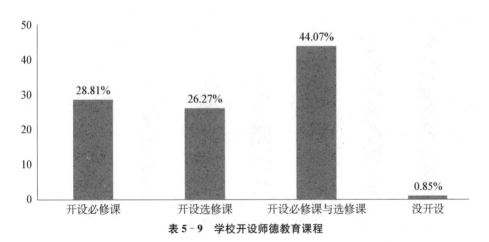

表 5-9 学校开设师德教育课程

3. 学校对师范生的师德师风评价方式

由表 5-10 可知,根据数据,可以看出该学校对师范生进行陶行知师德师风评价主要采用师德相关课程成绩和师德实践成绩两种方式,分别占比 49.15% 和 28.81%。任课老师评语和学生自我评价的使用较少,分别占比 11.02% 和 7.63%。另外,还有少数学生选择了其他方式进行评价。建议该学校可以考虑增加任课老师评语和学生

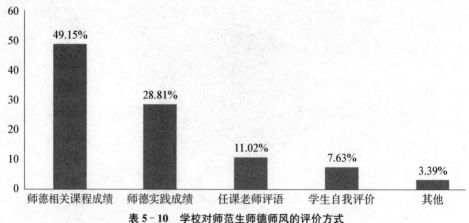

表 5-10 学校对师范生师德师风的评价方式

自我评价的使用比例,以更全面地了解师范生的师德师风情况。

4. 教师重要素质

由表 5-11 可知,在本次调查中,道德品质、教学能力、师德水平是教师最重要的素质,它们的比例分别为 78.81%、71.19%、70.34%。

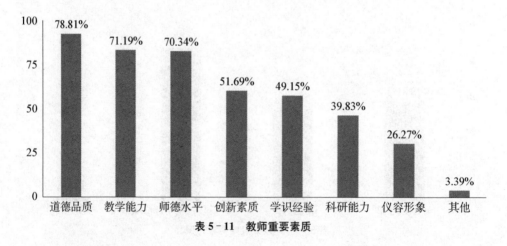

表 5-11 教师重要素质

创新素质、学识经验的比例分别为 51.69%、49.15%,也有相当一部分人认为这些素质也很重要。

科研能力的比例为 39.83%,略低于其他素质。

仪容形象和其他素质的比例都很低,分别为 26.27% 和 3.39%。

教师的道德品质、教学能力和师德水平是教师最重要的素质,这也是教育工作者应该注重培养和提高的素质。

5. 陶行知师德师风建设主要目的

由表5-12可知,有利于教师素质提高的选项获得了最高的小计和比例,分别为88人和74.58%。其次是有利于幼儿的持续健康发展,小计为81人,比例为68.64%。有利于社会道德发展和有利于学习和谐发展的选项分别获得了77人和72人的小计,比例分别为65.25%和61.02%。其他选项的小计为10人,比例为8.47%。

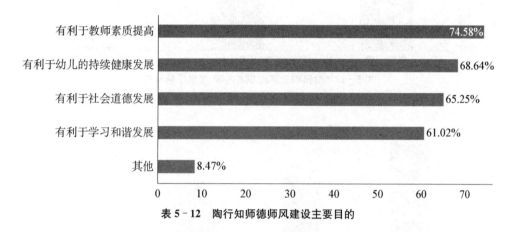

表5-12 陶行知师德师风建设主要目的

因此,可以得出结论,加强陶行知师德师风建设的主要目的是有利于教师素质提高,其次是有利于幼儿的持续健康发展。同时,也有相当数量的人认为加强师德师风建设有利于社会道德发展和学习和谐发展。

6. 教师职业道德基本内容和要求

由表5-13可知,73.73%的受访者基本了解教师职业道德的基本内容和要求,而26.27%的受访者非常了解。没有受访者表示不太了解。

7. 当前陶行知师德师风教育存在的不足之处

由表5-14可知,选项"师德教育实践活动较少"和"师德教育氛围不够浓厚"的比例均超过50%,说明当前陶行知师德师风育中师德教育的实践活动和氛围存在不足,需要加强。

选项"学生缺乏对师德教育的重视"的比例也较高,达到了53.39%,这表明学生对师德教育的认知和重视程度需要进一步提高。

选项"授课老师水平有待提高"的比例为27.97%,虽然不如前三项,但也需要引起重视,加强授课老师的师德教育培训和提高授课水平。

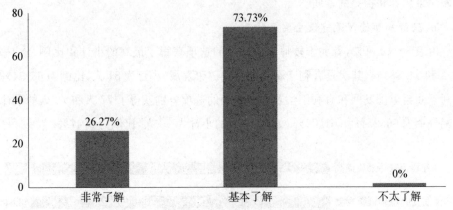

表5-13 教师职业道德基本内容、要求了解程度

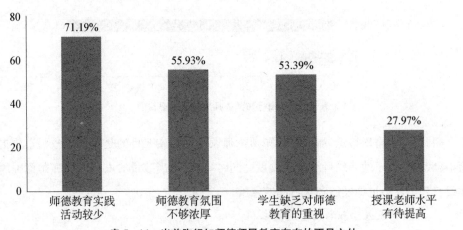

表5-14 当前陶行知师德师风教育存在的不足之处

8. 陶行知师德师风动态关注度

由表5-15可知,有54.24%的人会主动了解相关时事政策,说明一部分人对师德师风的关注程度与时事政策有关。

70.34%的人表示只关注感兴趣的内容,说明大部分人对师德师风的关注程度与自己的兴趣相关。

只有29.66%的人要求学习才关注,说明少部分人对师德师风的关注程度与学习需求有关。

只有3.39%的人不关注,说明大部分人对师德师风的关注程度较高。

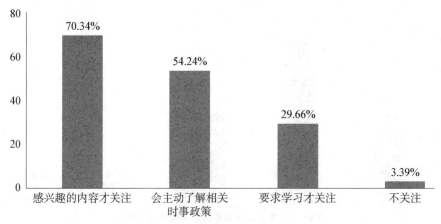

表 5-15 对陶行知师德师风建设的关注度

(三) 陶行知师德师风教育意涵的掌握程度

1. 陶行知师德师风知识的掌握程度

由表 5-16 可知,数据显示,超过六成的受访者认为自己对陶行知师德师风学科知识一般,而仅有不到三成的受访者认为自己能很好掌握该知识。此外,只有极少数受访者表示自己没有掌握该知识。因此,需要在教育和培训方面加强对陶行知师德师风学科知识的传授和培养,提高教师的专业素养和教育质量。

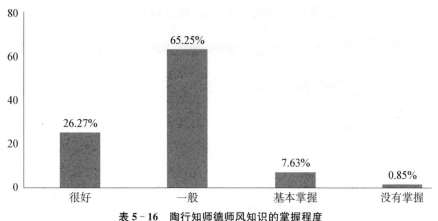

表 5-16 陶行知师德师风知识的掌握程度

2. 学校陶行知师德师风教育氛围评价

由表 5-17 可知,21.19%的人认为学校的师德师风教育氛围非常浓厚,50%的人认为比较浓厚,26.27%的人认为一般,只有 2.54%的人认为不太浓厚。可以看出,大部

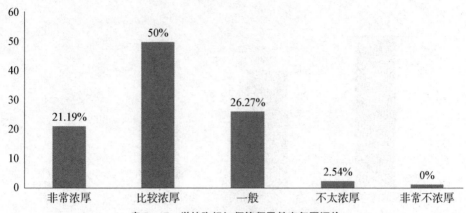

表 5-17 学校陶行知师德师风教育氛围评价

分人对学校的师德师风教育氛围持肯定态度,但也有一部分人认为还需要进一步加强。

3. 学校陶行知师德师风建设方面

由表 5-18 可知,在该学校的师德师风建设方面,最突出的是师德标语、规范及榜样雕像随处可见,占比达到 42.37%。其次是师生交流和谐,师生关系很好,占比为 27.97%。师德文化长廊内容丰富,紧跟时事的比例为 18.64%。师德实践活动多,参与感很强的比例为 7.63%。其他方面占比为 3.39%。

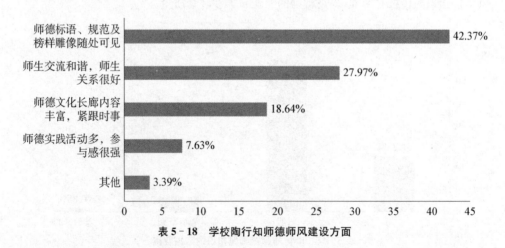

表 5-18 学校陶行知师德师风建设方面

4. 陶行知师德师风教育意涵掌握程度

由表 5-19 可知,该矩阵量表题共有三个问题,涉及对陶行知师德师风教育意涵的掌握程度。整体来看,对于陶行知师德师风等师德动态的了解程度较高,而对于《教

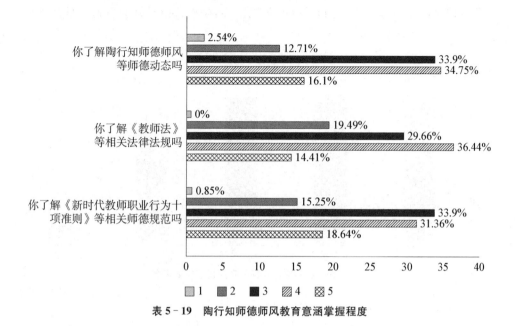

表 5-19　陶行知师德师风教育意涵掌握程度

师法》等相关法律法规的了解相对较低。

具体来看,对于第一个问题,了解程度的分布较为均匀,得分在 3—4 分之间的人数较多,说明大部分人对于陶行知师德师风等师德动态有一定的了解。而得分在 1—2 分之间的人数较少,说明对于这方面的了解程度较高的人数较多。

对于第二个问题,得分在 3—4 分之间的人数最多,说明对于《教师法》等相关法律法规的了解程度相对较高。但得分在 1—2 分之间的人数仍然较多,需要进一步加强相关法律法规的宣传和教育。

对于第三个问题,得分在 3—4 分之间的人数最多,说明对于《新时代教师职业行为十项准则》等相关师德规范的了解程度相对较高。但得分在 1—2 分之间的人数仍然较多,需要进一步加强相关师德规范的宣传和教育。

(四)学生师德师风践行的影响因素

1. 影响陶行知师德师风发展的主要因素

由表 5-20 可知,学校重视度、个人素质、社会风气和教师待遇是影响学校陶行知师德师风发展的主要因素。其中学校重视度和个人素质的比例最高,分别为 72.03% 和 70.34%。社会风气和教师待遇的比例也较高,分别为 68.64% 和 53.39%。其他因素的影响较小,只占 9.32%。因此,学校应该注重提高教师的个人素质,同时加强师德师风建设,提高教师的待遇和学校的重视度,同时积极引导社会营造良好的教育环境。

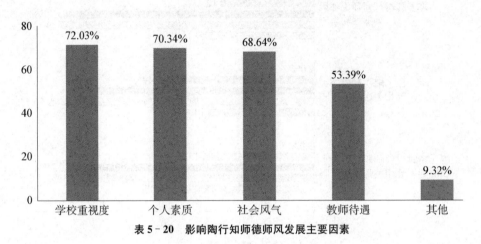

表 5-20 影响陶行知师德师风发展主要因素

2. 学院开设陶行知师德师风教育课程评价

由表 5-21 可知,63.56%的人表示满意,26.27%的人表示一般,6.78%的人表示不太满意,3.39%的人表示很不满意。可以看出,大多数人对该课程持有正面评价,但也有一部分人对该课程不太满意或很不满意。建议学院根据不满意的原因进行改进和优化,提高课程的质量和效果。

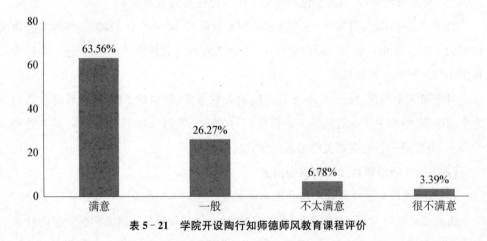

表 5-21 学院开设陶行知师德师风教育课程评价

3. 陶行知师德师风教育课程对师德素质的影响

由表 5-22 可知,参加学院陶行知师德师风教育课程的人中,有 94.07%的人认为这门课程对他们的师德素质有提高,只有5.93%的人认为没有提高。因此,可以初步判断学院陶行知师德师风教育课程对参加者的师德素质有积极的促进作用。

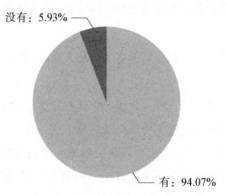

表5-22 开设课程对师德素质的影响

4. 学生师德师风践行的影响因素

由表5-23可以尝试得出以下结论:

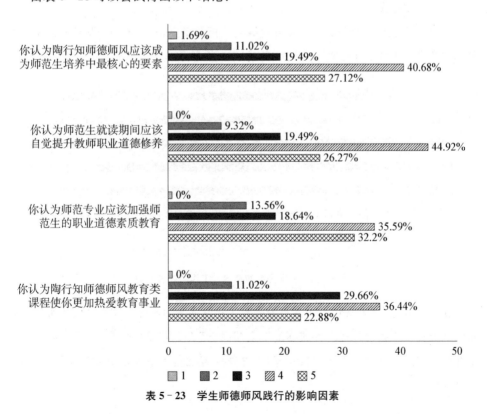

表5-23 学生师德师风践行的影响因素

在对陶行知师德师风的认知方面,大部分受访者(68.8%)认为应该成为师范生培养中最核心的要素。

对于师范生自觉提升教师职业道德修养的看法,大部分受访者(71.2%)认为应该这样做。

在师范专业加强师范生的职业道德素质教育方面,大部分受访者(67.8%)认为应该这样做。

在陶行知师德师风教育类课程对受访者热爱教育事业的影响方面,大部分受访者(66.1%)认为这些课程可以使他们更加热爱教育事业。

从平均分来看,受访者对以上四个问题的整体态度均为"认同",其中对于师范生就读期间应该自觉提升教师职业道德修养的态度最为积极(平均分为 3.88 分),对于陶行知师德师风教育类课程对受访者热爱教育事业的影响态度最为谨慎(平均分为 3.71 分)。

三、对策建议

对策建议是基于对前文几个部分的综合分析后得出,旨在为当前学校开展陶行知师德师风教育工作提出一些切实可行的改进建议,如表 5-24 所示:

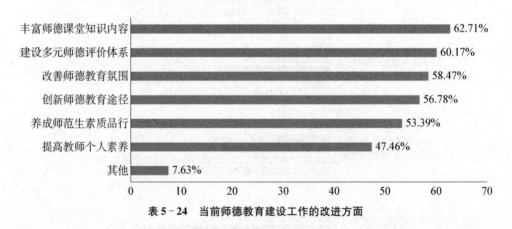

表 5-24 当前师德教育建设工作的改进方面

受访者认为在"丰富师德课堂知识内容""建设多元师德评价体系""改善师德教育氛围""创新师德教育途径""养成师范生素质品行"方面需要加强改进,这包括师德建设在制度、师资、学科等方面的具体建设,这些内容也是当下师德建设的主要着力点。具体来说:

（一）丰富师德课堂知识内容

丰富师德课堂知识内容占比62.71%，说明学生对于师德课堂知识的需求很大，需要提供更加丰富的知识内容。具体来说：可以就选修课、必修课，继续大胆尝试分类出多个各有侧重的陶行知师德课程，结合各学院育人特点，有针对性地开设一系列且有连续性的"陶课"，课程内容循序渐进，让学生在四年时间体会陶行知思想的层次性、深刻性、价值性等。

（二）建设多元师德组织评价体系

建设多元师德评价体系占比60.17%，说明对师德评价的体系建设有很大的期望，需要建立更加科学、公正、合理的评价体系。具体来说：组织领导机制在整个体制机制中算是处于顶层设计的地位，科学的组织领导机制能够科学引导思政课教师的师德师风建设。关心教师的生活、支持教师的工作、解决教师困难，让教师能够专心投入工作中去，发挥党支部和党员教师的作用，提升教师的师德师风等。

（三）改善师德教育氛围

改善师德教育氛围占比58.47%，说明对师德教育氛围的改善有很大的期望，需要创造更加良好的师德教育氛围。晓庄学子当满怀信念理想，脚踏实地做陶行知教育思想的践行者、传播者，做到"真学、真懂、真信"，真用陶行知师德师风理念解决实际师德师风问题。要充分利用好"互联网＋"智慧教育各类育人媒介，开展多种形式的陶行知师德师风培养活动，营造良好的学习氛围，同时还要积极发挥好学院学生党支部的先进模范带头作用，如积极开展各项师德师风育人技能培训活动等。

（四）养成师范生素质品行

养成师范生素质品行占比53.39%，说明学生对于师范生的素质品行有很高的期望，需要在师范生培养方面加强。具体来说：要做到以德立学，做到坚持"四个统一"，勤奋刻苦、认真负责、态度端正，做一个品学兼优端正的人。要牢牢把陶行知师德师风教育理念内化于心、外化于行，在实际生活学习中，做到言行一致、表里如一，时常关注国家教育发展走向、教育最新前沿的思想发展动态等，要把陶行知师德师风理念带进学生群体，向青年学生弘扬丰富多元的陶行知师德师风理念，助力高校立德树人根本任务的进一步落实。

（五）创新师德教育途径

创新师德教育途径占比56.78%，说明学生对于师德教育途径的创新有很大的期望，需要提供更加多元化、创新化的师德教育途径。具体来说：一要不断学习本专业知识和相关学科领域的知识,提升自身的理论素养,扎实自身的理论功底。二要学习开展科研,提高自身的科研水平。晓庄学子应结合时代主题和社会的发展变化,多进行有意义、有创新的科研,哪怕是一个非常小的问题,也不应该放过。三要向实践学习、向榜样学习。要积极参加学校、社会组织的,包括陶行知教育实践课等一切有益的实践活动,在实践中加深自己对师德师风的理解,增强自身的实践经验和本领。同时也要学习身边的榜样,不断提升自身的各方面素养。

此外,可以制定明确的陶行知师德师风培训方案,将陶行知师德师风培育教育贯穿培育未来教师的全过程,尤其是把陶行知师德师风精华内容,如教师职业道德、心理健康等与学生成长息息相关的各项内容纳入师德师风的培训体系中去,且有计划、有组织地开展培训方案。与此同时,还可以开展各类陶行知师德师风实践培养活动,加强理论与实践的结合,使师德师风培训更加深入学生内心。

(六) 提高教师个人素养

提高教师个人素养占比47.46%,说明学生对于个人素养的提高有一定的期望,需要提供更加科学、系统、有效的个人素养提升方案。具体来说:学生要把陶行知师德师风理念学通落实,在日常生活中就要立德修身、以德立身、以德立学。与此同时,要积极吸收中华优秀传统文化,把它与陶行知师德师风相结合,在实践中学会慎独,刻苦勤奋,大胆创新,团结他人,心怀善念。与此同时,学生可以提前学习,如《中华人民共和国教师法》《教师职业道德规范》《新时代高校教师职业行为十项准则》《新时代中小学教师职业行为十项准则》《〈新时代幼儿园教师职业行为十项准则〉中的通知》等与师德师风密切相关的文件,为提前步入社会打基础。

四、结语

陶行知师德师风育人理念是我国师德师风建设的重要组成部分之一,这更是具有"行知"特色的师范教育高校建设的重点。高校师德师风的建设关乎学生德育教学工作成效,也是高校培养高素质人才的必备条件之一。勇于实践和创新是加强陶行知师德师风建设、形塑师生具备良好职业道德规范的重要路径。加强高校师德师风建设有利于引导大学生身心健康发展;有利于建设一支高素质的教师队伍;有利于营造良好的教风和学风;有利于实现立德树人的根本任务;有利于形成学生爱上"陶课"争做"真人"的学习风尚等。

我国高校在师德师风建设方面确实取得了一定成绩,但也决不能忽视一些亟待解决的问题。在新时代背景下,"我国社会主义现代化建设和高等教育事业的改革发展为高校的师德师风提出新要求"。因此,当下继续加强和改进师德师风建设仍旧是一项刻不容缓的紧迫任务,同时"这又是一项长远而艰巨的系统工程"。这不仅需要教师对师德师风建设予以支持,更需要把加强师德师风建设重要性的认识放入脑间、心里,更需要每个高校学子的理解、认同与践行。此外,相关政策、社会支持等都不可缺失,一起统筹发力,把师德师风建设落实、落好。

对陶行知师德师风建设的调研,对各类学校"小先生制"的践行起到积极指引作用。对陶行知师德师风建设的调研中存在的一些问题,如陶行知师德师风理念在校园文化中融渗的研究还不够深入、对学生践行师德师风影响因素的研究还需要提高等,这在开展"小先生制"的过程中可以进一步解决。在丰富师德课堂知识内容、养成师范生素质品行、提高教师个人素养以及创新师德教育途径等方面,同样可以在"小先生制"中细化落实。这样做的目的在于,让具有"陶色"的各类学校更加认识到"小先生制"的育人效果;让不以"陶色"育人为教学内核的各类学校,可以尝试借鉴"小先生制",充实课堂教学,提高立德树人质量。

第三节 以新时代"小先生制"在中学语文课堂的调研情状为研究方向

20世纪30年代,陶行知先生为解决我国普及教育中师资紧缺和经费不足困境而提出的"小先生制",其形式主要是儿童当老师,将学到的汉字和知识随时随地传授给其他人。当下需要更加积极地探索多种实现形式,提高语文课堂教学效果,不断提高同学参与度。新时代"小先生制"引领中学课堂教学创新实践,以对师生问卷的调查为主要手段,总结其价值启示。

一、学生问卷分析

发放学生问卷300份(见附录B),回收问卷278份,有效问卷278份。针对学生分发的问卷主要从基本情况、实施情况、参与原因与参与意愿等四个角度展开调查。分析不同基本情况与实施情况的参与原因与参与意愿的差异性,从而针对提出解决方案。

(一) 信效度检验

1. 信度分析

先对问卷进行信效度检验,信度和效度是优良的测量工具必备的条件,是评估所测量数据的可靠性和有效性的基本尺度。只有保证测量工具的信度和效度,才有可能获得可靠、正确的数据。

信度,即可靠性或一致性,指的是测量结果经得起重复检验,即测量工具能否稳定地测量到它想要测量的数据。信度反映了测量中的随机误差大小,信度高,那么意味针对同一事物进行多次测量的结果可以保持一致,说明该测量工具可靠、稳定;缺乏信度,则前后测量的结果就会出现不一致,说明该测量工具有问题。本文使用Cronbach's α(克隆巴赫 Alpha)系数法来检测数据信度是否达标,检测各份量表中被测试者对量表中条目回答内容的一致性。克隆巴赫 Alpha 是量表信度最常用的检验方法。克隆巴赫 Alpha 系数的范围在 0—1 之间,越接近 1,信度越好。通过 SPSS 进行信度检验。

由表 5-25 可知,信度分析记录了问卷中两量表信度检验结果,信度检验结果 Cronbach's α 在 0.9 以上,说明问卷中两量表均具有较好的信度。

表 5-25 学生卷可靠性检测结果

变量名称	样本个数	题项个数	Cronbach's Alpha
参与原因	278	4	0.931
参与意愿	278	7	0.945

2. 效度分析

效度,即切实性,指的是测量工具确实能够测出其所要测量的内容。效度高,说明测量结果能很好地反映测量对象的真实特征,能够保证不同研究人员对某一研究变量的意义和内涵有一致的理解;缺乏效度,则说明测量工具没有正确地获取反映真实特征的数据。关于效度分析,在所有因子分析的结果中我们只需要关注这个表,这里面有两个指标是评价效度的。第一个:KMO 系数,取值范围在 0—1 之间,越接近 1 说明问卷的结构效度越好。第二个:Bartlett(巴特利特球形检验)的显著性,如果小于0.05,我们也可以认为问卷具有良好的结构效度。本文先对问卷调查的数据做 KMO 和 Bartlett 球形检验。

由表 5-26 可知,效度分析记录了问卷中两量表效度检验结果,KMO 均在 0.8 以上,问卷中两量表效度较好。

表 5-26 学生卷 KMO 和巴特利特检验

变量名称	取样足够度的 Kaiser-Meyer-Olkin 度量	Bartlett 的球形度检验		
		近似卡方	df	Sig.
参与原因	0.849	941.063	6	0.00
参与意愿	0.809	2 614.293	21	0.00

人口统计学资料描述统计分析如表 5-27 所示,各类型学生均有涉及,其中初一的学生占到总被调查者的 27.3%,初二的占到 38.1%,初三的占到 34.5%。男生略多于女生,男生占比 53.2%,女生占比 46.8%。大部分不担任班委,符合班里实际情况,班委占到 43.5%,非班委占到 56.5%。

表 5-27 学生卷人口统计学资料描述统计分析

项目	频数	频率(%)
年级		
初一	76	27.3
初二	106	38.1
初三	96	34.5
性别		
男	148	53.2
女	130	46.8
是否担任班委		
是	121	43.5
否	157	56.5

当差异性检验 P 值小于 0.05 时,说明参与原因在该人口学统计资料或者变量上的得分有显著差异。由表 5-28 可知,不同年级以及是否担任班委在参与原因上有显著差异。在年级方面,初三的得分均值高于初二的、高于初一的。说明初三的同学更注重自身全面发展,容易因为能够锻炼表达能力、巩固学习成果、获得表扬或奖励、让老师与同学印象深刻等原因担任"小先生"。在是否任职班委方面,班委的得分均值高于非班委的。说明班委同学更容易因为能够锻炼表达能力、巩固学习成果、获得表扬或奖励、让老师与同学印象深刻等原因担任"小先生"。

表 5-28 参与原因差异性检验

项目	样本量	平均值	标准差	t/F 值	P 值
年级					
初一	76	9.12	3.374	42.517	<0.001
初二	106	11.09	2.054		
初三	96	13.71	4.187		
性别					
男	148	11.4	3.861	0.076	0.783
女	130	11.52	3.616		
担任班委					
是	121	12.55	3.753	19.332	<0.001
否	157	10.62	3.522		
老师在预习课上会邀请同学分享预习方法或预习成果					
从不	88	10.94	3.33	1.269	0.283
偶尔	84	11.6	3.784		
经常	106	11.77	4.013		
老师在精讲点拨课上会邀请同学分享学习方法或学习成果					
从不	97	11.12	3.592	1.768	0.173
偶尔	84	11.18	3.547		
经常	97	12.03	4.014		
老师在复习课上会邀请同学分享复习方法或复习成果					
从不	100	10.89	3.33	2.343	0.098
偶尔	78	11.45	3.681		
经常	100	12.03	4.111		

当差异性检验 P 值小于 0.05 时,说明该人口学统计资料或者变量在参与意愿上有显著差异。由表 5-29 可知,不同年级以及是否担任班委在参与意愿上有显著差异。在年级方面,初三的得分均值高于初二的、高于初一的。说明初三的同学更注重自身全面发展,更愿意担任"小先生"。在是否任职班委方面,班委的得分均值高于非班委。说明班委对于担任"小先生"的积极性更高一点。在实施情况的三个方面,经常使用"小先生制"的课堂学生参与意愿高于偶尔使用该方式的学生,高于从不使用该方式的学生。老师在预习课上会邀请同学分享预习方法或预习成果、在精讲点拨课上

会邀请同学分享学习方法或学习成果、在复习课上会邀请同学分享复习方法或复习成果都会提升同学的参与度。

表 5-29 参与意愿差异性检验

项目	样本量	平均值	标准差	t/F值	P值
年级					
初一	76	18.26	6.258	17.206	<0.001
初二	106	21.43	6.033		
初三	96	23.73	5.962		
性别					
男	148	21.64	6.099	0.582	0.446
女	130	21.05	6.77		
是否担任班委					
是	121	22.4	6.895	5.784	0.017
否	157	20.55	5.919		
老师在预习课上会邀请同学分享预习方法或预习成果					
从不	88	19.42	6.662	9.489	<0.001
偶尔	84	20.96	4.813		
经常	106	23.28	6.82		
老师在精讲点拨课上会邀请同学分享学习方法或学习成果					
从不	97	19.94	6.241	7.117	0.001
偶尔	84	20.83	5.282		
经常	97	23.24	7.062		
老师在复习课上会邀请同学分享复习方法或复习成果					
从不	100	19.66	6.407	6.957	0.001
偶尔	78	21.47	4.609		
经常	100	22.97	7.216		

"小先生制"需要结合时代发展需要,不断与当今教育教学现状和学生成长需要相结合,探索出新的实现形式。中学语文课具有时代性、社会性和理论性的特点,可以根据实际教学需要在中学语文课前进行时政播报,课后进行社会观察,课堂教学中实施主题辩论探索"小先生制"新的实现形式。此外,学生担任家乡小导游,将传播本土文

化也是"小先生制"结合时代发展需要和本土文化资源学习要求而探索出的新的实现形式,这些新形式丰富了"小先生制"在中学语文课教学中的实现途径,提高了中学语文课堂教学效果。

(二)担任"中华文化小先生",强化对中华优秀传统文化的传承使命,创建课堂教学深度

义务教育语文课标对教材编写的建议中强调,教材要注重继承与弘扬中华民族优秀文化,有助于增强学生的民族自尊心和爱国主义感情。教材选文要具有典范性,要注重题材、体裁、风格丰富多样,适合学生学习。

首先,让小先生收集整理语文课本中主要的传统道德观念。初中语文课本的传统伦理道德观念,不论是以主题或副题的形式出现,这些题旨大都可以反映出现阶段初中语文传统伦理道德教育情况,初中语文课本的主题内容较为广泛,包括散文、诗歌、小说、人物传记等,包含多个育人主题,更涵盖中、外一系列常见的教育题材,强调广而精的育人理念。

其次,小先生尝试分析语文课本传统伦理道德观念的关键德目。在初中语文课本中,大部分内容是有关道德修养的,包括责任感、伦理情感、和谐与共、正义、知行合一、忧患意识、自律、谦逊、感恩、宽以待人等方面,这旨在体现伦理关系中的责任意识重大,这些内容在中国的传统文化中也都可以找到根源。

小先生讲责任感。责任感是初中语文课本突出强调的内容。它所包含的子题还有无私奉献、以身作则、恪尽职守等。在内容编排上,对责任感的教育也是循序渐进的。让小先生从课文中选取若干典例加以阐释责任感。古有以"世道、人心、民生、国计"为君子四大责任,这种责任感更是以维护真理,维护正义为贵。责任感要激发人们的爱国情怀和奉献精神,责任感启迪人们奋发图强。指导小先生注重初中语文课本对学生责任感的教育,遵循以下逻辑:意识到责任感——分析责任感——合理形塑责任感。

小先生讲道德情感。我国自古就是一个以家庭为本位的注重伦理情感的国家。这一主题包含多个子题,诸如温柔、贤良、宽容、机敏、聪慧等一系列道德品质无不在伦理亲情中得以体现。初中语文课本中的伦理情感内容丰富,有喜爱祖国河山的《济南的冬天》、有抒发个人爱国情感的《祖国啊,我亲爱的祖国》、有心系民间疾苦的《石壕吏》、有对勉励勤恳上进的《孙权劝学》、有培养敬业乐群精神的《敬业与乐业》、有弘扬爱国主义精神的《邓稼先》等。可见,对伦理情感的德育开展,散见于初中课文中,并没有一个刚性的模式框架。

小先生讲和谐与共。"贵和"是中国传统伦理道德的基本精神之一。何为和者？即"天地之所生成也"，"贵和"利于事物协调发展。和谐与共包含人与人之间的和谐、人与自己的和处、人与自然的共生三个方面：其一，人与人之间的和谐。这主要体现在人际关系方面的和谐。人际关系和谐体现人与他人、与社会的和谐。人际关系和谐与否，关乎个人的立身与发展，重视人际关系的和谐也是儒家"贵和"思想的核心，在《论语》中有诸多阐释，故不赘述。其二，人与自己的和处。这主要体现在人欲与德性方面，即正确处理理欲关系。合理人欲理应满足，但不可过度，对喜怒哀乐之情感要加以节制，古人要求君子深学诗礼乐，其目的在于：学诗可以育情，学礼可以导情，学乐可以统情。其三，人与自然的共生。人与自然是一个整体，人是在敬畏自然的基础上去探索自然，认识自然规律后为人世谋求福利，古有"钓而不纲""斧斤以时入山林""斧斤不入山林"之言，其意在表明人对于自然的索取要有时，用要有节。

小先生讲持之以恒。持之以恒的子题主要有锲而不舍、矢志不渝、一如既往等。《周易》有云"君子以自强不息"，君子要奋发图强，坚持不懈。王充言"凿不休则沟深"，梁启超有云"有恒则无所不破"。对于持之以恒而言，具有坚毅品格、高尚志向尤为重要。曾子曰"士不可以不弘毅"，朱熹对此释义道"毅便是担得远去"。反之而言，心力不毅，就会"中道沮废"，持之以恒贵在自强自胜。结合孔子克己之论，老子自胜之言，梁启超在《新民说》对其进一步释为"以己克己谓之自胜"，即能够战胜自己缺点的人，才可能成就事业。持之以恒中涵盖自强、自胜等更为精深的中国传统伦理道德，持恒之人须对众多德目有所了解和体会，克服自身弱点，实现自我完善，魏源对此总结道"克己之谓强"，这是一个新我胜旧我的过程，要求自己各方面尽可能做到"日新"。回到初中语文课本也不乏《谈读书》《孙权劝学》《钢铁是怎样炼成的》等都体现持之以恒意蕴。

最后，小先生总结初中语文课本传统伦理道德观念的育人旨归。通过讲解让学生知道，初中语文课本强调中国优秀传统文化是有效进行传统伦理道德教育的重要基石，初中语文课本注重个人道德修养。加强道德修养首在不断学习，初中语文课本彰显个人成就与社会责任密不可分。初中语文课本以和谐均衡为目标导向。怎样有效拉近书本理想与社会现实的距离。不了解社会所需的教育，是一种盲目的教育[1]，真正的理想应当要与现实境况合而为一，运行不悖。[2] 借此，教师可以作总结，任何中国

---

[1] 陶行知. 陶行知论普及教育[M]. 合肥：安徽教育出版社，1986：77—78.
[2] 贺麟. 文化与人生[M]. 北京：商务印书馆，2015：109.

传统伦理道德观念都不是天生承继而来，人类或许与生具备仁义礼智的善端，将此潜在的善性充分展开需要依赖教育上的循序渐进来引导，"一旦我们去掉了片面思想的蒙蔽，实现了对虚幻道德的祛魅，就能够重新回到人的道德本身，回到有人性的道德"。① 教育要首先确定本质中善性的一面，身为中学语文教师要继续教育学生坚定对中国传统伦理道德观念的笃信与践行。

（三）担任"乡土文化小先生"，培育对祖国大好河山的热爱之情，营造课堂教学温度

初中语文课本中有大量篇幅详细讲解祖国大好河山的壮美，表达出作者对祖国河山的无比热爱之情。新时代提高学生文化素养成为中学语文课教学的一项重要任务。"教材内容是学生学习的依据"，然而"本土教学资源以其鲜明的地域性更能够被学生所认同和接受"，在语文课堂上可以适当将学生家乡文化引入课堂教学中，邀请"乡土文化小先生"上台讲授自己的家乡"故事"。"乡土文化小先生"可以介绍自己家乡的自然风光、风土人情、红色文化和民俗活动等能够代表本地特色文化资源的一种教学形式。运用这种教学形式，学生能够从这些具有地方特色的文化资源中追寻当地的历史渊源，透视当地的经济政治发展状况，体会当地的风土人情，激发学生对本土文化的认同，提高学生学习的积极性和兴趣。如南京的"乡土文化小先生"在介绍他们的家乡时，常以诗词为切口，在一场绵绵细雨中体会金陵之秀美。新疆的"乡土文化小先生"在介绍他们的家乡时，会以青山绿水、碧水蓝天，来引领听众准备好接受一场自然风光盛宴。担任"乡土文化小先生"是对乡土文化的传承与弘扬，使学生更加深入地了解乡土文化的内涵和价值。乡土文化是一个地区特有的文化，蕴含着丰富的历史、传统和民俗，通过亲身参与深入了解当地的历史渊源、风土人情，感受到这片土地的独特之处，这不仅加深了学生对乡土文化的理解，也让教师更加珍视和热爱这片土地。同时锻炼学生的组织和表达能力，确保讲解内容有条理、易于理解。能让学生更加关注社区的发展和文化的传承，通过对乡土文化的宣传，能够唤起更多人对这一文化的关注和热爱，推动社区的文化建设。

与此同时，习近平总书记在全国思想政治理论课教师座谈会上指出，办好思想政治理论课关键在教师，关键在发挥教师的积极性、主动性和创造性，合理有效地使用"小先生制"可提高中学政治课堂教学效果。仍以"中华文化小先生""乡土文化小先

---

① 王正平. 人性与道德的伦理之思[J]. 上海师范大学学报(哲学社会科学版)，2021(1):57.

生"为例。

其一,鼓励学生担任初中政治课堂"中华文化小先生",强化对中华优秀传统文化的传承使命,体现不同学科间的关联性。初中《道德与法治》有很多与中华文化相关的章节。如九年级上册第三单元第五课《守望精神家园》、八年级上册第二单元《遵守社会规则》等,探讨了中华文化、中华美德、民族精神、社会主义核心价值观、以礼待人、诚实守信等内涵。担任政治课堂"中华文化小先生",体会不同学科背景下的同一践行主题,具有积极效用。首先,深刻地理解和体验中华文化的深邃内涵。加深对中华传统文化的认知,激发学生对文化自信和自豪的感情,关注中国传统价值观念,明白中华文化对于人类精神追求的独特贡献,丰富学生学识,也为学生在思考人生、处事立场等方面提供启示。其次,传承文化。作为传承者,激发学生的学术研究欲望,更加注重将中华传统文化的价值观融入教育实践中,让更多的人能够了解、尊重、传承中华文化,使其在当代社会焕发新的生命力。中华文化注重思辨,通过引导学生深入思考,激发他们对知识的好奇心,发现学生在中华文化的熏陶下展现出的更为积极的学习态度,体现"中华文化小先生"的积极作用。通过分享文化智慧,与祖国建立更为深厚的情感联系,促进社会和谐。文化交流不仅仅是知识的传递,更是心灵的沟通,是促进世界各地人民共同发展的一种积极力量,不仅需要深刻理解中华文化,还需要将这些知识以生动有趣的方式传递给更多人。担任"中华文化小先生"当面对同学的提问时,培养学生解决问题的能力。在课堂上,"中华文化小先生"不仅是小老师,更是同习人,让这种师生关系不仅仅局限于课堂,更体现在日常的交往中。鼓励学生成为"中华文化小先生"的过程,也是让学生深刻感受中华文化对个人品格塑造和人际关系影响的过程。这一过程不仅是知识的传递,更是一种对生活态度和价值观念的引导。通过深入学习和传递中华文化,能让学生逐渐形成积极向上、包容开放的人生观。中华文化注重和谐、尊重、均衡,这些价值理念在学生个人成长中产生了深远的影响,学生学会了尊重传统、珍视历史,并将这些观念融入自己的生活中,这将会成为塑造学生个人品格的重要组成部分。在互动中,让学生发现尊重传统文化不仅帮助我们建立更深层次的情感联系,还使我们学会包容,学会尊重不同文化的差异,欣赏多样性,丰富人生阅历。中华文化是我们民族的根基和灵魂。在当今社会,面临着文化多样性的冲击和全球化的挑战,我们更需要保护和传承中华文化。作为"中华文化小先生",肩负将中华文化传承下去的责任,深感文化传承不仅是对过去的尊重,更是对未来的负责,通过生动的故事、实际的案例,将中华文化的博大精深呈现给同学甚至更多人,在了解中华文化的同时也培养对文化的认同感,增强文化自信心。这是一种非常积极的心理影响,有助于建立学生对自身文化的自豪感和自信心,促使他们更好地面对未来的挑战。教育不仅传递知识,更培养人的全面素养。教育是一门艺术,需要不断调整方法和策略,以满足学生个体差异的需求。

其二,鼓励学生担任"乡土文化小先生",以不同视域激发学生对祖国大好河山的热爱之情。首先,成为"乡土文化小先生"能让学生重新审视乡村文化的丰富内涵。乡土文化是中国传统文化的重要组成部分,承载了丰富的历史、地域和人文信息。通过深入研究乡土文化,学生能更加全面地理解我国不同地区的文化差异和多样性。乡土文化蕴含着人们对土地、自然的独特感悟,反映了中华民族的智慧和勤劳精神。这种对乡土文化的重新认知,让学生对自己的文化有了更为深刻的自豪感,也让学生更加珍视乡村传统文化的珍贵财富。其次,作为"乡土文化小先生",学生有机会走进乡村,亲身体验和感受那片土地的独特魅力。在与村民的交往中,学生深刻领悟到乡村文化对于社会关系的积极影响。这种社会关系的密切让学生深感乡村文化的可贵之处,也启发学生对社会关系的新认知。成为"乡土文化小先生"也让学生对农村教育产生了深刻的关注,通过组织文化活动、开展乡村课堂,希望激发学生对乡土文化的兴趣,培养他们对自己文化的认同感。作为"乡土文化小先生",在传承和弘扬乡村文化方面应付出更大努力,保护和传承乡村文化。认识到人与自然的关系。乡土文化强调人与自然的和谐相处,反映了中国传统的生态智慧。此外,乡村是社会的基础单位,而作为"乡土文化小先生"在这个单位中的角色更显得重要,要积极关注乡村教育,传承和弘扬乡土文化,推动乡村社会的发展和进步,每个人都有责任为社会的繁荣和稳定做出自己的贡献,无论是在城市还是在乡村。

二、教师问卷分析

发放教师问卷 60 份(见附录 C),回收问卷 49 份,有效问卷 49 份。针对教师分发的问卷主要从基本情况、实施情况、参与原因与参与形式等四个角度展开调查。分析不同基本情况与实施情况的参与原因差异性,从而针对性提出解决方案。

(一)信效度分析

1. 信度检验

由表 5-30 可知,信度分析记录了问卷中量表信度检验结果,信度检验结果 Cronbach's α 在 0.9 以上,说明问卷中两量表均具有较好的信度。

表 5-30　教师卷可靠性检测结果

Cronbach's Alpha	项目
0.975	6

2. 效度检验

由表 5-31 可知,效度分析记录了问卷中两量表效度检验结果,KMO 在 0.8 以上,问卷中量表效度较好。

表 5-31　教师卷 KMO 和巴特利特检验

取样足够度的 Kaiser-Meyer-Olkin 度量		0.815
Bartlett 的球形度检验	近似卡方	474.751
	df	15
	Sig.	<0.001

人口统计学资料描述统计分析如表 5-32 所示,各类型教师均有涉及,其中初一的老师占到总被调查者的 15.2%,初二的占到 8.7%,初三的占到 11.6%。各种任教小学均有涉及,任职情况也均有涉及,其中普通老师占 55.10%,教学组长占 44.90%。

表 5-32　教师卷人口统计学资料描述统计分析

项目		频数	频率(%)
任教年级			
	初一	21	42.86
	初二	12	24.49
	初三	16	32.65
学校级别			
	区县级普通学校	15	30.61
	区县级重点学校	4	8.16
	地市级普通学校	9	18.37
	地市级重点学校	2	4.08
	省级普通学校	12	24.49
	省级重点学校	7	14.29
任职情况			
	老师	27	55.10
	教学组长	22	44.90

参与原因差异性对比结果如表5-33所示,在任教年级方面,任教初三的老师比初二、初一更加注重学生的全面成长,会因为能够锻炼学生表达能力、提升学生的自信、帮助巩固学习成果、提高学生课堂专注力、提高学生课堂参与度、贯彻上级课堂要求等原因选择使用"小先生"。在学校类别方面,省级重点学校、省级普通学校相较于地市级与县级学校得分更高一些,更容易因为以上提及的原因选择使用"小先生"。在学校任职方面,教学组长得分更高一些,教学组长教学经验丰富,更重视培养学生的表达、自信,通过"小先生"来巩固课堂成果。在实施情况方面,在平常课堂、公开课、预习课、精讲点拨课与复习课上使用"小先生"频率越高,越重视学生自主知识巩固、课堂效果与上面要求贯彻等,越容易因为上述原因选择使用"小先生"。

表5-33 参与原因差异性检验

项目	样本量	平均值	标准差	t/F值	P值
任教年级					
初一	21	12.29	3.989	58.129	<0.001
初二	12	17.42	2.61		
初三	16	25.13	3.649		
学校级别					
区县级普通学校	15	14.2	5.634	3.588	0.008
区县级重点学校	4	19	3.559		
地市级普通学校	9	15.56	4.503		
地市级重点学校	2	12.5	4.95		
省级普通学校	12	21.5	6.856		
省级重点学校	7	22.43	6.949		
学校任职情况					
老师	27	13.89	4.742	34.775	<0.001
教学组长	22	22.45	5.422		
在平常课堂中会使用"小先生制"					
从不	16	11.25	3.493	25.634	<0.001
偶尔	8	17.75	3.882		
经常	25	21.88	5.403		
在讲公开课中会使用"小先生制"					

续 表

项目	样本量	平均值	标准差	t/F 值	P 值
从不	19	13	3.771	12.556	<0.001
偶尔	8	18.75	3.536		
经常	22	21.45	6.933		
在预习课上会邀请同学分享预习方法或预习成果					
从不	17	13.53	5.821	11.899	<0.001
偶尔	10	15.8	3.882		
经常	22	21.86	5.776		
在精讲点拨课上会邀请同学分享学习方法或学习成果					
从不	22	13.18	4.171	32.2	<0.001
偶尔	7	15	3.83		
经常	20	23.7	4.692		
在复习课上会邀请同学分享复习方法或复习成果					
从不	22	13.82	4.148	18.361	<0.001
偶尔	7	15.14	6.309		
经常	20	22.95	5.443		

（二）教师应多元化选拔任用"小先生"

首先，建立明确选拔标准和评价体系。在确定"小先生"岗位的招聘标准时，要综合考虑其学科知识、沟通能力、团队协作精神、创新意识等多个方面的要素。为了确保选拔的公正性和客观性，评价体系需要有明确的标准和量化指标。这样一来，选拔过程就能更加科学、公正地评估每位申请者的能力和素质。注重面试和实际操作的结合。除了传统的面试环节外，更应该注重考查申请者的实际操作能力。对于"小先生"这一特殊职位，可以设计一些实际情境的模拟，要求申请者展现自己的团队协作、沟通表达、创新能力等。这样的实际操作考查能够更真实地反映申请者的实际能力，帮助选拔更适合的人选。其次，强调终身学习和专业发展。考虑到"小先生"在教育领域的独特性，对于教师选拔和任用，应强调其具备不断学习和进修的态度。教师通过平时与学生的谈心谈话过程，课堂表现，班级对学生的整体评价，"认真观察每位学生的课堂学习态度、发言情况、小组合作参与度以及回答问题时思维的逻辑性和严密性"等，发现符合担任"小先生"的人选，结合不同学生的优长，确定不同方向的"小先生"，把

"小先生制"细化,与每一个学生的专长相结合,鼓励发挥专长,培养多才多艺的"小先生"。教师能够积极主动地关注新的教育理念、教学方法,具备在不断变化的教育环境中适应和创新的能力,这需要在选拔和任用"小先生"中更加注重申请者的终身学习意识和专业发展计划。强化教育人才的跨学科素养,作为"小先生",不仅要有扎实的学科知识,还需要具备跨学科的素养。选拔和任用的过程中,可以考察申请者是否具备开阔的学科视野和跨学科协作的潜力,以确保其能够更好地适应和引领教育的发展。教师可以选拔对初中各学科兴趣浓厚、学科基础知识扎实、性格外向、善于表达交流的学生担任"课堂授课小先生",选拔学科知识掌握牢固、做题正确率高、善于归纳总结做题方法、乐于和同学交流的学生担任"习题讲解小先生"等。与此同时,加强选拔流程中的民主参与,教师选拔和任用"小先生"不应该是单方面的决策,而是应该充分考虑多方意见,可以通过面试、演示课等方式,提供多角度的评价和建议。这有助于确保选拔和任用的公正性和全面性,减少主观偏见。

(三)市、县级学校多维度培训指导"小先生"

制定详细的选拔标准,培养学生的领导力和组织管理能力,包括团队建设、沟通技巧等方面的培训,引导学生树立正确的人生观和价值观,培养积极向上的学习态度。针对学生的兴趣和特长,设置多样化的小先生工作岗位,如学术研究、文艺活动、体育赛事等,为小先生提供适应他们兴趣和能力发展的平台,激发他们的创造力和潜力。为小先生配备有经验的老师作为导师,提供个性化的指导和帮助,定期组织导师与小先生进行沟通,解决问题,促进学业和个人成长,组织小先生参加领导力培训、心理健康教育等课程,提高其综合素质,鼓励小先生深入学科领域,参与学术科研活动,提升专业水平。定期召开小先生座谈会,听取他们的意见和建议,形成学校管理的共识,鼓励小先生参与学校活动的策划与组织,培养他们对学校事务的责任感。鼓励家长积极参与小先生活动,促进学校和家庭的紧密联系。建立定期评估机制,对小先生的表现进行全面评估,发现问题及时调整和改进,根据学校的实际情况和发展需要,灵活调整小先生制度的相关规定,通过校内外的表彰活动,提高小先生的社会声誉,鼓励他们为学校和社会做出更多贡献。

(四)教师应多领域践行好"小先生"精神

敬业,即是责任心;乐业,即是趣味。能够长期坚持专心致志做某件事,并从中领略出趣味来,真的是人生的一大幸事,虽苦犹甘。处于乐业境界的人,职业作风是优良的,他们爱岗如爱家,爱岗如爱己,对职业纪律的遵守达到了从心所欲不逾矩的程度,自始至终以饱满的热情和激越的精神状态投入职业劳动,可以在他人毫无察觉的情况下呕心沥血,在本职岗位上不知疲倦地忘我工作。他们对自己本职工作的社会意义和自身的职业价值具有全面而深刻的见解,并在其灵魂深处有着切实的领悟与体察,发自内心的幸福感充满了其工作历程。其职业态度表现为对本职工作的挚爱和极端负责,把职业责任的承担和职业技能的进取视为自身人生价值的实现和生命质量的提高。中学语文教师作为教学活动的主导者,需要提高自身的责任心,增强奉献意识,有效推进"小先生制"的实施,保证"小先生制"的实施效果。"小先生制"在中学语文课教学中的运用,让学生担任"小先生"在教学中"代替"教师开展教学活动,在一定程度上减轻了教师的工作压力,但并不是说教师可以不管不顾,把课堂教学的任务完全交给学生,相反,教师需要在教学的全过程给予学生及时充分的指导,这显然对教师的责任心和奉献意识都提出了更高的要求。中学语文课教师需要教师严于律己,以身作则,在日常的教育教学工作中勤奋进取、敬业乐群,以积极进取的态度对待教学工作,热爱学生,热爱自己所教科目,为学生树立学习的榜样,做好"小先生"的选拔、任用、培训和管理工作。此外,教师有责任激发"小先生"的学科兴趣和创新思维。通过设计富有启发性的教学活动,鼓励"小先生"主动参与探究和实践,培养"小先生"的独立思考能力和解决问题的能力,让他们在学科学习中展现出"小先生"应有的领导才能。积极参与和组织课外活动是培养"小先生"全面素养的有效途径,鼓励"小先生"参加学校社团、文艺团队等组织,锻炼他们的团队协作精神和组织管理能力,倡导"小先生"要在实际操作中不断锤炼自己,发挥团队的优势。作为"小先生"的引导者,要重视个性化指导,关注每个"小先生"的发展需求,通过与学生建立良好的师生关系,努力成为他们的良师益友,鼓励他们面对挑战,树立积极的心态。心理健康教育是"小先生"培养中不可忽视的一环,注重引导学生建立正确的人生观和价值观,帮助他们更好地处理人际关系和情绪问题。培养"小先生"的创新能力和科技素养至关重要,积极探索与创新教育相结合的方法,通过项目制学习、科技竞赛等活动,引导"小先生"主动探索、实践,锻炼他们解决实际问题的能力,鼓励"小先生"跨学科思考,进行不同学科的整合,培养解决问题的综合素养。"小先生"要具备对社会的责任心和服务精神,积极组织"小先生"参与社会实践和服务学习活动,培养他们关爱他人的情操,更好地践行"小先生"的社会责任。

第四节 以新时代中学课堂教学案例为"小先生"的效仿对象

一、《孙权劝学》教案

学习任务:

1. 了解作者及相关文学常识,积累文言词汇、成语。
2. 通过朗读训练分析人物对话,把握人物的性格特征。
3. 认识开卷有益的道理,重视读书,养成读书的好习惯。

学习重点:

了解作者及相关文学常识,积累文言词汇、成语。

学习难点:

通过朗读训练分析人物对话,把握人物的性格特征。

认识开卷有益的道理,重视读书,养成读书的好习惯。

学习过程:

(一)导入新课

大家好,今天我们学习一篇新的文章——《孙权劝学》,同学们听说过"吴下阿蒙""刮目相待"这两个成语吗?你们可能有点陌生,其实这两个成语都与以下3位人物有关系,他们是孙权、吕蒙、鲁肃。孙权、吕蒙、鲁肃都是三国时期的风流人物。

下面我们就来看看这三个人物在历史上所处的地位及与他们位置相同的人物。

与孙权处于同一历史地位的人物是刘备、曹操。他们分别是吴、蜀、魏的君主或实际"掌门人",是三国时期的"三雄"。

与吕蒙处于同一历史地位的人物是蜀国的张飞、关羽等,他们都是三国时期杰出的军事将才。早期的吕蒙与张飞相似,都是勇猛有余而谋略不足。后期的吕蒙智勇双全,鲁肃死后,吕蒙曾掌管东吴军事,在此期间,曾设计收复荆州、连一代英豪关羽都成了他的手下败将。

与鲁肃处于同一历史地位的人物是诸葛亮、周瑜,他们都是三国时代的帅才。鲁肃以轻财好施、学识渊博著称,是吴蜀联盟的缔造者和维护者,是三足鼎立之势最终形成的缔造者之一,是一位拥有大智慧的忠厚之人。他曾与周瑜、诸葛亮联手火烧赤壁。

本文节选自北宋司马光的《资治通鉴》卷六十六(中华书局1956年版)。题目是编者加的。

文章发生在东汉末年。孙权手下大将周瑜和刘备在赤壁大胜曹操军队,不久周瑜病死江陵。鲁肃代替周瑜辅佐孙权,劝孙权将荆州借给刘备共拒曹操,刘备很快取得益州,形成了曹、刘、孙三方鼎峙的局面。

《孙权劝学》的故事就发生在此时。

(二)学习过程

师:大家都做了预习,那我来检测一下大家的预习效果,大家把语文书关上。我们以抢答的形式完成:

卿(qīng) 岂(qǐ) 涉猎(shè) 孰(shú) 更(geng) 遂(suì)

重点字词:当涂、辞、治经、博士、但、涉猎、见往事、就学、及、过、今者、才略、非复、更、遂

任务一:读课文,知大意

朗读课文,注意文章的停顿和节奏。

初,权/谓/吕蒙曰:"卿/今/当涂掌事,不可/不学!"蒙/辞以/军中多务。权曰:"孤/岂欲卿/治经/为博士邪!但当/涉猎,见/往事耳。卿言/多务,孰/若/孤?孤常读书,自以为/大有所益。"蒙/乃始就学。及/鲁肃过寻阳,与蒙/论议,大惊曰:"卿/今者才略,非复/吴下阿蒙!"蒙曰:"士别三日,即更/刮目相待,大兄/何/见事/之晚乎!"肃/遂拜蒙母,结友/而别。

初,权/谓/吕蒙曰:"卿/今/当涂掌事,不可/不学!"蒙/辞以/军中多务。权曰:"孤/岂欲卿/治经/为博士邪!但当/涉猎,见/往事耳。卿言/多务,孰/若/孤?孤常读书,自以为/大有所益。"蒙/乃始就学。

及/鲁肃过寻阳,与蒙/论议,大惊曰:"卿/今者才略,非复/吴下阿蒙!"蒙曰:"士别三日,即更/刮目相待,大兄/何/见事/之晚乎!"肃/遂拜蒙母,结友/而别。

(以时间为序,两段话分别呈现两个场景,见证了吕蒙的成长及劝学的成效。两个场景完美切换,自然流畅。)

初,权/谓/吕蒙曰:"卿/今/当涂掌事,不可/不学!"蒙/辞以/军中多务。权曰:"孤/岂欲卿/治经/为博士邪!但当/涉猎,见/往事耳。卿言/多务,孰/若/

孤？孤常读书,自以为/大有所益。"

　　蒙/乃始就学。

　　及/鲁肃过寻阳,与蒙/论议,大惊曰:"卿/今者才略,非复/吴下阿蒙!"蒙曰:"士别三日,即更/刮目相待,大兄/何/见事之晚乎!"肃/遂拜蒙母,结友/而别。

(行文清晰,详略得当,层层推进:孙权劝学——吕蒙就学——鲁肃赞学。围绕"学"字,写出了事件的起因、经过和结果。)

任务二:读句子,悟形象

本文注重通过对话来表现人物形象。朗读以下句子,品味言简意赅、生动传神的美感,把握人物性格特点。

孙权:

①"卿今当涂掌事,不可不学"写出怎样的语气？表现孙权怎样的心理？

用双重否定的形式写出坚决的语气,不容推辞,神态郑重严肃,表现了孙权对吕蒙要求严格,同时严厉中又流露出关心与期望,希望吕蒙能胜大任。

②"孤岂欲卿治经为博士邪！但当涉猎,见往事耳"写出怎样的语气？表达了孙权怎样的心情？

前一句"邪"表示反问的语气,可译为"吗"。强调并不是要吕蒙研究儒家经典,当专掌经学传授的学官,而是另有目的(以古鉴今)。这里有对吕蒙辞学的责备、恼怒之意;后一句中"耳"表限止语气,可译为"罢了"。这句说得语重心长,言辞恳切,足见对吕蒙的关心与爱护。

③"卿言多务,孰若孤？孤常读书,自以为大有所益",这样说有何作用？

"孰若孤？"反问句,否定吕蒙"辞以军中多务"的理由。后半句现身说法,从自己的切身体会教育吕蒙要读书。这番话表现出孙权善劝。他对吕蒙既有严格的要求,又有殷切的希望,既责备吕蒙的不争、无志,又透出关怀爱护之心,那种庄重而语重心长的神态昭然可见。

鲁肃:

①"卿今者才略,非复吴下阿蒙"表现了鲁肃当时怎样的神情和心理？说明了什么？

表现出鲁肃当时十分惊奇的神态,吕蒙的变化使鲁肃既吃惊,又情不自禁地发出赞叹。这句话从侧面反映了吕蒙因"学"而使才略有了令人难以置信的惊人的长进。

吕蒙:

①"士别三日,即更刮目相待"写出了什么?

这是吕蒙对鲁肃赞叹的巧妙接应,说明了人也在不断变化,不能拿老眼光看待人,要用发展的眼光看待人和事,也表现出吕蒙颇为自得的神态。

②"大兄何见事之晚乎"表现了什么?

这句话表现了吕蒙为自己的进步深感自豪,而并不是埋怨鲁肃。"乎"表示反问的语气,相当于"呢"。

吕蒙与鲁肃的对话有一种调侃的意味。显示了两人的真实性情和融洽的关系,表明在孙权劝说之下吕蒙"就学"的结果,从侧面表现了吕蒙的学有所成。

明确:本文注重以对话表现人物。对话言简意丰,生动传神,富于情味。仅寥寥数语,就使人感受到三位人物各自说话时的口吻、神态和心理。

孙权劝学,先一语破的,向吕蒙指出"学"的必要性,即因其"当涂掌事"的重要身份而"不可不学";继而现身说法,指出"学"的可能性,使吕蒙无可推辞,"乃始就学"。从孙权的话中,既可以看出他的善劝,又可以感到他对吕蒙的亲近、关心、期望,而又不失人主的身份。"卿今者才略,非复吴下阿蒙",是情不自禁的赞叹,可见鲁肃十分惊奇的神态,以他眼中吕蒙变化之大简直判若两人,表现吕蒙因"学"而使才略有了令人难以置信的惊人长进。需要指出的是,鲁肃不仅地位高于吕蒙,而且很有学识,由他说出这番话,更可表明吕蒙的长进确实非同一般。"士别三日,即更刮目相待,大兄何见事之晚乎",是吕蒙对鲁肃赞叹的巧妙接应。"三日"形容时间很短,"刮目"是擦拭眼睛,表十分惊奇、难以置信的样子。从吕蒙的答话中可见他颇为自得的神态,他以当之无愧的态度,表明自己才略长进之快之大。孙权的话是认真相劝,鲁肃、吕蒙的话则有调侃的意味,二者的情调是不同的。在本文中,写鲁肃、吕蒙对话,一唱一和,互相打趣,显示了两人的真实性情和融洽关系,表明在孙权劝说下吕蒙"就学"的结果,从侧面表现了吕蒙的学有所成,笔墨十分生动,这是全文最精彩之处。

文章以"肃遂拜蒙母,结友而别"结尾。鲁肃之所以主动与吕蒙"结友",是因为鲁肃为吕蒙的才略所折服而愿与之深交,表明鲁肃敬才、爱才,二人志趣相投。这最后的一笔,是鲁肃"与蒙论议"的余韵,进一步从侧面表现了吕蒙才略的惊人长进。

任务三:谈启示,明哲理

师:听了你们声情并茂的背诵,我们从鲁肃、孙权、吕蒙三个人物身上可以得到哪些启示呢?

鲁肃:1.交友要交不断进步的人,要敬才、爱才。2.不能用老眼光看人,要以发展的眼光看待人和事物。

孙权：规劝别人要从关爱对方出发，要讲究方法策略。

吕蒙：1.学习没有早晚之分，只要认真学习，终有所成。2.要虚心听取别人正确的意见。3.不能因繁忙就放弃学习，只要用心，总有办法。

师：你们都从不同的角度，说出了自己的感悟，真心期待你们能够学以致用。

拓展延伸：

孙权劝诫吕蒙读书学习，不求其"为博士"，而意在"见往事"。为什么会有这样的学习要求？

孙权的建议与当时的现实密切相关。三国时期，天下纷争，社会正处于剧烈变动之中，从历史中总结得失成败的经验教训成了当务之急。孙权劝吕蒙"涉猎""见往事"，是因为"以史为鉴，可以知兴替"，从历史中学习经验，以应对现实复杂的政治和军事形势。

拓展延伸：

毛泽东自称曾十七次批注过《资治通鉴》，并评价说："一十七遍。每读都获益匪浅。……中国有两部大书，一曰《史记》，一曰《资治通鉴》，都是有才气的人，在政治上不得志的境遇中编写的。"

你认为司马光退居编纂《资治通鉴》的目的是什么？联系孙权劝学的具体内容，你有什么样的体悟和思考？

司马光在新党当政、不受重用的情况下，将自己的政治理想寄托于《资治通鉴》，是和孙权劝勉吕蒙一样，希望皇帝能从历史中学习经验以应对现实。

愿这篇短小精悍的美文、这些深深浅浅的文字能深深地走进你的心里，刻在你的记忆深处，做一个善于学习的人！下面这段话，我们共勉。

(齐读)愿我们都能

在深深浅浅的文字中寻找知识的光辉；

在漠漠荒寒中寻找智慧的踪迹；

在兴致勃勃中给心灵涂一抹亮丽的春色！

师：看到你们都陷入了深深的思考中，我很感动。学而时习之，一定会学有所成的。最后，再给大家一个挑战记忆力的机会，温习一下我们的基础字词。(课件展示重点字词的再次检测)

（三）检测评价

1.《资治通鉴》由北宋司马光主持编纂的一部编年体通史,记载了从战国到五代共 1362 年间的史事。编写结构上以年月为经、史实为纬,依年代顺序贯通叙述史实,用追叙和终言总结的手法说明史实的前因后果,使人得到系统而明晰的印象。宋神宗以其"鉴于往事,有资于治道",命名为《资治通鉴》,即为统治阶级提供政治借鉴。因此本书内容以政治、军事为主,长于描写战争。

2. 司马光(1019—1086),字君实,北宋政治家、史学家,谥号文正。主要作品有《司马文正公集》《稽古录》等。王安石实行新政时,司马光曾竭力反对,强调祖宗之法不可变。"王安石变法"时期,司马光离开朝廷十五年,主持编纂中国历史上第一部编年体通史《资治通鉴》。

孤/岂欲卿/治经/为博士邪!

但当/涉猎,见/往事耳。

卿言/多务,孰/若/孤?

卿/今者才略,非复/吴下阿蒙!

当涂、辞、治经、博士、但、涉猎、见往事、就学、及、过、今者、才略、非复、更、遂

写成语:居住在偏远之地吴下的吕蒙,比喻学识尚浅;比喻用新的眼光来看待人和事。

（四）课堂小结

知识改变命运,态度决定成败。学无止境,开卷有益。只要勤奋学习,定能成功。希望同学们培养良好的语文学习习惯,多读书,读好书。

（五）板书设计

孙权劝学

孙权　　劝　　吕蒙　　赞　　鲁肃

关爱部下　　能听取意见　　爱才

循循善诱　　虚心好学　　　敬才

（开卷有益）

197

(六) 教学反思

其一,可取之处。首先,充分考虑到文言文教学的特点,通过反复地读加强了对学生的朗读训练。其次,让学生熟悉课文内容把握人物形象。在处理课文的翻译和词语的理解这一环节上,采取了小组合作的方式。让学生结合书中注释并和同学讨论研究,基本能够理解字词和疏通义理,从而提高了学生对文言文的分析与理解能力。

其二,不足之处。首先,学生讨论的时间不够,有些问题挖掘不深,结论下得过早。其次,要求在课堂上完成的书本知识练习应该改为课前预习,否则整个教学节奏太快,学生没有足够的时间思考。

(教案由平陆县直初中　昝老师、侯老师提供)

二、《范进中举》教案

教学目标:

1. 理解分析范进和胡屠户的形象(前后对比)。
2. 认识封建科举制度对知识分子的严重毒害。
3. 学习鲜明的对比手法和高度的讽刺艺术。
4. 认识封建社会科举制度对知识分子的毒害,批判封建社会趋炎附势的世风。

教学重难点:

1. 范进、胡屠户的形象对比(重点)。
2. 认识封建科举制度对知识分子的严重毒害。

教学时数:

两课时

教学过程:

第一课时

(一) 导入新课

介绍作者吴敬梓及《儒林外史》

1. 吴敬梓(1701—1754)字敏轩,又字文木,安徽全椒人,清代小说家。

2.《儒林外史》是我国第一部章回体长篇讽刺小说,计五十五回,课文节选第三回的后半回,原题是"周学通校士拔真才,胡屠户行凶闹捷报"。

"儒林"指读书人这一阶层。《儒林外史》全书正是以封建知识分子为主要对象,描写他们的生活和精神状态。书中人物,大都有当时真人真事为影,全书故事没有一个主干,但有一个贯穿其中的中心,即反对封建科举、封建礼教,讽刺因热衷功名而造成的极端虚伪的社会风气。作品塑造了许多典型人物,如周进、范进、马二先生、严监生等。在中国文学史上,尤其是讽刺小说中,这本书获得很高评价。小说虽以明朝为背景,反映的却是清朝的社会现实。

3. 明清科举制度简介

童试—秀才(生员、相公、进学)

正式的科举考试分三级,即乡试、会试、殿试。他们的第一名分别叫解元、会元、状元。

(二)整体感知

在阅读课文的基础上感知以下问题。

1. 围绕"中举"这一中心事件,按时间顺序,小说可分成哪两个部分?

中举前、中举后

2. 说说中举前、中举后各写了哪些事?用四字短语概括。

屠户贺喜、范进借钱、范进发疯、屠户治疯、乡绅拜访

3. 读这篇小说中,你觉得哪个人物最可笑又可厌?

胡屠户

4. 胡屠户可笑在哪里?找出课文句子来回答,并归类。

对范进的称呼:"现世宝"——"贤婿老爷"。

对范进外貌的描述:"尖嘴猴腮"——"才学又高,品貌又好"。

贺礼:"一副大肠和一瓶酒"——"七八斤肉,四五千钱。"

动作:"腆着肚子去了""一口啐在脸上,骂了一个狗血喷头"——"连斟两碗酒喝了,壮一壮胆""那手早颤起来""千恩万谢,低着头,笑眯眯地去了"。

对女儿婚姻的态度:"倒运""累了我多少""可怜可怜"——"女儿像有些福气"

5. 胡屠户的表现可用四个字概括,哪四个字?

前倨后恭。

6. 小说用了什么表现手法?表现出胡屠户怎样的性格?

通过对比,表现出胡屠户欺贫爱富、嗜钱如命、趋炎附势、贪财虚伪的市侩性格。

7. 乡邻们的变化说明了他们是一群什么样的人?表现了什么样的社会风气?

嫌贫攀富、冷漠势利，整个社会都弥漫着冷漠炎凉的气息。

8. 张乡绅是个怎么样的人？他这么做的目的是什么？

道貌岸然、老奸巨猾。他和范进称兄道弟，为的是攀附范进宗师周学道和杨知县，来巩固和扩大自己的权势，好为将来仕途发展作铺垫。

9. 张乡绅对待范进态度的变化反映了什么？

反映了当时官场结党营私、官官勾结、相互舞弊的事实。

(三) 课堂小结

从小说中三类人的变化，反映出当时人们对有钱有势的人极力巴结奉承，对无钱无势的人冷漠无情。表现出了科举制度下的世态炎凉，这正是范进所生活的社会环境，那么，范进是一个怎样的人呢？同学们自己先自读分析。

(四) 布置作业

1. 自读分析范进的形象。

2. 体会小说用了哪些手法。

第二课时

教学目标：

1. 分析人物形象，了解小说刻画人物的方法。

2. 把握小说主题，认识封建科举制度的罪恶。

教学方法：合作探究

教学过程：

(一) 复习巩固

(二) 走进人物

1. 跳读课文，画出描写范进的有关内容，说说范进是一个怎样的人？

预设：自私虚伪、热衷功名利禄、趋炎附势、麻木虚伪、唯唯诺诺、软弱卑贱、迂腐无能、世故圆滑、逆来顺受、低三下四，痴迷科举梦寐以求跻身于统治阶级行列。家中断粮，仍要去参加乡试，置老母和妻子挨饿于不顾，可见他急切地艳羡功名富贵。

2. 范进为什么会发疯？这说明了什么问题？

这是喜极而疯。范进中了举，几十年来的贫苦屈辱一旦改变就惊喜得发疯了。

说明他的灵魂受封建科举制度毒害之深。

从中举之后看，范进已开始成为封建社会的新贵，他得到了他想要的功名富贵，但他也马上表现出虚伪、圆滑世故的性格，对胡屠户态度变化，与张静斋称兄道弟，这就表现他已被科举制度所腐蚀、所同化,同流合污。

3. 范进中举,喜极而疯,那么中举到底是喜剧还是悲剧?

范进中举,从一个人的命运看,是于他有利,改变了他的命运,但是透过范进看当时的读书人,悲剧普遍存在,如果不能中举或中举后变成疯子、傻子,就是一场真正的悲剧,表面看来是喜剧,本质看来是悲剧,从个人来看,把一生浪费在科举考场中,是范进的人生悲剧,把知识分子束缚在科举制度框架内,扼杀他们独立的人格和自由的灵魂,是国家民族的悲剧,

4. 文中多处引人发笑,为什么会有这样的效果?用了什么艺术手法?

讽刺。本文最大的特色在于它的讽刺艺术。讽刺有多种表现形式:如对比、夸张、反语以及直接写实等。本文主要用了对比、夸张和细节描写直接写实三种。

(1) 对比:上节课分析的围绕着范进中举前后在贫富、哀乐、荣辱等方面的巨大变化,在人物关系上是"冷"和"热"的鲜明对比,以及范进本人从唯唯诺诺到圆滑世故的变化。

(2) 夸张:范进喜极而疯,胡屠户一巴掌居然能治疯。

(3) 细节描写直接写实:白描式的细节描写,如"屠户见女婿衣裳后襟滚皱了许多,一路低着头替他扯了十几回。""把银子攥在手里紧紧地把拳头舒了过来。"前后矛盾的细节描写,如范进中举前,胡屠户离开范进家"屠户横披了衣服,腆着肚子去了";范进中举后,胡屠户离开范进家"说了一会,千恩万谢,低着头,笑眯眯地去了。"夸张性的细节描写,屠户打了一巴掌后,手掌弯不过来。范进的细节描写,卖鸡时和发疯时的表现,让我们认识到封建科举制度下文人的迂腐、病态和畸形的心理。

(三) 体会小说主旨

小说以范进中举为中心事件,对范进中举前后的境遇进行了对比刻画,形象生动地刻画了他周围的人,尤其是对范进的老丈人胡屠户,在范进"中举前"和范进"中举后"的不同表现,反映了当时中国人的世态和人心,揭露了封建社会科举制度对读书人的毒害。

(四) 练笔提升

假如中举的不是范进,而是邻村一个同名同姓之人,他(们)会……(范进,胡屠户,邻居们,张乡绅,任选一个人物,进行续写,大胆运用对比,夸张和讽刺的写作手法,不少于150个字。)

(五）推荐阅读

课下坚持阅读《儒林外史》。

（教案由平陆县直初中　昝老师、侯老师提供）

第五节　以新时代教师课堂指导为"小先生制"的切入锚点

学生是"小先生制"教学模式的主体，学生的知识积累程度和能力状况是"小先生制"教学模式在中学语文课教学中发挥作用的关键，提高学生的综合素质是保证"小先生制"教学模式实施效果的前提。"小先生制"教学模式的运用贯穿课程教学的课前、课中和课后三个环节，教师需要牢牢把握这三个教学环节，从不同教学环节给予学生充分指导，提升"小先生"参与教学的能力。

一、课前助力"小先生"备课

教师需要与"小先生"提前去检查上课教室设备是否正常，让"小先生"自省检查并操作教学设备，如果遇到困难，教师再给予帮助，这样让"小先生"更能记忆犹新。教师可以指引"小先生"简单地翻看自己的课件，并简短回顾所讲内容，对应书本知识点，做最后的查缺补漏，如果发现不足，可以鼓励"小先生"自发尝试完成补充，讲出补充道理，这在一定程度上能充分锻炼"小先生"的应变能力。与此同时，"教师课前及时指导'小先生'充分备课也是确保'小先生制'教学模式在中学语文课教学中有效实施的关键"，教师的指导作用仍然不可替代。中学语文课尤其要注重学生情感态度价值观的培养和塑造，凸显政治性。如"小先生"在收集整理《行路难》时，教师要引导"小先生"读懂诗意，读懂情感，读懂抑扬。引导"小先生"明白：火只能把铁炼成钢，却无法把铁烧成灰烬，当我们遇到"欲渡黄河冰塞川，将登太行雪满山"的窘境时，应该有李白这种勇气和信心。中学政治课更要注重学生情感态度价值观的培养和塑造，凸显思想政治性。如"小先生"在收集整理《延续文化血脉》时，教师要引导"小先生"搜集具有爱国情怀、奋进品格、高尚情操、伦理规范、处世准则相关的材料，将搜集的材料结合教学实际出示材料，进行探究与分享，要体现出美德的力量在于践行，推进社会公德、职业道德、家庭美德、个人品德建设，责无旁贷。在教学环节设计方面，教师要指导"小先生"设计完整的教学过程，各个教学环节互相关联，组成一个有机整体，教师可以引导"小先生"

把"中国特色社会主义文化"与"中华优秀传统文化""革命文化""社会主义先进文化""中国特色社会主义伟大实践"等内容互相关联。

二、课堂引导"小先生"授课

课堂引导"小先生"授课是一种既能够培养学生全面素养,又能够促进教育教学创新的有效手段。通过实践,学生能够在课堂中更为积极地参与学习,教师也能够更灵活地运用不同的教学方法,共同推动学校教育的进步。课堂是教学的主阵地,也是"小先生"展示自己自学成果,带领同学完成课程内容学习的舞台。在中学语文课堂教学中,担任"小先生"的学生由于缺乏相关教学经验,难免在课堂教学中出现一些备课中没有预料到的问题,当这些问题出现时,教师需要及时提供帮助,帮助"小先生"妥善处理突发状况,保证课堂教学的顺利开展[①]。

教师要鼓励"小先生"从简单问题入手,如讲解《延续文化血脉》这一课,可以先让同学自主学习一段时间后,再进行互动。

小先生出示本节课的问题,学生自主学习。

问:是谁怎样创造出了我们的传统文化?

答:各族人民共同互助,相互学习,共同创造。

问:我国是文化遗产大国,你知道我国的非遗有哪些?

答:昆曲(08);书法(09);剪纸(09)等。

问:我国的传统文化具体包括哪些(出示图片)?

答:文字、典籍、科技工艺、文学艺术等。

当课堂中学生提出的问题"小先生"不能给予准确回答时,教师需要根据问题的难易程度做出相应的回应。如果学生的问题比较复杂,教师则需要告知学生,课下再对该问题进行具体讲解,确保课堂教学任务按时完成。如"小先生"讲到"文化自信"时,学生提出疑问:"什么是文化自信?"面对这个问题"小先生"由于相关知识的缺乏,不能给同学进行解答,课堂教学陷入了停顿的状态。这时教师需要帮助"小先生"向学生清晰讲述"文化自信"的关键内容:其一,文化自信是一个民族发展最基本、最深沉、最博大的力量。其二,没有高度文化自信,就没有中华民族伟大复兴。其三,坚定文化自信事关国运兴衰,文化安全,民族精神的传承发展。

[①] 陈海洲."'小先生'合作学习"的探索和思考[J].教育艺术,2014(12):55.

与此同时,通过采用多样的教学方法,包括小组讨论、实验、角色扮演等,以吸引不同学生的注意力,切勿过于依赖一种教学方式,适时转换教学方法,保持课堂新鲜感。定期进行互动和提问,鼓励学生积极参与讨论,这有助于激发学生思考,并增加他们的参与感。制定富有趣味性的教学计划,引入有趣的教学内容,激发学生的好奇心和兴趣。利用多媒体、实物展示、案例分析等方式,增加课堂内容的生动性。采用开放性问题,鼓励学生发表个人见解,促使他们深入思考。在课堂开始时明确教学目标,让学生知道他们将学到什么,以增加学习的动机。制定明确的课程计划,避免课堂内容过于冗长或难以理解。定期进行活动交替,避免长时间的讲授。通过交替不同形式的活动,可以吸引学生的兴趣,提高他们的专注度,在适当的时候设置小休息,让学生能够放松一下,调整注意力。利用技术工具如投影仪、教学软件等,增加课堂的视觉和听觉刺激,提高学生对课堂内容的兴趣。利用在线平台进行互动性学习,激发学生在线参与的积极性。

三、课后促成"小先生"反思

课后反思是教师对课堂教学的自我总结和自我提高,及时深入的课后反思对改进教师课堂教学策略和提高教师课堂教学效果具有重要意义。学生和教师对"小先生"课堂教学的反馈是"小先生"不断汲取经验吸取教训,锻炼和提高自己综合能力的重要依据。中学语文课"小先生制"教学模式的课后反馈,除了要反思教学过程中"小先生"知识能力的提升,更重要的是要反思教学过程中"小先生"情感态度价值观的培养和形成。首先要反馈"小先生"的授课态度,"小先生"从学生到老师的角色转变对自身来说是一种挑战,而要想将自己承担的教学内容讲清楚讲明白,就需要投入时间和精力去完成。"小先生"的授课态度直接影响了课堂教学效果,精神饱满、热情大方的"小先生"能够吸引学生的学习兴趣。"小先生"在备课授课过程中难免会遇到各种困难和挑战,面对困难和挑战,但依然能够自信大方完成教学任务,这就锻炼和提高了"小先生"的问题解决能力,也培养了"小先生"不怕困难、迎难而上的进取精神。其次,要反馈"小先生"教学材料的使用效果,由于中学语文课具有鲜明的政治性和时代性,教学材料的选择必须坚持正确的立场,引导学生用马克思主义的观点看待问题,在学习知识的同时,树立正确的"三观";教学材料的选择必须与时俱进,挖掘时政新闻中蕴含的教学元素,增强中学语文课的时代性。最后,要反馈学生参与课堂的积极性。高效的思想政治课堂教学一定是"教"与"学"双向积极互动的教学活动。学生是否积极参与课堂教学很大程度上取决于教师所讲内容是否能够引发学生共鸣,是否符合学生的认知特点。"小先生"只有从学生的实际出发,才能把握学生内心的真实想法,在授课过程中激发学生参与课堂教学的主动性。通过课后反馈,"小先生"知道了自己的不足,明确了今后继续努力的方向,在担任"小先生"的过程中收获知识、培养能力,不断成长。

第六节 以新时代创新实践为"小先生制"的发展走向

2022年1月教育部印发《普通高中学校办学质量评价指南》,在课程教学方面,要求优化教学方式、加强学生发展指导,要求各校要结合实际优化评价方式方法,不断提高评价工作的科学性、针对性和有效性。"小先生制"教学模式在中学课程教学中的运用效果也需要通过科学有效的评价制度来体现,建立多元评价制度和激励性评价机制有助于发挥教学评价的引导、诊断、改进和激励功能,不断提高"小先生制"教学模式在中学语文课教学中的运用效果,提升课堂教学质量。

一、会教,爱学,能评

首先,会教。学科专业知识的深耕,首先需要教育者对自己的学科专业知识有深入的理解和熟练的掌握。只有在学科知识上具备扎实的底蕴,教育者才能够更好地引导学生,解答学生的问题,使得教学更有深度和广度。还包括对于教育方法的灵活运用。在"小先生制"中,教育者不仅要有传统的教学技能,还需要不断尝试和创新教学方法,以满足学生多样化的学习需求。灵活运用多种教学手段,如课堂互动、实践活动、项目制学习等,能够激发学生的学习兴趣,提高教学的效果。"小先生制"要求教育者具备跨学科的素养,会教,包括对于跨学科综合能力的培养。这需要教育者具备对不同学科的理解和整合能力,能够在多学科的交叉点上进行有机的教学设计,使学科之间形成有机的联系,帮助学生更好地理解知识体系。对学科的热爱意味着教育者要对所教的学科充满热爱,并且要把这种热爱传递给学生。在"小先生制"中,教育者通过分享学科背后的故事、学科的应用场景等,激发学生对学科的兴趣,使得学生在学习中能够更有激情和动力,包括培养学生独立思考的能力。教育者在"小先生制"中要激发学生对于问题的好奇心,引导他们主动去探索、去思考。其次,爱学。通过给予学生更多的自主权,培养他们主动学习的习惯,使得学生能够在学习中真正体验到爱学的快乐。在"小先生制"中,爱学还需要建立良好的师生关系。教育者要关心学生的成长,倾听他们的需求和困惑,通过与学生的交流建立起相互尊重、信任和理解的师生关系,使得学生在爱学的氛围中更容易发挥出潜力。爱学表现在鼓励学生发表自己的观点,在"小先生制"中,教育者可以通过讨论课、小组讨论等方式,引导学生表达自己的看法,激发他们对于学科的独立思考和创新能力。最后,在"小先生制"中,教育者要明确学生应该达到的知识、能力和素养,并建立相应的评估体系。这有助于教育者更准确地评价学生的学业水平,为学生提供明确的学业方向,包括采用多元化的评估方式。在"小先生制"中,教育者可以结合考试、项目评估、作业评价等多种方式,全面了解学生的学业表现。通过多元化的评估方式,能够更全面、客观地了解学生的学习状况。在"小先生制"中,能评需要建立及时的反馈机制。教育者要定期与学生进行沟通,及时了解学生的学习进展,发现问题并提供指导。及时的反馈可以帮助学生更好地理解自己的优势和不足,及时调整学习策略,需要教育者对学生的学业规划进行指导。在"小先生制"中,教育者要帮助学生制定个性化的学业规划,明确未来的学习目标和发展方向。这有助于学生更好地认识自己,为将来的发展做好准备。

二、以教促学,以评促学

首先,"小先生制"中,以教促学的关键在于创设启发性的学习场景。教育者要通过丰富多彩的教学设计,激发学生的好奇心和求知欲。例如,可以通过实践活动、案例分析、参观考察等方式,使学科知识与实际应用相结合,从而激发学生主动学习的动机。以教促学还包括引导学生主动探究,教育者应该不仅仅是知识的传递者,更是学习过程中的引导者,通过提出问题、激发讨论、启发思考等方式,激发学生自主学习的欲望,培养他们主动获取知识的习惯。"小先生制"中,教育者可以通过结合实际案例进行讲解,使抽象的知识更具体、更容易被理解。通过真实的案例,学生能够更好地理解学科知识的实际运用,从而提高学习的主动性和深度。以教促学还可以通过运用先进的教育技术手段,如虚拟实验、在线学习平台等,提供更丰富的学习资源和工具。这不仅使学生能够更灵活地获取知识,也为他们提供了更多的自主学习的机会。其次,以评促学的前提是设定明确的学习目标。教育者应该与学生共同制定具体、可量化的学习目标,使学生清楚知道自己的学习方向。明确的学习目标有助于激发学生的学习动力,使其更有目的性地参与学习过程。在"小先生制"中,以评促学需要采用多元化的评估方式。除了传统的考试评估,还可以结合项目评估、课堂参与度评估、学科能力综合评估等多种方式,全面了解学生的学业表现。这有助于更准确地了解学生的实际水平,为他们提供个性化的学习支持。以评促学的核心在于提供及时有效的反馈。教育者应该定期与学生进行交流,及时了解他们的学习进展,发现问题并提供具体的指导和建议,及时的反馈可以帮助学生及早发现和纠正错误,激发他们对学习的积极性。"小先生制"中,以评促学还可以通过鼓励自我评价和同伴评价的方式,促使学生更深度地参与到学习过程中。通过学生对自己学习的总结和同伴的互相评价,不仅可以促使他们更深刻地理解知识,还能够培养他们的批判性思维和团队协作能力。最后,教评结合,形成闭环机制。在"小先生制"中,教评结合要求教育者不断对自己的教学实践进行反思。通过观察学生的学习效果、听取学生的反馈、分析评估数据等方式,教育者能够发现教学中的不足之处,并及时调整教学策略,提高教学效果。教评结合还可以通过引导学生参与教学改进,形成更为完善的闭环机制。教育者可以组织学生参与教学设计、提供意见和建议,使学生在实际参与中更好地理解和掌握知识。这不仅促进了学生对知识的深度理解,同时也激发了他们的学习热情。

三、互教互学,互评互译

在"小先生制"中,互教互学可以通过学生之间的专业知识分享来实现。每位学生都有自己擅长的领域,通过轮流担任"小先生"的方式,可以让学生将自己的专业知识分享给同学。这不仅拓展了学科知识的广度,还激发了学生对不同领域的兴趣。互教互学也包括同伴辅导和合作学习。学生之间可以组成学习小组,通过相互讨论、解答疑惑,共同完成学习任务。这有助于培养学生的团队协作能力,促使他们在合作中学到更多、学得更深。在"小先生制"中,可以设计学术研究项目,让学生组成研究小组,共同参与项目的规划、实施和总结。鼓励学生制定个人学科学习计划,通过分享学习心得、学习方法等,让同学之间相互启发、交流,提高大家的学习效率和学科素养。这样的做法既能够使学生在互相学习的过程中形成自己的学科学习风格,也能够借鉴他人的经验,互相促进。鼓励学生进行口头报告,并进行同伴互评。学生可以通过听取同学的意见和建议,改进自己的表达方式,提高口头表达能力。这种互评的方式不仅促使学生更加注重表达的清晰度和逻辑性,同时也培养了学生的批判性思维和评价能力。学生通过与同学之间的互动,不仅能够获取更多知识,还能够培养团队协作、交流表达等软技能。通过互评互译的方式,学生能够更深入地理解和掌握学科知识,同时培养了批判性思维和跨文化沟通的能力。对于教育者而言,需要注重设计合适的任务和环境,激发学生的积极性和创造力。在互评过程中,教育者要引导学生提供具体、有建设性的意见,使互评过程更有价值。同时,教育者也需要在互教互学和互评互译中发挥引导和监督的作用,确保学生在合作过程中真正取得学科知识的深层次理解。在实施过程中,互教互学和互评互译的策略能够促进学生的全面发展。通过与同学的合作,学生更容易产生学科兴趣,形成团队协作的良好氛围。学生在互评互译的过程中,更加注重学科知识的内化和理解,而不仅仅是机械地完成作业。

第七节 以多元目标融通为"小先生制"的创新实践动力

"小先生制"最基本的动力来源于教育者对伦理责任的认同和履行。教育是一项神圣的事业,参与"小先生制"实践的小先生将自身置于一种伦理关怀的角色中,不仅是知识的传递者,更是学生品德、道德的引导者。

一、以伦理责任与价值观引领为动力

一方面,伦理责任的履行促使小先生在实践中注重塑造公德、私德,追求教育的内在价值。陶行知在《怎样做小先生》一文中开篇指出为什么要做小先生,"为什么要做小先生?做小先生有什么意义?这是每一个小学生或识字小孩都应该问的问题。我们为什么得了知识就应该传给别人?"[1]这里已经需要小先生们知道"即知即传"的神圣感。"我要问你:你怎么可以进学校?因为有你的父母为你出学费,并且给你饭吃。你的父母都识字吗?他们都得了你所得到的知识吗?如果他们没有接受现代教育的机会,你也应该尽你的责任分点给他们吗?有些学生受了父母的栽培,连一封信也不写回去。等到放假回家,不是嫌父母无知便是嫌家里不卫生。他从不耐烦把他所得的知识去向父母说明。假使你有几个兄弟姊妹,你可知道为什么只有你一个人上学?钱不够。你的兄弟姊妹就不想长进吗?你既进了学校,若不引导他们共同长进,你觉得心安吗?再进一步说:你的学堂是谁办的?假如说是政府办的,政府的钱又从哪里来的呢?不消说得,关税啊,盐税啊,田税啊,……出口货的关税是每一个生产者都出了钱。进口货的关税是每一个消费者都出了钱。盐是人人都要吃,即是人人都出了钱。田税是地主从地租中划出一部分所纳,地租是出于每一个农人之劳动力。现在开办学校之钱是人人所出,而教育只有很少数的人享受。多数的人只是'出钱给人读死书,自

---

[1] 华中师范学院教育科学研究所主编.陶行知全集(第二卷)[M].长沙:湖南教育出版社,1984:894.

己一个大字也不识'。劳苦大众既然出了钱使你上学的学堂可以开办成功,你就应当负起责任,把你所学得的知识提取精华,教给劳苦大众和他们的小孩。这是每一个小先生所要明白的根本意义。死读书而不肯教人的学生,显然是一个忘恩负义的守知奴。"[1]另一方面,价值观引领。"小先生制"创新实践的动力表现在对于价值观引领的追求。"小先生"不仅要传授学科知识,更要引导大众树立正确的价值观。其中包括对社会责任、民族精神等方面的引导。价值观引领的动力使得"小先生"制度在培养学生综合素养的同时,注重塑造学生的价值观念。

二、以奉献精神与全面发展为动力

一方面,参与"小先生制"实践的动力来自对社会的奉献精神。教育者通过这一实践,将个体的发展与社会的需求相结合,注重为社会培养有担当、有责任感的新一代人才。这种社会奉献的精神是"小先生制"实践得以持续的重要动力,使教育者在工作中更有动力、更有使命感。"做小先生,要有恒心,虎头蛇尾是没有出息。'即知即传'是一个终身的工作。你不能把你的学生教了几天或几个月就把他丢掉。比如,你在小学里求学的时候找到了两位学生:一位是你的妈妈,另一位是邻居的守牛小孩。天天把小学里学得的重要知识传给他们,他们就好像是和你一起进了小学。你虽然每天只能教他们半小时,但继续学了四年、六年,他们对于文字方面,最少是能看信了,等到你进了中学,你就可以用通信的方法,把你在中学里所学的知识,随时提取精华教给他们。寒假、暑假回家,你还可以当面教导他们。他们对于不懂的事情,也可以随时写信问你。这样,他们就好比是进了中学。当你进了大学,如果继续的和他们通信。那么,他们也就可以算是进了大学,只要你不会忘记他们,他们是和你一同长进。这种终身共同长进的关系,是人类的一种宝贵的关系。在这种宝贵的关系里,我们可以看出小先生应该努力的方针。给人一点儿知识之后就把他丢掉,是一种轻薄的行为。五分钟热心是可耻的。你要钉住你的学生,也让你的学生钉住你。"[2]另一方面,全面发展。"小先生制"创新实践的动力源于对学生全面发展的追求。这一制度不仅仅关注学科知识的传授,更注重学生的综合素养、创新能力、团队协作等方面的培养。教育者通过"小先生"这一角色,将自身的力量投入学生个体发展的每一个方面,追求学生在品德、智力、体魄等各个方面的全面提升。"小先生团结了起来,便可以攻进'愚蠢'的王国,解

---

[1] 华中师范学院教育科学研究所主编.陶行知全集(第二卷)[M].长沙:湖南教育出版社,1984:894—895.
[2] 华中师范学院教育科学研究所主编.陶行知全集(第二卷)[M].长沙:湖南教育出版社,1984:908—909.

除'迷信'的武装,发出'真理'的光辉。但是跑进一个人地生疏的村庄里去干普及教育工作,也不是一桩容易的事。你们虽然说得天花乱坠,若是人家不睬你们这些素不相识的小孩,你们也要觉得没趣吧?你们不可以仗着'团的力量'蛮干。小先生团必得有新武器才能百战百胜,你们若是跑到一个陌生的地方去工作,下面所提的几件东西可以带去试一试:(一)手提留声机一架与几张民众爱听的唱片;(二)小药库一个与几种民众急需的药品;(三)图画书数十册;(四)小皮球几个。这些东西可以说是普及教育的'四大法宝'。拿着这四大法宝,小先生团如果认真地干,那么,每到一个地方,必是势如破竹。倘使小先生团里有人会唱歌、会讲故事,留声机就可以不带。如果把这四大法宝运用得好,只需两三天,你们在当地就可以得着许许多多朋友。进一步,再教他们自己组织起来,依着即知即传人的道理教导自己。你们还要运用访问、通信、总集合、巡回辅导、流通图书、互相参观等等方式与他们发生不断的关系。这样一来,小先生团就可以一变二、二变四、四变八的繁殖出去,对于普及教育,自有很大的贡献。"①

三、以教育公平与师德师风建设为动力

一方面,"小先生制"实践的动力来自对教育公平的实现的渴望。通过这一制度,教育者可以更加关注学生个体的差异,关注每个学生的特长和需求。这有助于弥补传统教育模式中因个体差异而带来的不公平,为每个学生提供更为平等的教育机会。"用小先生普及教育,还有四点比大先生好的地方:第一,中国最难普及的是女子教育。乡下十七八岁大姑娘,或是二十几岁的大嫂子,一位年轻的男先生去教,乡下人是看不惯,不欢迎你去教的。即有较开通,肯受教了,不多时,谣言来了,女学生不敢上学了,甚至把学堂封掉了,男先生失败了。女先生去教固然是很好,可是女先生太少了,而且女先生大都是些少奶奶、小姐,肯下乡的真是难得。有勇气下乡的,怕蛇,怕鬼,怕小偷,又吓跑了。如果是男校长请女教员,那又有困难问题。夫妻学校最好,可是又太凤毛麟角,少之又少了。现在小先生来了,女子教育就如雪团见太阳,一见冰消,问题一笔解决。广东百侯中学有三百小先生,教二千多民众,其中女人就有一千五百人之多,由此可见小先生对普及女子教育问题解决之一斑。第二,有人说,中华民族现在是衰老了。我推究其原因虽多,但有一个原因,便是被人教老了。六岁小孩子,大人就教他要'少年老成',而这小孩子也就无形中涂上两个八字胡须,做个小老夫子了。我有一

---

① 华中师范学院教育科学研究所主编.陶行知全集(第二卷)[M].长沙:湖南教育出版社,1984:907—908.

个大学毕业的学生,他到一个女子中学去当教员,可是年纪太轻了,很不为人敬重。后来教员不当,找了一件别的事做,便养起一嘴胡子来。本来是个美少年,一变而为美髯公,因此很受人敬重而做了许多年的事。所以中华民族衰老,便是社会教人变老,教小孩子做小老翁。用小先生教人便不同了,大人跟小孩学,无形中得到一种少年精神,个个变为老少年。本来,大人者,不失其赤子之心者也。这样一来,朝气必格外勃勃。前天在上海西区小学开小先生会,有一位小先生教一八十三岁老太婆。又有一位孩子,教其德国母亲认中国字。写的故事均非常生动有趣。南京有一个丁广生小先生,教他父亲。他父亲有一天用笔画一个乌龟,画一角菱角。小先生不懂,问他父亲什么缘故。他父亲告诉他说:'我画着玩的,这意思是说:菱角怕乌龟,乌龟爱菱角。'后来丁广生便把这几个字写出来教他,父亲读得非常有趣。前天下午两点半钟,我未吃午饭,正想出去买两块烧饼充饥时,忽接西桥小先生来的信,我便坐在门外一个竹椅上拆开来看。有一位小先生教他六十二岁的祖母。他的祖母能读能认,不能写字,小先生便代祖母口里说的意思写信给我,精神非常好,我看得饭也忘记吃了。在这许多故事中,可以看出中华民族可以因小先生而转老还童,而得一种新兴的少年精神。第三,刚才我已说过,过去甚至现在,教育是被少数有钱人把它当为私有财产占住。小先生一出来,'即知即传人',立刻把这种观念撕得粉碎,要知识公有,不再私占。要把教育化为'春风风人,夏雨雨人'一样,人人有得到沾施的机会。'天下为公'的基础,第一步便要知识公有。这一点,小先生是可以帮助我们,一个钱也不要花的做到。第四,一般乡村小学要和学生家庭联络。很多困难,教师感觉孤立,学校感觉单调,利用小先生那便好了。小先生是一根根流动的电线,这一根根电线四方八面伸展到社会底层,构成一幅生活教育网、文化网,把学校与家庭构成一体,彼此可以来往,可以交通。它把社会所发生的问题,所遇到的困难,带回学校,再把学校里的知识技能带回社会去。这样一来,如有一位教师,三十位小学生,而这三十位小学生便是三十位小同志,教师不再孤立,学校也不再和社会隔膜,而能真实地通出教育的电流,碰出教育的火花,发出教育的力量。训练班诸位同学,现在最要紧的一件事,便是'怎样把小先生的办法得到?''怎样把学校教育与社会教育打成一片?'将来到一处办民众教育馆,最要紧的,便是要和当地的小学校联络,私塾联络,店铺里的能看报的掌柜联络,要发动他们都负起教人责任,即知即传人,共同普及教育。还有一点,办民众夜校,开学后学生只见少而不见多。我们也得要教学生去做先生教人。譬如有四十位学生,我们教他们每人回去教二个人,这样便一共有一百廿位学生了。这样成人做先生,我们不叫他'小先生',叫他做'连环先生'或'传递先生'。因为他是要继续不断地循环着,学后去教人。"①另一方面,师德师风建设。"小先生"作为一种特殊教育实践,要求参与者具备高度的职业操守和师德。这一动力体现在教育者对于自身行为和责任的深刻思考上。在"小先生"这一角色中,教育者需要时刻关注自己的行为是否符合教育伦理和职业操守,以及是否真正为学生的全面发展负责。本章第一节部分已作探讨,故不赘述。

---

① 华中师范学院教育科学研究所主编.陶行知全集(第二卷)[M].长沙:湖南教育出版社,1984:744—747.

结　语

　　时代变迁是不可阻挡的潮流,教育作为社会发展的先导力量亦应与时俱进。新时代关于小先生制创新实践的研究,旨在揭示其在培养学生创新精神和实践能力方面的独特价值。小先生制,正如一股清新的风,吹拂祖国教育大地。传统的教育方式往往注重知识的灌输,忽视学生实际操作能力和创新思维的培养。小先生制以学生为主体,打破传统教育的束缚,让学生在实践中学习知识,培养实际操作能力,激发创新潜力,让学习不再是单一的接受而是一种深度的参与,这种参与感不仅提高了学生的学习兴趣,更培养了他们的团队协作精神,为未来的社会生活打下坚实基础。教育不仅仅是理论的堆砌,更需要实践的检验,对小先生制进行创新实践的探索,挖掘小先生制在各个方面的创新实践。如在教学方法上,多元化的手段让学生在轻松愉悦的氛围中获得知识。再如评价体系的改革使学生不再局限于传统的分数,而是更加注重学生的全面发展等,这一系列尝试,使得小先生制在教育领域中独具特色,为培养具有创新能力的未来人才提供了有效途径。小先生制不仅在单一学科的教学上取得了显著成果,更在学科整合方面展现出了强大的优势,这是一个教育的新视角也是小先生制在创新实践中的一大亮点,使得学生能够在解决实际问题的过程中涉及多个学科知识。这种跨界融合不仅仅拓宽了学生的知识视野,更培养了学生的综合分析和解决问题的能力。在实际的小先生制实践中,我们看到了中学语文、中学政治等多个学科的知识在一个项目中得以有机结合,使学生在解决实际问题时能够综合运用各个学科的知识,这种跨界融合的教育方式有助于打破学科之间的界限,培养出更具综合能力的学生。在小先生制的创新实践中师生互动是至关重要的一环。传统教育中师生关系呈现为单向的知识传授仍需要辩证分析,但不可否认的是,小先生制通过构建共建共享的学习氛围,确实打破了传统教育中"固化"的师生界限。在小先生制的课堂上,老师不再仅仅是知识的传播者,更是学生学习过程中的引导者和合作伙伴。通过与学生密切互动,老师更好地了解学生的学习需求,及时调整教学内容和方法,使教学更加贴近学生的实际需求,实现了真正的个性化教育,使得师生之间的互动不仅仅停留在课堂上,还延伸到学生参与项目、解决问题的过程中,形成一种共建共享的学习氛围。这种互动不仅提高了学生学习的积极性,也使老师更好地发挥引导和辅导的作用,共同推动教育的创新发展。然而,当下小先生制的推广和深化仍然面临一些挑战。首先,小先生制的推行需要全社会的共识和支持。这包括家长、教育机构、政府在内都需要共同努力,形成对小先生制的认同和支持。其次,小先生制的实施需要具备一定的师资力量和教育资源。这既包括对老师的培训,也包括对学校设施和教学资源的投入。与此同时,小先生制的推广也需要关注教育公平,避免资源过度集中,导致教育资源的不均衡。在解决这些问题的过程中,需要政府、学校、社会各界的共同合作,形成合力,推动小先生制在全国范围内的推广和深化。通过对小先生制的系列研究,展现这一育人理念的创新性和价值,这不仅需要了解小先生制的起源和发展,更需要深刻地认识小先生制与中华优秀传统文化之间的紧密关系,以及它在培养学生创新精神和实践能力方面的独特优势。对小先生制创新实践的进一步理解,在厘清小先生制本来意涵的基础上,需要认清小先生制原貌,找准育人靶基,并结合优秀传统文化,剖析其教育伦理价值,根据新时代需求以数字教育为背景,综合运用小先生制独特育人优势,使其落细落小落实。小先生制为我国教育领域的发展提供新的思路和方法,让其真正成为推动教育变革的强大引擎还需要各方的共同努力,即需要大家共同打造一个更为创新、开放、共享的教育环境。相信在不久的将来,小先生制将在中国教育的大舞台上展现出更为灿烂的光彩,为培养更多具有创新能力的时代新人贡献力量。

参考文献

[1] [梁]钟嵘,周振甫注.诗品译注[M].北京:中华书局,1998.
[2] [汉]许慎撰,[宋]徐铉校订.说文解字[M].北京:中华书局,2013.
[3] [汉]毛氏传,郑氏笺.毛诗[M].济南:山东友谊书社,1990.
[4] [西汉]司马迁撰,中华文化讲堂译.史记(二)[M].北京:中国华侨出版社,2016.
[5] [唐]孔颖达撰.毛诗正义[M].北京:人民文学出版社,2012.
[6] [宋]朱熹注.诗集传[M].北京:中华书局,2011.
[7] [宋]朱熹注,王华宝整理.四书集注[M].南京:凤凰出版社,2016.
[8] [明]袁了凡撰,尚荣,徐敏评注.了凡四训[M].北京:中华书局,2015.
[9] [清]方玉润撰.诗经原始[M].北京:中华书局,1986.
[10] [清]王夫之.读四书大全书[M].北京:中国书店,2016.
[11] [清]王先谦.诗三家义集疏[M].北京:中华书局,1987.
[12] [清]刘宝楠撰,高流水点校.论语正义[M].北京:中华书局,1990.
[13] [清]皮锡瑞撰,吴仰湘点校.孝经郑注疏[M].北京:中华书局,2016.
[14] [清]皮锡瑞著,周予同注释.经学历史[M].北京:中华书局,2011.
[15] 华中师范学院教育科学研究所主编.陶行知全集(1—6卷)[M].长沙:湖南教育出版社,1984.
[16] 张觉撰.荀子译注[M].上海:上海古籍出版社,2012.
[17] 杨伯峻译注.论语译注[M].北京:中华书局,2012.
[18] 王文锦.礼记译解[M].北京:中华书局,2016.
[19] 傅佩荣译解.易经[M].北京:东方出版社,2012.
[20] 余滔主编.萧湖之畔的丰碑——纪念汪达之同志一百周年诞辰[M].南京:河海大学出版社,2003.
[21] 刘友开编.汪达之教育文集[M].北京:中国文联出版社,2003.
[22] 管锡华译注.尔雅[M].北京:中华书局,2014.
[23] 杨天才,张善文译注.周易[M].北京:中华书局,2011.
[24] 王秀梅译注.诗经[M].北京:中华书局,2002.
[25] 马侣贤.山海工学团[M].上海:儿童书局,1934.
[26] 上海市宝山区史志学会,上海市山海工学团编.山海钟声——陶行知与山海工学团

[M].上海:上海市新闻出版局,2001.
[27] 方勇译注.孟子[M].北京:中华书局,2010.
[28] 王世舜,王翠叶译注.尚书[M].北京:中华书局,2016.
[29] 龙汉宸.论语[M].北京:北京燕山出版社,2009.
[30] 梁启超著.新民说[M].北京:商务印书馆,2016.
[31] 胡适.中国哲学史大纲[M].北京:东方出版社,1996.
[32] 童书业.先秦七子思想研究[M].济南:齐鲁书社,1982.
[33] 金景芳,吕绍纲.周易全解[M].长春:吉林大学出版社,1989.
[34] 叶舒宪.诗经的文化研究[M].武汉:湖北人民出版社,1994.
[35] 张岩.从部落文明到礼乐制度[M].上海:上海三联书店,2004.
[36] 中华书局编辑部.康熙字典[M].北京:中华书局,2010.
[37] 李泽厚.由巫到礼 释礼归仁[M].北京:生活·读书·新知三联书店,2015.
[38] 缪文远,缪伟,罗永莲译.战国策[M].北京:中华书局,2015.
[39] 高亨.诗经今注[M].上海:上海古籍出版社,2009.
[40] 汤漳平,王朝华译注.老子[M].北京:中华书局,2014.
[41] 金启华译注.诗经全译[M].南京:凤凰出版社,2018.
[42] 徐复观.中国人性论史·先秦篇[M].北京:九州出版社,2014.
[43] 葛兰言著,赵炳祥,张宏明译.中国古代的节庆与歌谣[M].南宁:广西师范大学出版社,2005.
[44] 郭丹,陈小青,李彬源译注.左传[M].北京:中华书局,2012.
[45] 陈桐生译注.国语[M].北京:中华书局,2013.
[46] 谢榛著,宛平点校.四溟诗话[M].北京:人民文学出版社,1961.
[47] 夏传才.诗经讲座[M].南宁:广西师范大学出版社,2007.
[48] 李学勤主编.十三经注疏[M].北京:北京大学出版社,1992.
[49] 施闰章.蠖斋诗话[M].上海:上海古籍出版社,1999.
[50] 周振甫.文心雕龙注释[M].北京:人民文学出版社,1981.
[51] 朱熹,张长征校.诗集传[M].北京:中华书局,2011.
[52] 闻一多.分诗类钞[M].北京:生活·读书·新知三联书店,1982.
[53] 王志彬译注.文心雕龙[M].北京:中华书局,1990.
[54] 徐复观.中国思想史论集[M].北京:九州出版社,2014.
[55] 胡长青译注.论语[M].济南:山东画报出版社,2012.
[56] 徐向春.吟诵与诗教[M].长春:东北师范大学出版社,2015.
[57] 陶行知.陶行知论普及教育[M].合肥:安徽教育出版社,1986.
[58] 周予同.中国经学史论著选编[M].上海:复旦大学出版社,2015.
[59] 叶秀山.苏格拉底及其哲学思想[M].北京:人民出版社,1986.
[60] 贺麟.文化与人生[M].北京:商务印书馆,2015.
[61] 顾明远.世界教育大系(英国教育卷)[M].长春:吉林教育出版社,2000.
[62] 钱乘旦,陈晓律.英国文化模式溯源[M].上海:上海社会科学院出版社,2003.
[63] 陶行知.陶行知教育文选[M].北京:教育科学出版社,1981.
[64] [古希腊]亚里士多德著,廖申白译注.尼各马可伦理学[M].北京:商务印书馆,2003.

[65] [英]霍恩比著,赵翠莲等译.牛津高阶英汉双解词典(第8版)[M].北京:商务印书馆,香港:牛津大学出版社(中国)有限公司,2014.
[66] [德]马克思,恩格斯.马克思恩格斯选集(第46卷)[M].北京:人民出版社,1971.
[67] [英]培根著,王义国译.论人性[M].北京:东方出版社,2011.
[68] [德]马克斯·韦伯,洪天富译.儒家与道教[M].南京:江苏人民出版社,2010.
[69] [日]日原利国.中国思想辞典[M].东京:研文出版,1984.
[70] [日]翟相君.诗经新解[M].郑州:中州古籍出版社,1993.
[71] [美]郝大维·安乐哲著,蒋戈为,李志林译.孔子哲学思微[M].南京:江苏人民出版社,1996.
[72] [英]弗朗西斯·培根著,徐奕春等译.培根论人生[M].北京:中央编译出版社,2011.
[73] [美]阿拉斯戴尔·麦金太尔著,宋继杰译.追寻美德:道德理论研究[M].南京:译林出版社,2003.
[74] [英]约翰·洛克著,杨汉麟译.教育漫话[M].北京:人民教育出版社,2006.
[75] 周洪宇."新时代小先生行动"在"生活·实践"教育中的价值意蕴与实施方式[J].信阳师范学院学报(哲学社会科学版),2023(3).
[76] 杨霞,范蔚.论教师伦理发展的三重逻辑[J].教师教育研究,2022(6).
[77] 王正平.人性与道德的伦理之思[J].上海师范大学学报(哲学社会科学版),2021(1).
[78] 刘戟锋,曾华锋.战争伦理:一种世界观念[J].伦理学研究,2006(4).
[79] 荆世华."教人求真""学做真人"——浅议陶行知的德育思想[J].教育理论与实践,1991(3).
[80] 邓恩远.求真知说真话做真人——陶行知德育思想初探[J].思想教育研究,2002(7).
[81] 梁宗华.论孟子"浩然之气"与"大丈夫"人格养成[J].东岳论丛,2018(4).
[82] 任鹏程,沈顺福.浩然之气即性[J].东岳论丛,2017(12).
[83] 张自慧."吾从周"文化意蕴再探析[J].上海师范大学学报(哲学社会科学版),2017(5).
[84] 王正平.尊重教师:教育伦理的一项重要原则[J].道德与文明,2015(4).
[85] 王正平.论教育公正[J].伦理学研究,2016(6).
[86] 陈海洲."'小先生'合作学习"的探索和思考[J].教育艺术,2014(12).
[87] 潘胜强.中国近代经典扫盲教材《平民千字课》述论[J].安康学院学报,2022(5).
[88] 马草.儒家诗学思想的内在理路[J].孔子研究,2018(2).
[89] 孙正聿.哲学的追求[N].光明日报,2023年9月18日15版.

附录 A

亲爱的同学们：

大家好,为了扎实陶行知师德师风教育,开展好调研、找出问题,以及针对问题制定行之有效的解决办法,现就陶行知师德师风教育情况开展问卷调查。此问卷采取无记名方式,希望大家在填写问卷时本着实事求是的原则,表达本人真实意愿。

再次感谢您的参与,谢谢!

基本信息情况调查

1. 您的性别是

男

女

2. 您所在的班级是

大一

大二

大三

大四

研究生

3. 您的年龄

18 岁以下

18—24 岁

24 岁以上

4. 您喜欢教师这个职业吗?

喜欢

无所谓

不喜欢

5. 您选择教师(师范类)专业的原因是?【多选】

热爱教育事业

社会地位高

教师待遇稳定

喜欢学校工作环境

其他

6. 您认为自己的师德师养如何?

很高

较高

一般

较低

很低

7. 您认为身边的师范生师德素质如何?

很高

较高

一般

较低

很低

对加强师德师风建设重要性的认知程度

8. 您对当前形势下深入开展陶行知师德师风建设的态度是?

很有必要

可有可无

没有必要

9. 您所在的学校有开设师德教育的相关课程吗?

开设必修课

开设选修课

开设必修课与选修课

没开设

10. 您所在学校如何开展师范生的**师德师风**评价？

师德相关课程成绩

师德实践成绩

任课老师评语

学生自我评价

其他

11. 您认为教师最重要的素质是什么？【多选】

教学能力

道德品质

创新素质

科研能力

师德水平

学识经验

仪容形象

其他

12. 您认为加强**陶行知师德师风**建设的主要目的是？【多选】

有利于社会道德发展

有利于幼儿的持续健康发展

有利于教师素质提高

有利于学习和谐发展

其他

13. 您对教师职业道德的基本内容和要求的了解程度是

非常了解

基本了解

不太了解

14. 您认为当前的**陶行知师德师风**教育存在哪些不足？

师德教育实践活动较少

师德教育氛围不够浓厚

授课老师水平有待提高

学生缺乏对师德教育的重视

15. 您平时是否关注**陶行知师德师风**动态?

会主动了解相关时事政策

感兴趣的内容才关注

要求学习才关注

不关注

陶行知师德师风教育意涵的掌握程度

16. 您认为自己掌握的**陶行知师德师风**学科知识如何?

很好

一般

基本掌握

没有掌握

17. 您所在的学校**陶行知师德师风**教育氛围如何?

非常浓厚

比较浓厚

一般

不太浓厚

非常不浓厚

18. 您所在的学校**陶行知师德师风**建设体现在哪些方面?

师德标语、规范及榜样雕像随处可见

师德文化长廊内容丰富,紧跟时事

师生交流和谐,师生关系很好

师德实践活动多,参与感很强

其他

19. 请根据您的实际情况打分:1～5→完全不了解～非常了解

测量问题	1	2	3	4	5
您了解**陶行知师德师风**等师德动态吗					
您了解《教师法》等相关法律法规吗					

续 表

测量问题	1	2	3	4	5
您了解《新时代教师职业行为十项准则》等相关师德规范吗？					

学生师德师风践行的影响因素

20. 您认为影响学校**陶行知师德师风**发展的主要因素有哪些？【多选】

社会风气

教师待遇

个人素质

学校重视度

其他

21. 您对学院所开设的**陶行知师德师风**教育课程的评价

满意

一般

不太满意

很不满意

22. 学院**陶行知师德师风**教育课程对您的师德素质是否有提高

有

没有

23. 请根据您的实际情况打分：1～5→非常认同～非常不认同

测量问题	1	2	3	4	5
您认为陶行知师德师风应该成为师范生培养中最核心的要素					
您认为师范生就读期间应该自觉提升教师职业道德修养					
您认为师范专业应该加强师范生的职业道德素质教育					
您认为陶行知师德师风教育类课程使你更加热爱教育事业					

24. 您认为当前的师德教育建设工作可以从哪些方面改进?

创新师德教育途径

改善师德教育氛围

提高教师个人素养

养成师范生素质品行

丰富师德课堂知识内容

建设多元师德评价体系

其他

附录 B

新时代"小先生制"在学校语文课教学中的运用

亲爱的同学们:(270)

为了了解"小先生制"在学校语文课教学中的实施状况,进一步发展和完善这种教学模式,现向同学们进行如下问卷调查。问题答案没有对错之分,请同学们认真阅读每道题目,结合教学的实际情况和自己的切身感受,表达自己最真实的想法,感谢同学们的配合。

基本情况

1. 您的年级?

   A. 初一　　B. 初二　　C. 初三

2. 您的性别?

   A. 男　　B. 女

3. 您在班级里面是否担任班委或者组长?

   A. 是　　B. 否

实施情况

4. 老师在预习课上会邀请同学分享预习方法或预习成果吗?

   A. 从不　　B. 偶尔　　C. 经常

5. 老师在精讲点拨课上会邀请同学分享学习方法或学习成果吗?

   A. 从不　　B. 偶尔　　C. 经常

6. 老师在复习课上会邀请同学分享复习方法或复习成果吗?

   A. 从不　　B. 偶尔　　C. 经常

参与原因

7. 您愿意担任"小先生"的原因是能够锻炼表达能力

　　A. 非常不同意　　B. 比较不同意　　C. 中立　　D. 比较同意　　E. 非常同意

8. 您愿意担任"小先生"的原因是能够巩固学习成果

　　A. 非常不同意　　B. 比较不同意　　C. 中立　　D. 比较同意　　E. 非常同意

9. 您愿意担任"小先生"的原因是能够获得表扬或奖励

　　A. 非常不同意　　B. 比较不同意　　C. 中立　　D. 比较同意　　E. 非常同意

10. 您愿意担任"小先生"的原因是能够让老师与同学对我印象深刻

　　A. 非常不同意　　B. 比较不同意　　C. 中立　　D. 比较同意　　E. 非常同意

参与意愿

11. 您愿意和同学分享你所掌握的知识吗？

　　A. 非常不愿意　　B. 比较不愿意　　C. 中立　　D. 比较愿意　　E. 非常愿意

12. 您愿意在课堂上和同学分享你所掌握的知识吗？

　　A. 非常不愿意　　B. 比较不愿意　　C. 中立　　D. 比较愿意　　E. 非常愿意

13. 您愿意在预习课上和同学分享你所掌握的知识吗？

　　A. 非常不愿意　　B. 比较不愿意　　C. 中立　　D. 比较愿意　　E. 非常愿意

14. 您愿意在精讲点拨课上和同学分享你所掌握的知识吗？

　　A. 非常不愿意　　B. 比较不愿意　　C. 中立　　D. 比较愿意　　E. 非常愿意

15. 您愿意在复习课上和同学分享你所掌握的知识吗？

　　A. 非常不愿意　　B. 比较不愿意　　C. 中立　　D. 比较愿意　　E. 非常愿意

16. 您愿意在课下和同学分享你所掌握的知识吗？

　　A. 非常不愿意　　B. 比较不愿意　　C. 中立　　D. 比较愿意　　E. 非常愿意

17. 您愿意担任"小先生"帮助同学们学习吗？

　　A. 非常不愿意　　B. 比较不愿意　　C. 中立　　D. 比较愿意　　E. 非常愿意

附录 C

新时代"小先生制"在学校语文课教学中的运用

亲爱的老师们:(50)

为了了解"小先生制"在学校语文课教学中的实施状况,进一步发展和完善这种教学模式,现向老师们进行如下问卷调查。问题答案没有对错之分,请老师们认真阅读每道题目,结合教学的实际情况和自己的切身感受,表达自己最真实的想法,感谢老师们的配合。

基本情况

1. 您的任教年级?

    A. 初一   B. 初二   C. 初三

2. 您所处的学校级别?

    A. 区县级普通学校   B. 区县级重点学校   C. 地市级普通学校

    D. 地市级重点学校   E. 省级普通学校   F. 省级重点学校

3. 您在学校任职情况?

    A. 老师   B. 教学组长

实施情况

4. 您在平常课堂中会使用"小先生制"吗?

    A. 从不   B. 偶尔   C. 经常

5. 您在讲公开课中会使用"小先生制"吗?

    A. 从不   B. 偶尔   C. 经常

6. 您在预习课上会邀请同学分享预习方法或预习成果吗?

A. 从不　　B. 偶尔　　C. 经常

7. 您在精讲点拨课上会邀请同学分享学习方法或学习成果吗？

A. 从不　　B. 偶尔　　C. 经常

8. 您在复习课上会邀请同学分享复习方法或复习成果吗？

A. 从不　　B. 偶尔　　C. 经常

参与原因

9. 您愿意使用"小先生"的原因是能够锻炼学生表达能力

A. 非常不同意　　B. 比较不同意　　C. 中立　　D. 比较同意　　E. 非常同意

10. 您愿意使用"小先生"的原因是能够提升学生的自信

A. 非常不同意　　B. 比较不同意　　C. 中立　　D. 比较同意　　E. 非常同意

11. 您愿意使用"小先生"的原因是能够帮助巩固学习成果

A. 非常不同意　　B. 比较不同意　　C. 中立　　D. 比较同意　　E. 非常同意

12. 您愿意使用"小先生"的原因是提高学生课堂专注力

A. 非常不同意　　B. 比较不同意　　C. 中立　　D. 比较同意　　E. 非常同意

13. 您愿意使用"小先生"的原因是提高学生课堂参与度

A. 非常不同意　　B. 比较不同意　　C. 中立　　D. 比较同意　　E. 非常同意

14. 您愿意使用"小先生"的原因是贯彻上级课堂要求

A. 非常不同意　　B. 比较不同意　　C. 中立　　D. 比较同意　　E. 非常同意

参与形式

15. 会通过开展课前"三分钟演讲"来创新使用"小先生"制

A. 从不　　B. 偶尔　　C. 经常

16. 推行"互帮互助"学习小组模式,轮流担任组长来创新使用"小先生"制

A. 从不　　B. 偶尔　　C. 经常

17. 会通过奖评结合,促进"小先生"成长

A. 从不　　B. 偶尔　　C. 经常